Louis-Joseph Lebret
e a SAGMACS

A formação de um grupo de ação para
o planejamento urbano no Brasil

MICHELLY RAMOS DE ANGELO

Louis-Joseph Lebret
e a SAGMACS

A formação de um grupo de ação para
o planejamento urbano no Brasil

Copyright © 2013 Michelly Ramos de Angelo

Grafia atualizada segundo o Acordo Ortográfico da Língua Portuguesa de 1990, que entrou em vigor no Brasil em 2009.

PUBLISHERS: Joana Monteleone/Haroldo Ceravolo Sereza/Roberto Cosso

EDIÇÃO: Joana Monteleone

EDITOR ASSISTENTE: Vitor Rodrigo Donofrio Arruda

PROJETO GRÁFICO, CAPA E DIAGRAMAÇÃO: João Paulo Putini

REVISÃO: Juliana Pellegrini

ASSISTENTE DE PRODUÇÃO: Gabriela Cavallari

IMAGENS DA CAPA: Caricatura de Lebret desenhada por Raymond Delprat encontrada em suas anotações de viagem [Fundo Delprat].

Este livro foi publicado com o apoio da Fapesp.

CIP-BRASIL. CATALOGAÇÃO-NA-FONTE
SINDICATO NACIONAL DOS EDITORES DE LIVROS, RJ

A593L

Angelo, Michelly Ramos de

LOUIS-JOSEPH LEBRET E A SAGMACS: A FORMAÇÃO DE UM GRUPO DE AÇÃO PARA O PLANEJAMENTO URBANO NO BRASIL

Michelly Ramos de Angelo.

São Paulo: Alameda, 2013.

338 p.

Inclui bibliografia
ISBN 978-85-7939-173-6

1. Lebret, Louis Joseph, 1897-1966. 2. SAGMACS. 3. Planejamento urbano - Brasil - História. 4. Urbanização - Brasil - História. I. Título.

12-8456.	CDD: 307.76
	CDU: 316.334.56(81)
	040855

ALAMEDA CASA EDITORIAL

Rua Conselheiro Ramalho, 694 - Bela Vista

CEP 01325-000 – São Paulo, SP

Tel. (11) 3012-2400

www.alamedaeditorial.com.br

Ao meu companheiro Vitor.

O importante é embarcar. Mesmo sem saber que navio se irá encontrar, que tempestade se irá sofrer, em que porto se irá descansar. Mesmo não tendo previsto tudo, a gente parte e chega. Basta que o navio não tenha rombo, que os porões estejam suficientemente cheios, a máquina em bom estado e que o capitão e seus homens entendam suficientemente do ofício. Há risco. Isso não impede de partir.

[Louis-Joseph Lebret. *Principes pour l'action*, 1946]

SUMÁRIO

Lista de Abreviaturas e Siglas   13

Apresentação   17

Introdução   21

1 | *Les Développeurs*   39
Conceituação e origem do termo   40
Lebret e a ideia de formação: os quadros de cooperação técnica   42
A repercussão das obras de Lebret no Brasil e a atuação dos jovens da elite católica na SAGMACS   50

2 | Resistência Francesa e Pós-Guerra: Algumas matrizes, encontros e orientações de Lebret   59
As matrizes sociológica e religiosa de Lebret   61
Lebret e a *École Nationale des Cadres d'Uriage*   75
O encontro de Lebret com Chombart de Lauwe: possíveis orientações metodológicas   79

3 | A chegada de Lebret no Brasil e a introdução da economia humana na América Latina   87
O Brasil como um novo terreno de atuação profissional: as motivações de Lebret   89
A acolhida de Lebret no Brasil   101

O curso de Economia Humana na ELSP: a apresentação de uma terceira via para o desenvolvimento   106

O I Congresso Internacional de Economia Humana nas comemorações do IV Centenário da Cidade de São Paulo   117

Lettre aux américains: a experiência latino-americana de Lebret   126

4 | A configuração da SAGMACS no contexto do urbanismo no Brasil (1947-1958)   141

A fundação da "SAGMA brasileira" (SAGMACS) e os primeiros trabalhos desenvolvidos   149

O retorno de Lebret em 1952 e a acolhida do governador Lucas Nogueira Garcez   157

O lugar privilegiado da SAGMACS na CIBPU   161

A formação para pesquisadores   167

Os anos de 1952-58 na SAGMACS   175

5 | Os *développeurs* no aparelho do Estado e a mudança de estatuto da SAGMACS (1959-1964)   189

À bientôt, j'espère: breve retomada de contato de Lebret e a redução da equipe   191

O Plano de Ação Carvalho Pinto e a absorção de profissionais da SAGMACS   197

A SAGMACS a partir de 1962: a mudança de estatuto   204

6 | O IRFED: A formação internacional para o desenvolvimento   213

Prólogo de fundação: a maturação do Instituto de Formação Internacional para o Desenvolvimento   216

A criação do IRFED: formação em pesquisa, teoria e métodos de desenvolvimento   223

A estruturação do curso e a formação de uma rede internacional de *développeurs*   229

A atuação de profissionais brasileiros nos cursos de formação do IRFED   248

Considerações e novas questões   262

Considerações finais   265

Referências bibliográficas   273

Anexos   293

Apêndices   309

Agradecimentos   335

LISTA DE ABREVIATURAS E SIGLAS

ABI – Associação Brasileira de Imprensa

AC – Ação Católica

AIDEH – Association Internationale d'Économie Humaine

AP – Ação Popular

Ascofam – Association Mondiale contre la Faim

Asplan – Assessoria em Planejamento

BNF – Bibliothèque Nationale de France

CCDEH – Centro de Cooperação para o Desenvolvimento Econômico e Humano

CEE – Communauté économique européenne

Cepal – Comissão Econômica para a América Latina

Cepam – Centro de Estudos e Pesquisas de Administração Municipal

Cepur – Centro de Pesquisas em Planejamento Urbano e Regional

CIBPU – Comissão Interestadual da Bacia Paraná-Uruguai

CINAM – Compagnie d'Études Industrielles et d'Aménagement du Territoire

CIRFED – Centre International de Recherche et de Formation en vue du Développement Harmonisé

CLAEH – Centro Latinoamericano de Economía Humana

CNBS – Comissão Nacional do Bem-Estar Social

CNRS – Centre National de Recherche Scientifique

CNUCED – Conférence des Nations-Unies pour le Commerce et le Développement

CNUSTED – Conférence des Nations-Unies sur l'Application des Sciences et Techniques

Codepe – Comissão de Desenvolvimento Econômico de Pernambuco

CPEU – Centro de Estudos e Pesquisas Urbanísticas

CVSF – Comissão do Vale do São Francisco

DC – Revista Développement & Civilisations

ECOSOC – Conseil Économique et Social des Nations-Unies

EDT – Escola Dominicana de Teologia

EH – Economia e Humanismo

ELSP – Escola Livre de Sociologia e Política de São Paulo

FAO – Food and Agricultural Organisation of the United Nations

FAU/USP – Faculdade de Arquitetura e Urbanismo da Universidade de São Paulo

FFLCH – Faculdade de Filosofia, Letras e Ciências Humanas da Universidade de São Paulo

Ibam – Instituto Brasileiro de Administração Municipal

IEDES – Institut d'Etude du Développement Économique et Sociale

IEPAL – Institut d'Etudes Politiques pour l'Amerique Latine

INED – Institut national d'études démographiques

IRAMM – Institut de Recherche et d'Action contre la Misère Mondiale

IRFED – Institut de Recherche et de Formation en vue du Développement Harmonisé

JAC – Juventude Agrária Católica

JEC – Juventude Estudantil Católica

JIC – Juventude Independente Católica

JOC – Juventude Operária Católica

JUC – Juventude Universitária Católica

NEI – Nouvelles Equipes Internationales

OCDE – Organisation de coopération et de développement économiques

ONU – Organização das Nações Unidas

Page – Plano de Ação do Governo do Estado

PCB – Partido Comunista Brasileiro

SAGMA – Société pour l'application du graphisme et de la mécanographie à l'analyse

SAGMACS – Sociedade para Análise Gráfica e Mecanográfica Aplicada aos Complexos Sociais

SAGMAESCO – Sociedad per la aplicación generalizada de los métodos de análisis econômico y sociales para Colombia

SPVEA – Superintendência do Plano de Valorização Econômica da Amazônia

SPVESUD – Superintendência do Plano de Valorização da Fronteira Sudoeste do País

Sudene – Superintendência de Desenvolvimento do Nordeste

TVA – Tennessee Valley Authority

Unesco – United Nations Educational, Scientific and Cultural Organization

APRESENTAÇÃO

Este livro constitui uma versão de minha tese de doutorado, iniciado em 2006 e defendido em 2010 na USP de São Carlos. Durante aqueles anos pude me dedicar exclusivamente a ler, refletir e me aprofundar num tema de grande relevância, porém, ainda pouco estudado no Brasil à época. No início eram poucas as fontes no país que se detinham no Pe. Lebret e a SAGMACS, e me faltavam informações e detalhes relevantes para a construção de meu objeto, como por exemplo, quem era o Pe. Lebret em seu país, os motivos de sua vinda para o Brasil, uma lista dos trabalhos realizados no Brasil por meio da SAGMACS ou individualmente, e mesmo o número de viagens que havia realizado para cá.

A partir de meu contato com as pesquisas da SAGMACS, que se encontram, em sua maioria, na biblioteca da Faculdade de Arquitetura e Urbanismo da USP, realizei um trabalho de investigação de outras fontes disponíveis em bibliotecas brasileiras: a coleção da revista francesa *Économie et Humanisme*, ainda quase inexplorada por pesquisadores brasileiros, além de outras coleções encontradas na Escola Dominicana de Teologia, em São Paulo, como a revista francesa *Les Amis du Père Lebret* e o curso de Economia Humana que Lebret havia proferido em sua primeira viagem ao Brasil, em

1947, na Escola de Sociologia e Política de São Paulo. Essas fontes compunham um rico material primário, que juntamente com a construção individual de alguns poucos pesquisadores que estudavam a formação do pensamento urbanístico no Brasil, foram as bases para o início da pesquisa.

Aos poucos o processo de trabalho passou a ser menos solitário. As entrevistas que realizei com alguns dos participantes da SAGMACS foram fundamentais para o direcionamento da pesquisa e também para a confrontação com as outras fontes de evidência utilizadas, por onde pudemos verificar a convergência dessas fontes nos principais argumentos do trabalho.

Junto à pesquisa também surgiram outros trabalhos que tratavam mais especificamente da SAGMACS ou de Lebret, como a pesquisa de mestrado sobre o trabalho da SAGMACS para a aglomeração paulistana, do pesquisador Lucas Cestaro; e como um *souffle d'air* o trabalho da professora Licia do Prado Valladares sobre a favela carioca, publicado em 2005, que trouxe uma série de informações preciosas sobre a participação de Lebret naquela pesquisa realizada em 1958. Com o trabalho de Valladares veio uma fundamental referência, o trabalho do pesquisador francês Dennis Pelletier, primoroso e detalhado, o primeiro que trabalhou o acervo de Lebret disponibilizado nos *Centre des Archives Contemporaines de Fontainebleau*. Foi o brilhante trabalho de Pelletier que nos aguçou o desejo de pesquisar o acervo de Lebret na França, para onde fui em 2008 explorar um material possivelmente só visitado até aquele momento por um brasileiro, o professor Celso Monteiro Lamparelli, um dos participantes da SAGMACS.

Sobre a pesquisa realizada no fundo documental de Lebret, não posso deixar de falar do ponto que talvez tenha sido o mais difícil de lidar, até como forma de prevenir o leitor: o encantamento pelos arquivos privados. A despeito de eu ter sido previamente "preparada" pelo professor Celso Monteiro Lamparelli, durante uma gentil entrevista, q respeito do rico e imenso acervo que me esperava na França, foi difícil seguir à risca as tantas expressões de alerta utilizadas pela bibliografia da área de pesquisa em arquivos: "não se apaixone pelo objeto", ou "tenha um distanciamento em relação aos documentos", e mesmo "cuidado que arquivos podem ser armadilhas" e "não se perca nos documentos".

Construir ou reconstruir a chegada de Lebret ao Brasil a partir da leitura de seu fundo documental foi trabalhoso e com certo encantamento. Trabalhar com o seu diário pessoal e com as correspondências trocadas com brasileiros me permitiu participar de um diálogo existente entre dois continentes separados por suas fases de desenvolvimento. Creio que o trabalho que apresento neste livro participa de um momento de retomada de estudos aprofundados sobre Lebret e a SAGMACS no Brasil, com a utilização de novas fontes de pesquisa. Previno o leitor não somente de uma paixão pelo objeto que parece implícita muitas vezes no texto, como também de que este estudo para mim teve início com a tese de doutorado, isto é, ele apenas começou; bem como estou certa de que este trabalho faz parte de um conjunto de trabalhos em desenvolvimento na área de história do planejamento urbano no Brasil e na América Latina.

INTRODUÇÃO

O frade falava com voz grave, contida, que forçava a admiração e revelava um ardor interno. Descrevia as favelas que visitara, e com muita firmeza e decência exprimia a dor que sentira: "J'ai pleuré". A sala da ABI [Associação Brasileira de Imprensa] estava cheia [...]. Naquele tempo todos nós sabíamos que era preciso enfrentar a questão social, que era imperativo levar o testemunho cristão aos menos favorecidos [...]. Uma tarde fomos todos com o Padre Lebret ao Mosteiro. Guardei bem a cena porque eu ia atrás e podia observar bem as várias configurações que tomava o grupo e ouvir o que diziam sem necessidade de intervir ou apartear. Na frente, ao lado de Dom Abade, curvado e afável, a *carrure* robusta do dominicano de rosto quadrado, duro e resoluto. Dois monges esticavam o pescoço para o gosto de ouvir falar francês, e Murilo Mendes,[1] desembaraçado e afoito, quis em certo momento dizer uma frase definitiva, e lançou: "comunismo é chato por não ter senso de poesia". E então eu vi,

---

1   Murilo Mendes, assim como Gustavo Corção, o autor da citação, fazia parte do grupo de intelectuais que participavam a Ação Católica (AC), dirigida por Alceu Amoroso Lima. Durante os meses em que Lebret esteve no Brasil, em 1947, também proferiu um curso de Introdução à Economia Humana na sede da ABI para um público de clérigos e leigos intelectuais.

> com estes mesmos olhos mais moços, uma cena inesque-
> cível. O Pe. Lebret voltou-se como se o tivessem picado,
> e com dois olhos azuis implacáveis pregados no rosto de
> Murilo retorquiu: "C'est vous que n'avez rien compris
> du communisme". Os monges sorriram. O abade sorriu.
> Ninguém sabia o que fazer dos braços e do rosto [...].[2]

Há 65 anos o dominicano francês Louis-Joseph Lebret (1897-1966)[3] chegou pela primeira vez no Brasil, onde iria atuar, nos anos posteriores, no planejamento urbano e regional e formar um corpo de profissionais que se intitulariam "agentes do desenvolvimento". Aquele foi o momento em que Lebret expôs no país a sua teoria do desenvolvimento, a *terceira via*, nem comunista, nem capitalista, a economia humana. Foi em torno dessa temática que proferiu seu curso na Escola Livre de Sociologia e Política (ELSP), fundou a Sociedade para Análise Gráfica e Mecanográfica Aplicada aos Complexos Sociais (SAGMACS) e articulou contatos políticos e eclesiásticos que lhe permitiram retornar ao Brasil em mais uma série de viagens para orientação de trabalhos e estabelecimento de contratos nos 18 anos posteriores.

A vinda de Lebret ao Brasil em 1947 representou o momento de um novo direcionamento em seu percurso profissional, contribuindo para sua formulação de "agentes do desenvolvimento" (*développeur*), um profissional apto tecnicamente e imbuído de militância, que estabeleceria planos de desenvolvimento regional em países

---

2   CORAÇÃO, Gustavo. O *Século do nada*. Rio de Janeiro/São Paulo: Record, 1973, p. 27. O autor tem uma visão mais conservadora diante da vinda de Lebret. É uma obra de testemunho – dos anos de 1940 aos 1960. O autor destaca que "Economia e Humanismo foi o primeiro veículo da subvenção comunista que poucos anos depois se apoderou da parte mais vulnerável do jovem clero brasileiro".

3   Um resumo da cronologia de Lebret encontra-se no Apêndice 1, p. 219.

subdesenvolvidos. A formação desses agentes no Brasil se deu a partir de cursos de Lebret, de trabalhos na SAGMACS e da participação de alguns profissionais nos cursos do Institut de Recherche et de Formation en vue de Développement Harmonisé (IRFED), na França. Um dos campos em que esses profissionais atuaram no Brasil foi o do planejamento urbano, executando planos em parcerias com o Estado e buscando, cada vez mais, um sentido democrático para os seus trabalhos.

Em sua primeira vez no Brasil, Lebret buscava novos campos profissionais em que pudesse reafirmar seu método. Embora tenha se inserido em meio a políticos e intelectuais de renome nacional, seu projeto inicial encontra os obstáculos da própria repercussão de seu curso de Introdução à Economia Humana, proferido na ELSP. Acusado pela ala de direita da Igreja e por políticos mais conservadores de ser simpatizante do comunismo, Lebret foi impedido de realizar uma nova viagem ao Brasil. Cinco anos mais tarde, através de uma incessante busca para o retorno ao país, foi convidado pelo governador de São Paulo, Lucas Nogueira Garcez, antigo participante da SAGMACS, a realizar um trabalho confidencial para o estado. A partir dessa viagem, sua atuação à frente da SAGMACS foi ganhando outras dimensões: nacional, depois latino-americana, em seguida internacional.

Um de seus maiores "empreendimentos" no Brasil, de fato, foi a SAGMACS. Nela, Lebret obteve a cobertura jurídica necessária para chegar aos seus objetivos, dentre eles, o de testar a sua teoria de desenvolvimento. Com a demanda de trabalhos de escala regional em que trabalhava o tema do *aménagement du territoire*, passou a formar novos profissionais nessa disciplina, o que favoreceu a sua visão da necessidade cada vez maior de profissionais capacitados, que culminará na fundação do seu outro grande empreendimento internacional, o IRFED. Sem questionar a sua vocação espiritual e mesmo o estar motivado por valores de bem comum, não podemos perder a dimensão do grande empreendedor, *expert* internacional e homem político que era Lebret.

Suas ações e o seu pensamento estavam muito além da conversão dos povos. Além de reformador social, sociólogo urbano e economista, Lebret era um grande articulador político. Ao analisar as forças presentes na política, garantia a sua entrada para a realização de trabalhos que pudessem intervir na realidade. Ao mesmo tempo, assessorava governantes nas questões de desenvolvimento, instruía jovens estudantes em cursos de formação e formava técnicos engajados em economia humana, deixando um legado de pesquisas na América Latina, África, Ásia e Europa, muitas ainda não exploradas, na área de planejamento e desenvolvimento regional.

No Brasil, foram cerca de trinta trabalhos realizados pela SAGMACS e por Lebret no período de 1947 a 1964, tendo este participado ativamente na direção de pelo menos a metade e articulado a contratação da grande maioria. Foram cerca de dez viagens ao Brasil, com permanências que chegavam a até quatro meses. A periferia, a favela, o desenvolvimento, a estruturação urbana, os planos diretores, passaram a ser os temas centrais de seus trabalhos. Estes, iniciados em São Paulo, estenderam-se pouco a pouco pelo Brasil: Paraná, Santa Catarina, Rio Grande do Sul, Belo Horizonte, Mato Grosso, Ourinhos, Rio de Janeiro, Pernambuco, Vitória, Ipatinga, Sorocaba, São Vicente, Barretos, Ubatuba. A partir das experiências de trabalhos e cursos no Brasil, Lebret se inseriu na escala latino-americana, estabelecendo contatos com dirigentes e intelectuais do Chile, do Uruguai, do Paraguai, do Peru, da Colômbia e da Argentina – países pelos quais passou, criou redes em torno de sua teoria de desenvolvimento e realizou cursos e trabalhos em alguns deles.

A temática do subdesenvolvimento, que passou a ser o foco de Lebret, ganhou, a partir do final da década de 1950, a sua visão mais internacionalista. Lebret fundou um Instituto Internacional para a Formação de Quadros para o Desenvolvimento (o IRFED), onde recebeu muitos latino-americanos – a maior parte brasileiros – que compuseram o quadro discente e docente do Instituto junto com profissionais de outros continentes. Sua inserção internacional também se deu a partir de novos trabalhos na África e na Ásia, de inúmeras conferências na Europa e na América do Norte e de sua participação, já no final da sua vida, da redação da Encíclica *Populorum Progressio.*

Talvez recorrentemente caiamos no erro de considerar Lebret apenas como um padre francês interessado nos problemas do subdesenvolvimento do Terceiro Mundo e disposto a se sacrificar pelo bem do seu próximo. Não que esse não fosse um de seus interesses, e nem é esse o foco de discussão de nosso trabalho. Mas como não dissociar as suas ações no país de sua batina? Como olhar para a foto (das poucas que se tem registro) onde o que se apresenta é um senhor de batina, calvo, grisalho, de olhar manso, pitando um cachimbo e portando uma câmera fotográfica no pescoço, e pensar que, na verdade, se tratava de um *expert* internacional em desenvolvimento? E ainda avistá-lo, conforme a descrição de Gustavo Corção, como um homem de ombros largos, rosto quadrado, duro e resoluto e olhos azuis implacáveis?

FIGURA 1: À esquerda, caricatura de Lebret desenhada por Raymond Delprat encontrada em suas anotações de viagem [Fundo Delprat]. À direita, uma das imagens mais emblemáticas de Lebret [foto disponível no Fundo Lebret].

Essa é a dificuldade que a análise histórica nos traz, especialmente quando quem reconstrói os fatos não participou do processo. Para muitos arquitetos da minha geração, Lebret não existia, nem a SAGMACS – uma sigla de significância difícil. Alguns jovens pesquisadores os têm conhecido há pouco tempo através de trabalhos que a partir da década de 1990 passaram a estudar esse personagem e as suas contribuições para o planejamento urbano no Brasil. "Quem conhece Lebret é pouquíssima gente", bem afirmou Francisco Whitaker Ferreira durante uma entrevista.[4]

Embora os estudos da SAGMACS tenham o reconhecimento de profissionais da área de urbanismo e sociologia, tanto a Instituição

---

4 Entrevista de Francisco Whitaker Ferreira citada por CESTARO, Lucas. *Urbanismo e Humanismo: A SAGMACS e o estudo da "Estrutura Urbana da Aglomeração Paulistana"*. Mestrado – EESC/USP – Programa de Pós-Graduação em Arquitetura e Urbanismo. São Carlos, 2009.

como Lebret passaram por uma fase de esquecimento. Para isso contribuiu o "engavetamento" de tais trabalhos pelas prefeituras e governos contratantes; o silêncio da ditadura, que interrompeu um processo de pensamento ligado ao planejamento urbano democrático, do qual a SAGMACS e muitos de seus técnicos eram alguns dos precursores; e a não publicação dos trabalhos, dificultando o acesso de muitos pesquisadores a esse material. A exemplo disso, Licia do Prado Valladares[5] destaca que o trabalho sobre as favelas do RJ ficou muito tempo esquecido, especialmente por não ter sido publicado como livro e pela sua ausência nas bibliotecas universitárias.

No Brasil, há poucos anos, Lebret e a SAGMACS despontaram como objeto de interesse de teses e dissertações. Embora estudados na área de teoria e história do urbanismo no Brasil como fonte bibliográfica e material de disciplina, os trabalhos, os cursos de Lebret e a sua atuação passaram mais recentemente a objetos de pesquisas. Esses trabalhos vêm compondo e recontando a história do urbanismo no Brasil, constatando, inclusive, a importância dos técnicos que passaram pela SAGMACS e as suas contribuições em várias áreas de atuação e campos do conhecimento.

Na França, a maioria dos profissionais que trabalharam com Lebret cuidavam do seu acervo e constituíram a associação *Amis du Père Lebret*[6] nos deixou seus depoimentos através das revistas da

---

5   VALLADARES, Licia do Prado. *A invenção da favela*: do mito de origem a favela. com. Rio de Janeiro: Editora FGV, 2005a; VALLADARES, Licia do Prado Louis-Joseph Lebret et les favelas de Rio de Janeiro (1957-1959): enquêter pour l'action. *Genèses – Revue des Sciences Sociales et Histoire*, Paris, n. 60, set. 2005b, p. 31-56.

6   A Associação foi criada em 1979 e dissolvida em 2006 devido a dificuldades financeiras. Tinha como objetivo contar a memória coletiva da corrente de ideias e ações de Lebret. Um de seus alvos principais era assegurar a gestão dos arquivos de Lebret organizados em um fundo específico, que hoje está disponível no *Centre des Archives Contemporaines de Fontainebleau*. Dentre os nomes que compuseram a Associação

Associação e de algumas publicações biográficas. O Centre Lebret-IRFED também luta para manter um projeto memorialístico de Lebret. Em setembro de 2010 organizou um evento internacional na França reunindo associações, profissionais e pesquisadores que fazem parte dessa rede (como o Centro Latinoamericano de Economía Humana – CLAEH).[7] O objetivo era "se reapropriar coletivamente dos fundamentos do pensamento de Lebret e de verificar como as diferentes organizações da Rede Internacional Lebret abordam os princípios e as ações através de seus programas".[8]

Na recuperação da história de Lebret e da SAGMACS no Brasil temos também o depoimento de vários profissionais, que têm sido muito requisitados para entrevistas nos últimos anos devido ao aumento significativo do número de trabalhos que remontam ao urbanismo brasileiro nas décadas de 1940-70. Muitos desses profissionais deram contribuições significativas durante essa fase, não somente atuando na SAGMACS, mas posteriormente a ela, e mesmo em outras áreas de atuação que não a assessoria técnica. Com alguns desses profissionais realizamos entrevistas que nos permitiram também construir a imagem de Lebret como líder nato, *expert* e um homem da

---

estão: Raymond Delprat (1905-2004), Paul Houée (1931-), Vicente Cosmão (1923-2006), Jean Queneau (1909-1996), Hugues Puel (1932-), André Chomel, Alain Birou e Georges Celestin.

7 O CLAEH foi fundado em 1956, em Montevidéu, por membros do grupo Economia e Humanismo de diversos países: Brasil, Colômbia, Venezuela e Argentina, além do próprio Lebret. O Centro, hoje, atua na área de consultoria e como escola de formação universitária em desenvolvimento, ciências sociais e políticas, história, cultura e educação. Sua revista, fundada na época da criação do Centro, a *Cuadernos Latinoamericanos de Economía Humana*, existe até os dias atuais. Ver site do Centro: http://www.claeh.org.uy/html/.

8 Centre Lebret – IRFED. Rencontres Lebret 2010: Objectifes, Démarche pour mener La réflexion et Programme. Du 24 au 26 septembre à Mazille en Bourgogne.

política. Entrevistamos Antônio Cláudio Moreira, Celso Lamparelli, Clementina de Ambrosis, Domingos Theodoro de Azevedo Neto e Francisco Whitaker Ferreira. Outros deram a sua importante contribuição para essa pesquisa a partir de depoimentos e de entrevistas publicadas por outros autores. São eles: Chiara de Ambrosis Pinheiro Machado; Flávio José Magalhães Villaça; Luiz Carlos Costa; Maria Adélia Aparecida de Souza; José Arthur Rios.[9]

Além das entrevistas, foram fundamentais os fundos de pesquisa específicos consultados no Brasil e na França. No Brasil: 1) acervos dos trabalhos da SAGMACS e números da revista *Économie et Humanisme* disponíveis nas Bibliotecas da Faculdade de Arquitetura e Urbanismo da Universidade de São Paulo (FAU/USP – Pós-Graduação e Cidade Universitária), Biblioteca da Faculdade de Filosofia, Letras e Ciências Humanas da Universidade de São Paulo (FFLCH/USP), e bibliotecas de outras unidades da USP, que nos forneceram números da revista *Développement et Civilisations*, obras de Lebret e teses e dissertações a respeito do tema; 2) o acervo referente a Lebret na Biblioteca Padre Lebret da Escola Dominicana de Teologia (EDT), onde estão os volumes do curso proferido por Lebret na ELSP e variados números da revista *Les amis du père Lebret*.

Na França: 3) os Fundos Lebret e Raymond Delprat,[10] localizados nos Archives Nationales/ Centre des Archives Contemporaines de

---

9   CESTARO (2009), VALLADARES (2005), Rede Urbanismo no Brasil: http://www.urbanismobr.org.

10 Esses dois fundos concentram praticamente todas as referências relacionadas à vida de Lebret, às suas atividades na França, no Brasil e na América Latina. Dentre o material pesquisado, foram selecionadas aproximadamente 70 caixas em que constavam os seguintes documentos: cartas entre Lebret e latino-americanos, diários de Lebret e de Raymond Delprat; jornais brasileiros noticiando a ida de Lebret ao Brasil, textos de Lebret não publicados, documentos sobre o primeiro curso que Lebret proferiu no Brasil (na Escola Livre de Sociologia e Política, em São Paulo, 1947), documentos

Fontainebleau; 4) o acervo do Centre Lebret-IRFED, onde foi possível pesquisar os números da revista *Développement & Civilisations*, obras biográficas sobre Lebret, e obras de Lebret; 5) o acervo da Bibliothèque Nationale de France (BnF) referente a obras e biografias de Lebret e periódicos e obras diversas.

Para a formulação de nossas questões tivemos a contribuição dos autores que estudaram o tema. Encontramos um maior número de trabalhos que recuperam a participação de Lebret e a atuação da SAGMACS a partir dos anos 1990. Foi a partir dessas importantes referências que demos início à construção de nossa hipótese de pesquisa e identificamos questões por onde poderíamos contribuir para o processo de construção da história do urbanismo no Brasil entre os anos de 1940-60.

A despeito do avanço no nosso trabalho em relação ao que já tinha sido produzido no país, podemos destacar a utilização de fontes primárias para a reconstrução da chegada de Lebret ao Brasil, as principais vinculações intelectuais e políticas de Lebret e a criação da SAGMACS focando o aspecto da formação de profissionais brasileiros. Nesse aspecto chama atenção o trânsito de profissionais franceses e latino-americanos em alguns países deste continente e na França. Damos destaque à visão de Lebret da necessidade de formação técnica de latino-americanos para o desenvolvimento dos países subdesenvolvidos, onde em alguns momentos podemos identificar um olhar estrangeiro "europocentrista" e "colonizador" e um vislumbre profissional num continente de oportunidades, uma vez que

---

sobre o Congresso Internacional de Economia Humana (em São Paulo, 1954), outros cursos e palestras proferidos por Lebret na América Latina, documentos referentes à SAGMACS, documentos sobre o grupo EH, SAGMA, IRFED e outras instituições criadas por Lebret.

"missões de desenvolvimento", seja para formação de *experts* autóctones ou para consultoria técnica na área de planejamento, eram realizadas na América Latina neste mesmo período por outras instituições e órgãos internacionais.

Sobre a produção científica a respeito da SAGMACS e de Lebret no Brasil, podemos destacar o estudo da influência do pensamento e das práticas de Lebret no planejamento urbano e regional no Brasil através da atuação da SAGMACS, destacada por Lamparelli, Leme, Valladares, Ribeiro e Cardoso, Pontual, Meyer e Cestaro.[11] Sobressaem nessa abordagem o reconhecimento de um "urbanismo lebretiano"[12] e a introdução de uma nova vertente dentro do pensamento urbanístico da década de 1950, baseado na pesquisa e ação a partir da teoria e metodologia do grupo Economie et Humanisme,

---

11 LAMPARELLI, Celso Monteiro. "Louis-Joseph Lebret e a pesquisa urbano-regional no Brasil: crônicas tardias ou história prematura". *Cadernos de Pesquisa LAP*, São Paulo, n. 5, mar./abr. 1995, p. 2-33; LEME, Maria Cristina da Silva. "A formação do pensamento urbanístico no Brasil, 1895-1965. In: LEME, Maria Cristina da Silva (org.) *Urbanismo no Brasil:* 1895-1965". São Paulo: Studio Nobel/FAU-USP/Fupam, 1999b, p. 20-38; LEME, Maria Cristina da Silva. *Formação do urbanismo em São Paulo como campo de conhecimento e área de atuação profissional.* Tese (Livre-Docência) – Faculdade de Arquitetura e Urbanismo da Universidade de São Paulo. São Paulo, 2000; LEME, Maria Cristina da Silva; LAMPARELLI, Celso Monteiro. "A politização do urbanismo no Brasil: a vertente católica". In: *Anais do IX Encontro Nacional da ANPUR*, vol. II. Rio de Janeiro: ANPUR, 2001, p. 675-687; RIBEIRO, Luiz César de Queiroz; CARDOSO, Adauto Lúcio. "Planejamento urbano no Brasil: paradigmas e experiências". *Espaço & Debates*, São Paulo, ano XIV, n. 37, 1994, p. 77-89; PONTUAL, Virgínia. *Uma cidade e dois prefeitos*: narrativas do Recife das décadas de 1930 a 1950. Recife: Editora da UFPE, 2001; MEYER, Regina Maria P. *Metrópole e urbanismo:* São Paulo anos 50. Tese (Doutorado em Arquitetura e Urbanismo) – Faculdade de Arquitetura e Urbanismo da Universidade de São Paulo, São Paulo, 1991; VALLADARES (2005a); CESTARO (2009).

12 RIBEIRO e CARDOSO (1994).

32 MICHELLY RAMOS DE ANGELO

que influenciaria profissionais da área de planejamento.[13] Dentro dessa abordagem têm destaque os estudos relativos aos trabalhos da SAGMACS (que são analisados segundo o contexto urbano da época, a metodologia empregada e os resultados obtidos).[14]

A formação de uma geração de planejadores urbanos é outra questão importante. Leme identifica que a vinda de Lebret ao país ofereceu uma nova perspectiva de inserção do trabalho profissional do urbanista no planejamento das cidades.[15] Nesse mesmo sentido, Levy destaca que a SAGMACS constituiu um núcleo em que se formou o corpo técnico que posteriormente veio a compor a burocracia do planejamento urbano.[16] Além da formação técnica diferenciada das concepções vigentes, Leme e Lamparelli acentuam a formação político-ideológica daquele técnico da SAGMACS.[17]

As redes de relações sociais, políticas e religiosas de Lebret no Brasil são esboçadas por Valladares, Pelletier, Breuil, Lowy, Lamparelli e Garreau.[18] O trabalho de Pelletier é uma fonte bibliográfica principal

---

13 LEME (1999, 2000); LAMPARELLI (1998).

14 Como os trabalhos de MEYER (1991); PONTUAL (2001); VALLADARES (2005); CESTARO (2009).

15 LEME (1999).

16 LEVY, Evelyn. "Olhando para trás: 40 anos de planejamento urbano em São Paulo". *Espaço & Debates*, São Paulo, ano V, n. 15, 1985, p. 33-54.

17 LEME e LAMPARELLI (2001); LAMPARELLI, Celso *et al*. "Debate em E & D: planejamento urbano, do populismo aos dias atuais". *Espaço & Debates*, São Paulo, ano I, n. 4, 1981, p. 137-173.

18 VALLADARES (2005a); LAMPARELLI (1998); PELLETIER, Denis. Économie *et Humanisme:* de l'utopie communautaire au combat pour le tiers-monde (1941-1966). Paris: Les Éditions du Cerf, 1996; PELLETIER, Denis. *Les catholiques en France depuis 1815*. Paris: La Decouverte, 1997; GARREAU, Lydie. *L. J. Lebret, um homme traque (1897-1996)*. Villeurbanne/Bruxelles: Golias, 1997; BREUIL, Mathilde Le Tourneur. *Le Père Lebret et la construction d'une pensée chrétienne sur le développement: dans le sillage de modeles politiques et intelectuelles* émergents

de pesquisa sobre o EH e Lebret, sendo a sua tese construída a partir de uma exaustiva documentação e análise, contribuindo para a compreensão das tensões que envolviam o catolicismo social francês. Lebret atraía jovens estudantes católicos, industriais, políticos, interessados na terceira via de mudança. Seu público constituiu a "rede Lebret", que atuou em variadas frentes em diversos países da América Latina. A SAGMACS constituía uma das formas dessa atração, que tinha como central a atuação no planejamento urbano. Partimos da rede identificada pelos autores para estudar interesses, vinculações e facilidades que possibilitaram a abertura para a atuação de Lebret no Brasil e a atuação da SAGMACS em vários estados.

As instituições autônomas de planejamento nas décadas de 1930-60 são o tema das reflexões de Feldman. Segundo a autora, a SAGMACS surgiu quando se organizavam também outras instituições de assistência técnica aos municípios, e dentro de um contexto político-institucional, dos anos de 1950, favorável a isso – de crença no planejamento regional e de possibilidades do planejamento como atribuição do Estado. Foi quando se criaram também o Instituto Brasileiro de Administração Municipal (Ibam), o Centro de Pesquisas de Estudos Urbanísticos (CPEU) e, um pouco mais tarde, o Centro de Estudos e Planejamento Urbano e Regional (Cepur), que atuaram na assistência técnica às administrações municipais.[19]

---

au Brésil, 1947-1966. Mémoire pour l'obtention du diplome de Master II de l'Ecole des Hautes Etudes en Sciences Sociales. Paris, 2006; LÖWY, Michel. "Marxismo e cristianismo na América Latina". *Lua Nova – Revista de Cultura e Política*, São Paulo, n. 19, nov. 1989, p. 5-21; LÖWY, Michel. *A guerra dos deuses: religião e política na América Latina*. Petrópolis: Vozes, 2000, p. 234.

19 FELDMAN, Sarah. "Instituições de Urbanismo no Basil: espaços de intermediação entre pensamento e prática". In: *Anais do VII Seminário de História da Cidade e do Urbanismo*, vol. 1. Salvador: PPGAU-UFBA, 2002; FELDMAN, Sarah. *Planejamento e Zoneamento*: São Paulo: 1947-1972. São Paulo: Edusp/Fapesp,

Por fim, destacamos as considerações de Lamparelli, que afirma ter vivenciado na SAGMACS a primeira fase do planejamento urbano democrático. Nesse sentido, ressaltamos a contribuição de Meyer quando esta ressalta que o estudo da SAGMACS para a aglomeração paulistana visava mais do que o levantamento quantitativo e exaustivo das carências da cidade, aspirando também um planejamento em que a linha mestra era a consulta popular.[20]

Na construção de nossa pesquisa, seguimos alguns eixos de análise, que foram construídos a partir: 1) da identificação do profissional que Lebret desejava formar, o *développeur*, que extrapolava a capacidade técnica e ganhava um sentido militante relacionado ao engajamento profissional nas questões acerca do desenvolvimento e da cooperação técnica com países do terceiro mundo; 2) da reconstrução da inserção de Lebret no contexto francês dos anos de 1940, momento em que fundou o grupo Économie *et Humanisme* (EH) e teve contato com profissionais da resistência francesa; 3) do questionamento do interesse de Lebret por novos campos de atuação profissional; 4) da análise da teia de relações em torno de Lebret no Brasil; 5) da reconstituição histórica da SAGMACS, na identificação de sua equipe, dos trabalhos, das temáticas, de seu estatuto; 6) do mapeamento dos profissionais que atuaram na SAGMACS e participaram, seja como alunos ou professores, dos cursos de formação do IRFED.

No Capítulo 1 trabalhamos o conceito de *développeur* utilizado por Lebret e identificamos o que este entendia por formação de um

---

2005a; FELDMAN, Sarah. "O arranjo SERFHAU: assistência técnica aos municípios/ órgãos de planejamento/ empresas de engenharia consultiva". In: *Anais do XI Encontro Nacional da ANPUR*. Salvador: ANPUR, 2005b; FELDMAN, Sarah. "1950: a década de crença no planejamento regional no Brasil". In: *Anais do XIII Encontro Nacional da ANPUR*. Florianópolis: ANPUR, 2009.

20 LAMPARELLI (1998); MEYER (1991).

grupo de agentes do desenvolvimento para atuar em países subdesenvolvidos. Destacamos a discussão surgida no seio do IRFED, já na década de 1960, sobre os conceitos de cooperação técnica e assistência técnica, bem como as implicações do emprego desses conceitos em países do Terceiro mundo. Além do aspecto mais conceitual em torno do termo *développeur*, estudamos como se deu a recepção das obras de Lebret entre os jovens estudantes católicos brasileiros e como as suas obras foram a porta de entrada para uma formação mais sólida baseada no contato direto com Lebret e na atuação na SAGMACS.

O Capítulo 2 apresenta uma parte da atuação de Lebret na França na década de 1940, num período imediatamente anterior à sua primeira viagem ao Brasil. Destacamos alguns de seus pressupostos teóricos e parte de suas matrizes sociológicas e religiosas que contribuíram na construção da teoria e do método que vai aplicar no Brasil. Identificamos a atuação de Lebret e do grupo EH nos grupos de resistência francesa durante a Segunda Guerra Mundial e as suas contribuições na École Nationale des Cadres d'Uriage.

A introdução da teoria da economia humana na América Latina é abordada no Capítulo 3. Apresentamos, em primeiro lugar, qual era o interesse de Lebret em buscar novos campos de atuação profissional e o porquê da escolha pelo Brasil. Reconstruímos a primeira rede de contatos que possibilitou a sua vinda para proferir um curso na ELSP sobre Economia Humana e como se deu a sua acolhida no Brasil, onde estabeleceria contatos políticos e religiosos que definiriam a sua atuação no país. Apresentamos o curso proferido por Lebret na ELSP – as temáticas tratadas e a repercussão – e como, a partir do curso, ele iniciou o seu processo de formação de *développeurs*. Também apresentamos o I Congresso Internacional de Economia Humana, inserido dentro das comemorações do IV Centenário da Cidade de

São Paulo, em 1954, como o momento da formação de uma rede do grupo EH na América Latina. O congresso agregou várias personalidades francesas, americanas e latino-americanas em torno da temática do desenvolvimento. Por último, mostramos a partir do estudo da sua *Lettre aux américains* como Lebret foi ganhando uma dimensão latino-americana a partir do Brasil. Elencamos as diversas formas de atuação que Lebret teve nos países da América Latina, o impacto de seu pensamento e como tais experiências fortaleceram a sua ideia de fundação de um instituto internacional para formação de quadros, quando a sua atuação passa a ser em escala mundial, voltando-se também para outros continentes.

O Capítulo 4 trata da configuração da SAGMACS no contexto do urbanismo brasileiro. Dessa forma, situamos a criação e o papel das instituições de assistência técnica voltadas para o planejamento urbano nas décadas de 1940-60, dando destaque à fundação da SAGMACS, em 1947, e aos primeiros trabalhos desenvolvidos sob a orientação de Lebret. Ressaltamos o contexto do retorno de Lebret em 1952 e as alianças estabelecidas, especialmente com o governador Garcez, que o convidou para a realização de um primeiro trabalho confidencial para o estado. A partir de Garcez, a SAGMACS firmou alianças com a Comissão Interestadual da Bacia Paraná-Uruguai (CIBPU) e deu início aos trabalhos de maior envergadura da história da Instituição. Outros trabalhos de destaque também são executados pela instituição em Belo Horizonte, Rio de Janeiro, Pernambuco, Paraná, Santa Catarina e Rio Grande do Sul, mostrando a atuação da SAGMACS e de Lebret numa escala nacional. Apresentamos os manuais do pesquisador e outros manuais de pesquisa difundidos por Lebret, que revelam a sua preocupação recorrente na formação de profissionais que trabalhavam com a temática do desenvolvimento.

O Capítulo 5 aborda a atuação da SAGMACS e o seu contexto de atuação a partir de 1959. Aqueles anos representaram um período diferenciado para a instituição: Lebret fez poucas viagens ao Brasil devido a sua ocupação no recém-criado IRFED e a missões de pesquisa em outros continentes; parte da equipe técnica migrou para o Plano de Ação do governador de São Paulo, Carvalho Pinto, até o ano de 1962; a instituição passou a ter um estatuto de empresa após 1962; mudaram as temáticas dos trabalhos; evoluiu a metodologia de pesquisa; e a equipe passou a ser bem menos numerosa. Destacamos, nesse período, a atuação da SAGMACS em cidades médias, na elaboração de planos diretores, assim como as outras empresas de assistência técnica atuavam no mesmo período em cidades do Brasil. Sublinhamos o surgimento de temas como participação e cooperação em alguns trabalhos a partir da década de 1960 – momento de um processo inicial de tematização do planejamento urbano democrático.

O Capítulo 6 trata da formação internacional para o desenvolvimento recebida no IRFED por profissionais, muitos dos quais latino--americanos. O capítulo explica como, a partir das experiências de pesquisa no Brasil e em países da América Latina, Lebret partiu para a fundação do Instituto. Apontamos como se deu o processo de maturação e as principais ideias que estavam contidas no processo de sua fundação. Explicamos como eram estruturadas as sessões e o quadro docente e discente que o compunham, dando destaque para os profissionais brasileiros.

LES DÉVELOPPEURS

Confiança do chefe: esperar que aqueles que o seguem, apesar de tudo, hão de ultrapassá-lo; ou porque estejam mais bem equipados, ou porque as suas próprias hexitações lhe serão poupadas, ou porque estarão muito reunidos na mesma obra.

Quando Lebret deu início às suas atividades de pesquisa nos países menos desenvolvidos, uma das suas grandes inquietações passou a ser em relação à capacitação de profissionais para atuar em favor do desenvolvimento. A complexidade do desenvolvimento exigia profissionais especializados, que viessem de várias áreas, atuassem em conjunto e abordassem a questão de forma humanista. Portanto, a especialização para o *développeur* consistia em mais do que adquirir uma técnica de trabalho nessa disciplina; era uma iniciação ao humanismo. Lebret considerava o desenvolvimento uma "disciplina nova" que exigia uma formação especial e distinta. Ela demandava do profissional qualidades de observação, síntese e contato com o campo de estudos.

Uma preocupação exposta por Lebret em seus textos dizia respeito à falta de profissionais especializados tanto no momento da execução de pesquisas dentro das instituições responsáveis pelos trabalhos quanto nos quadros governamentais que recebiam as pesquisas para utilizá-las na execução de planos e projetos de desenvolvimento – o que, neste caso, levava a um "estrangulamento pós-pesquisa". Para Lebret essa falta de capacitação era um dos maiores obstáculos do desenvolvimento, já que não era possível levar a cabo uma pesquisa.

Portanto, preparar quadros de desenvolvimento passou a ser uma das maiores ocupações de Lebret, especialmente a partir de 1958, quando fundou um instituto especializado para essa formação, o IRFED. Mesmo que trabalhasse quase que exclusivamente dedicado para a formação de profissionais nesse período, sua atuação como formador de quadros já havia começado anos antes. No caso do Brasil, desde 1947, ano de sua primeira viagem, já formava um público a partir de cursos de economia humana, quando divulgava seus livros no meio da juventude católica brasileira e consolidava, com base nos trabalhos da SAGMACS, a sua ideia de formação especializada em desenvolvimento.

Conceituação e origem do termo

Les Développeurs era o termo em francês utilizado por Lebret para se referir ao corpo de estudantes do IRFED que atuaria nos países menos desenvolvidos, nome que, para além da ideia de técnico, estava revestido de um sentido militante e de uma chamada vocacional que direcionava os jovens estudantes a atuarem nesses países. Na busca de uma tradução para o português, encontramos alguns documentos que nomeiam esse técnico-militante como "agente do desenvolvimento". Ele era o "expert que poderia estabelecer um plano geral de desenvolvimento"[1] e, atuando como professor, formar outros *développeurs*.[2]

Embora tenhamos encontrado o termo *développeurs* em documentos de 1960, isto é, no início do funcionamento do IRFED, a ideia de "agentes do desenvolvimento", nomeando militantes que aliavam técnica à ação em busca do desenvolvimento, já era apresentada, por exemplo, nos livros *Guide du Militant* (1946) e *Principes pour l'action* (1945), ambos indicados na bibliografia do curso que Lebret ministrou na ESLP em 1947. Porém, o conceito evoluiu a partir do momento em que Lebret conheceu a situação dos países subdesenvolvidos, especialmente quando decidiu criar o IRFED para formar esse profissional que, participando do curso, estaria apto para atuar naqueles países.[3]

Nomear os que passaram pela SAGMACS ou pelo IRFED não é tarefa fácil, assim como conceituar o papel que desempenharam dentro dessas instituições. Se num primeiro momento, ao folhear os trabalhos da SAGMACS, chamamo-los de "técnicos", esse termo se desconstrói ao observarmos o repertório de ensinamentos políticos e sociais que receberam ao longo daquele período. Isso fica evidente na documentação que encontramos no Fundo Lebret e Delprat, através da leitura de cartas, de diários, de textos de Lebret sobre a atuação técnica, de programas de cursos no IRFED e na SAGMACS, de palestras proferidas no Brasil por Lebret, da lista de estudantes latino-americanos que receberam a formação do IRFED ou nos cursos dados no IRFED por profissionais brasileiros. E, também, através

---

1 LEBRET, Louis-Joseph. "Alerte a l'assistance technique". In: *Developpement et Civilisations*, n. 2, jun. 1960. Fundo Raymond Delprat, pasta 185.

2 Documento da Association Internationale d'Économie Humaine. Fundo Lebret, pasta 125.

3 Sobre a fundação do IRFED, seu funcionamento e quadro de estudantes e professores, ver *Capítulo 6*.

das entrevistas que fizemos com alguns deles, em que "agentes do desenvolvimento", ou sua versão francesa, *les développeurs*, mostra--se compatível com um nome que os signifique.

É preciso considerar que, se toda a experiência vivida naquele momento por alguns era de extrema dedicação profissional, pessoal e mesmo espiritual, para outros, o motor da dedicação recaía para o lado mais técnico, em que a afinidade que levava à militância não parecia tão forte. O que explicaria tal afinidade de alguns pelo pensamento de Lebret? Como explicar o impacto dos cursos proferidos por Lebret na ELSP em 1947 e no Congresso de Economia Humana em 1954? Qual era o interesse de Lebret em criar um instituto de formação para o desenvolvimento e cooperação técnica? Utilizaremos como chave para explicar tais questões a ideia de formação, além da recepção de Lebret no Brasil em um dado momento da política brasileira, da Igreja e dos jovens universitários católicos, quando Lebret teve a possibilidade de colocar suas ideias em prática e formar um grupo de *développeurs*. Também estão presentes nesse debate o contato desses técnicos com o pensamento lebretiano, a ideia de formação de Lebret, o caráter formador das conferências e cursos de Lebret no Brasil e o momento da formação na SAGMACS e no IRFED – pontos que trabalharemos no decorrer dos capítulos.

Lebret e a ideia de formação: os quadros de cooperação técnica

Na década de 1960, a partir das experiências de Lebret e de sua equipe do EH em trabalhos nos países da América Latina, Ásia e África, houve intensos debates a respeito da formação de quadros nos países subdesenvolvidos e sobre a assistência técnica realizada nesses países, publicados em números da revista *Développement et*

Civilisations (DC), do IRFED. O tema passa a ser mais debatido em 1966, quando inclusive um número da revista DC é totalmente dedicado a essa discussão. Os participantes dos debates, de um lado, eram os *experts* em desenvolvimento que haviam sido diretores de pesquisa em grupos estrangeiros; de outro, técnicos autóctones, participantes de grupos de assessoria técnica ou funcionários de quadros governamentais em seus países. A maioria dos trabalhos relatados no número 26 da revista DC era resultante das experiências em países da África, onde a dependência por soluções era considerada mais grave, pois os técnicos africanos se comportavam como assistidos, isto é, não coparticipavam do processo de formulação de planos de desenvolvimento e, dessa forma, não recebiam a formação desejável que advinha do processo de elaboração dos estudos.

Também observamos uma formação de duas ordens: primeiro, do profissional que atuava em trabalhos de desenvolvimento dentro de um grupo de assistência técnica; segundo, já nos escalões do governo, quando o trabalho saía da esfera do grupo de assistentes e chegava aos órgãos governamentais, onde outros profissionais poderiam executá-lo ou incorporá-lo em projetos de desenvolvimento, quando geralmente encontrava um "gargalo". A falta de quadros especializados e pessoal qualificado em todos os escalões era, para Lebret, um dos problemas-chave do desenvolvimento nos países do Terceiro Mundo. Tratava-se de um estrangulamento pós-pesquisa.[4] A proposta de Lebret com o IRFED era formar esses dois profissionais: quem realizava o estudo e quem o colocava em prática, na esfera da assistência técnica e na esfera governamental.

Alguns textos dos arquivos de Lebret e de Raymond Delprat nos ajudam a verificar essas questões trazidas por Lebret a partir

---

4   LEBRET, 1963.

da atuação da assistência e cooperação técnica. O primeiro, intitulado *Centre de coopération pour le développement* économique *et humain: Notice de presentation;*[5] o segundo, *Alerte a l'assistance technique,*[6] escrito pelo próprio Lebret e publicado na revista DC em 1960; outro, também de Lebret, intitulado *La formation des cadres dans et pour les pays en voi de développement,*[7] publicado em 1963 na revista DC, e um último, publicado na mesma revista em 1966, intitulado *La cooperation technique devant les perspectives du développement authentique – quelques aspects de l'évolution* nécessaire.[8]

O primeiro é um documento de apresentação do Centro de Cooperação para o Desenvolvimento Econômico e Humano (CCDEH). O CCDEH era um dos muitos centros criados por Lebret e ligados ao EH. Este, assim como o IRFED, parecia ter o intuito de formar *développeurs* que estivessem interessados em trabalhar em países "menos desenvolvidos".[9] O documento expõe os motivos da

---

5   Centre de Coopération pour le Développement Économique et Humain: Notice de presentation. Fundo Lebret, pasta 125.

6   LEBRET, Louis-Joseph. "Alerte a l'assistance technique'. *Developpement et Civilisations*, n. 2, jun. 1960. Fundo Raymond Delprat, pasta 185

7   LEBRET, Louis-Joseph. "La formation des cadres dans et pour les pays en voie de développement". *Développement et Civilisations*, n. 16, dez. 1963, p. 44-49.

8   LEBRET, Louis-Joseph. La cooperation technique devant les perspectives du développement authentique – quelques aspects de l'évolution nécessaire. *Revue Développement et Civilisations*, n. 26, jun. 1966, p. 46-55.

9   Dentre os centros ligados ao EH, estavam: SAGMAESCO (Sociedad per la aplicación generalizada de los métodos de análisis econômico y sociales para Colombia); SAGMACS; SAGMA (Société pour l'application du graphisme et de la mécanographie à l'analyse); CINAN (Compagnie d'Études Industrielles et d'Aménagement du Territoire); IRFED; CCDEH; Institut Mecanographique de Statistique et d'Analyse Comptable (sete centros na França) e outros. Todos eram convidados a receber o curso de formação do IRFED. Ver Association Internationale d'Economie Humaine, Fundo Lebret, pasta 125.

criação do Centro, que era o de cooperar com todas as comunidades e coletividades de qualquer país ou região, particularmente, as mais desprovidas, no intuito de "promover condições de vida mais humanas". O texto também explicita que o Centro era um dos lugares de possível engajamento para aqueles que desejavam promover ações em países subdesenvolvidos.

O que mais nos chamou a atenção no texto, e que vem de forma destacada (sublinhada), é que os membros deveriam trabalhar com um "espírito de cooperação", servindo ao bem comum da população. Além disso, deveriam aderir ao espírito do EH e conhecer seu método de análise dos fatos sociais. Os membros, convidados a fazer o curso de formação do IRFED, deveriam possuir uma competência técnica, aprimorá-la, de modo que ela fosse utilizável no país subdesenvolvido, e se comprometer a pagar uma cotização.[10]

É interessante identificar no perfil dos membros jovens mais ligados à prática do bem comum que estavam em concordância com as ideias pregadas no movimento EH. Eram jovens entre 19 e 33 anos, sendo a maioria de 22 a 24. Grande parte era de franceses atuantes na África e na América Latina. Sobre as motivações que os fizeram aceitar a atuação como assistentes técnicos, grande parte responde "vocação pessoal", enquanto outros citam o interesse no trabalho e gosto pelas viagens. Algumas respostas mais objetivas citam o interesse no avanço pessoal e material, e outras mais subjetivas falam na motivação em ajudar e no amor pelo país onde se vai fazer a missão.[11]

Não dispomos da data precisa do documento, nem uma menção do estatuto do Centro ou uma pista que o pudesse diferenciar do IRFED. O que é possível verificar é que na década de 1960 Lebret

---

10   O que nos leva a entender que o CCDEH seguia os moldes de uma cooperativa.

11   Ver questionário realizado pelo Centro em 1963. Fundo Lebret, pasta 125.

46 MICHELLY RAMOS DE ANGELO

estava voltado para a formação de quadros profissionais para o desenvolvimento, o que o levava a criar centros de formação também fora da França. No Brasil, um centro de formação – que seria chamado Instituto de Estudos para o Desenvolvimento Social e Econômico (Ined) – chegou a ser cogitado no ano de 1963. O Ined seria o braço brasileiro do IRFED, encurtando as distâncias entre a formação francesa e os estudantes brasileiros que pudessem representar obstáculos para os desejosos de receber aquela formação.[12]

Conforme veremos nos capítulos posteriores, quando Lebret iniciou a sua atuação no Brasil, em 1947, encontrou contradições econômicas entre classes sociais que lhe trouxeram um "choque". Vejamos que se tratava de um francês que pela primeira vez observava em campo o que era subdesenvolvimento, subabitação e miséria.[13] Nessa mesma viagem ministrou um curso de economia humana, mostrando a sua teoria quanto aos rumos que o desenvolvimento deveria tomar: colocando as necessidades humanas como centrais. Nos anos posteriores, Lebret atuaria em diversos trabalhos no país em que a temática do desenvolvimento humano se tornaria central.

A partir desse período, uma relação se estabeleceu entre Lebret, os brasileiros que atuavam nas pesquisas da SAGMACS e os ouvintes de seus cursos sobre economia humana e desenvolvimento. Consistiu no início do seu processo de formação de profissionais brasileiros de várias áreas e esferas, ao invés de somente daqueles participantes da SAGMACS. Com a abertura para grandes trabalhos de desenvolvimento regional, que requeriam dezenas de profissionais,

---

12   Carta de Rios para Lebret, 05/02/1963. Fundo Lebret, pasta 117. Rios seria o responsável pelo Centro e Lebret seria o presidente de honra.

13   LEBRET, Louis-Joseph. "Lettre aux americains". *Economie et Humanisme Revue*, Marseille, n. 34, nov./dez. 1947b, p. 561-580.

Lebret passou a formar diretores de pesquisa e pesquisadores. Com as experiências alcançadas a partir dos trabalhos no Brasil, Lebret consolidou a sua teoria de desenvolvimento e passou, então, a dar um destaque maior para a formação de quadros profissionais que pudessem também atuar nos governos. A sua capacitação, iniciada primeiramente durante a execução dos trabalhos da SAGMACS, passaram mais tarde a ocupar um lugar privilegiado, o IRFED, um instituto criado exclusivamente para a formação de *développeurs*.

O caminho para ser um *développeur* passava por uma formação em desenvolvimento, pela adesão a um dos muitos centros criados por EH, pelo entendimento do método de pesquisa visando o desenvolvimento, pela busca de um espírito de cooperação e pela atuação em países menos desenvolvidos. Todas essas ideias também estavam de acordo com as obras mais divulgadas de Lebret.[14]

Dois outros textos tratam da questão da assistência técnica e da preocupação de Lebret com esse termo. Em *Alerte à l'assistence technique*, Lebret, ao iniciar o texto, ressalta que "a assistência supõe um assistente que leva e um assistido que recebe". É a partir dessa relação de entrega e de recebimento que Lebret expõe suas preocupações, especialmente em relação à dependência de quem recebe. Lebret destaca também que o termo "assistência" [de assistência técnica] não era o mais indicado, sendo melhor o de "cooperação", "que

---

14 PELLETIER, em sua obra biográfica do EH e de Lebret, diz que a partir de 1958, tudo o que Lebret publicou foi sobre a teoria e a prática do desenvolvimento. Trabalha com manuais práticos destinados aos pesquisadores, em que apresenta o método através de exemplos concretos tirados de seus trabalhos na França e, cada vez mais, dos trabalhos realizados no Terceiro Mundo. Dentre esses trabalhos destacamos o *Guide pratique de l'enquête social*, o *Manuel de l'equêteur*, o *Guide de l'enquête rurale* e o *Guide de l'enquête urbaine*, trabalhados no *Capítulo 4*. Ver: PELLETIER, Denis. *Économie et Humanisme*: de l'utopie communautaire au combat pour le tiers-monde (1941-1966). Paris: Les Éditions du Cerf, 1996.

restitui, de certa forma, a honra daquele que recebe, pois a relação é de compartilhar e fazer junto, e não só receber".

Nesse mesmo texto Lebret aborda a profissão de assistente ou *expert* em desenvolvimento, ressaltando que ela "não é claramente definida e que é difícil de definir. [...] O *développeur* estritamente dito é o *expert* que pode estabelecer um plano geral de desenvolvimento". Dentre alguns dos princípios apontados por Lebret no sentido de causar menos falhas na assistência técnica, destacamos: 1) o princípio de "apelo aos especialistas competentes", pois todo *expert* deveria tomar consciência de seus limites; 2) o princípio da "equipe autêntica", que é complementar e que trabalha no mesmo espírito, tanto no método quanto na doutrina e no amor à população; 3) o princípio da cooperação com os técnicos e pesquisadores do país assistido, pois a qualidade do trabalho supõe uma interação contínua entre os estrangeiros e os autóctones; 4) o princípio da assistência aos escalões intermediários e à base, indicando que os *experts* dos mais altos escalões não seriam suficientes; e 5) o princípio da garantia de qualidade dos *experts* e assistentes técnicos.

Pelo menos duas questões ficam claras nesse texto. A primeira, que havia uma hierarquia de pesquisador: um *expert* do mais alto nível, o escalão intermediário e a base. Porém, essa hierarquia não conferia ao seu mais alto grau toda a autonomia. A segunda, que está bem destacada no texto, relaciona-se ao pesquisador estrangeiro (do país desenvolvido) que vai ao país subdesenvolvido trabalhar com o pesquisador autóctone. Um vai com a técnica e o outro a alia ao conhecimento do lugar. Desse modo, podemos entender que o assistente é o estrangeiro, e o assistido, o autóctone. Por isso a preocupação de Lebret na troca do termo "assistência", do qual falamos anteriormente, por "cooperação", não vinculando ao assitente todo o saber.

Seis anos mais tarde Lebret publicou na mesma revista o texto *La cooperation technique devant les perspectives du développement authentique – quelques aspects de l'évolution* nécessaire. Novamente o autor chama a atenção à necessidade de "substituição do termo assistência técnica para cooperação técnica". Tratava-se de "cooperar, ou seja, trabalhar <u>com</u> os que demandam (grifo da fonte)". Não se tratava, portanto, "somente de uma competência a trazer, mas de uma união de esforços a assegurar".

Foi durante a realização das entrevistas para esta pesquisa,[15] quando nos referíamos ao grupo de técnicos que participaram da SAGMACS, que alguns dos entrevistados nos corrigiram: "éramos agentes do processo. [...] E o papel desse técnico era ser mediador para o aparelho do Estado", disse Moreira; "era uma equipe técnica porque dominava a técnica da pesquisa, mas era a formação de agentes do desenvolvimento [...]. Na época se discutia a contradição entre a política e a técnica, que era um problema que a SAGMACS vivia. [...] era um grupo de formação de altíssimo nível. A equipe técnica e o grupo é que sustentavam e elaboravam o método, que foi aperfeiçoado até chegar na simplicidade da margarida e tapete", lembrou Lamparelli; "não éramos técnicos, éramos militantes profissionais, a gente brigou muito com esse negócio de técnico e político. [...] era uma equipe muito diversificada e engajada", apontou Whitaker Ferreira. "Em relação aos técnicos, tinha uma atuação política, religiosa e técnica também como movimento EH [...]. Tinha atuação militante e religiosa por natureza. Todo mundo era meio de esquerda, a cabeça era mais de esquerda devido à desigualdade. Era

---

15 As pesquisas foram realizadas com os seguintes profissionais: Antonio Claudio Moreira, Celso Monteiro Lamparelli, Clementina de Ambrosis, Domingos Theodoro Azevedo Netto e Francisco Whitaker Ferreira (entre outubro e novembro de 2008).

a teoria econômica de Marx junto com a questão religiosa: a terceira via de mudança", lembrou Clementina. E Domingos ressalta: "Foi um estágio, uma formação muito boa".

Ao ouvir esses depoimentos que mesmo de uma pequena parte, são significantes dentro da SAGMACS pelo tempo que lá permaneceram e pelo número de trabalhos de que participaram, não fica dúvida em relação ao estusiasmo que as ideias de Lebret provocaram na vida técnico-profissional ou militante de alguns participantes da instituição. De fato, naquele momento, estes profissionais passavam por um processo de formação como "agentes do desenvolvimento".

A repercussão das obras de Lebret no Brasil e a atuação dos jovens da elite católica na SAGMACS

Durante a pesquisa, na fase de elaboração de um quadro constando os trabalhos da SAGMACS e sua equipe (por volta de 300 profissionais), um dado que nos chamou a atenção foi o número de pessoas que passaram pela instituição.[16] Dentro desse grupo, o quadro nos mostra haver ao menos dois perfis: um primeiro, mais atuante, composto por profissionais militantes políticos que tinham uma vinculação religiosa com as ideias do EH e de Lebret; um segundo, composto por profissionais que não tinham essa mesma vinculação e que eram contratados em função dos novos trabalhos desenvolvidos pela SAGMACS. Do primeiro grupo, alguns tiveram um contato

---

16 Ver Apêndice 2, "Estudos realizados pela SAGMACS e composição das equipes", p. 225. Realizamos o levantamento destes profissionais a partir da seleção de todos os volumes dos trabalhos da SAGMACS encontrados nas bibliotecas da FAU e nos Archives de Fontainebleau – França. Selecionamos a equipe que constava em cada trabalho. Nas equipes estão inclusos os diretores de pesquisa, técnicos, estagiários, secretários e colaboradores. Em alguns trabalhos publicados em 1963 não constam a equipe participante.

inicial com as obras de Lebret antes mesmo de suas participações na SAGMACS. Muitos deles permaneceram por mais tempo na instituição e tiveram, naquele momento, uma atuação política e militante muito marcante. Um ponto que notamos foi que a maioria dos profissionais que tiveram uma maior vinculação política e religiosa com as ideias de Lebret foram aqueles ligados ao escritório da SAGMACS de São Paulo. Clementina de Ambrosis confirma a existência desses dois grupos. Atuante de 1954-1964, ela ressalta que "existia um grupo que era contratado em função do surgimento dos trabalhos e por tempo limitado, e não necessariamente tinha a filosofia da SAGMACS. Outros estavam mais ligados ao movimento Economia e Humanismo e às suas ideias, e permaneciam na SAGMACS".[17]

Nas entrevistas de alguns participantes desse grupo em especial, identificamos uma aproximação às ideias não só teóricas ou técnicas de Lebret, mas também uma aproximação política e mesmo religiosa. Como explicar essa sintonia entre Lebret e os técnicos da SAGMACS? Eram todos militantes católicos? Para responder a esses questionamentos é necessário lembrar o "impacto" de Lebret na América Latina entre os jovens católicos.[18] Leme e Lamparelli destacam essa influência ao falar que a vinda de Lebret encontrou terreno fértil para a formação em urbanismo de jovens militantes católicos, onde se combinava um pensamento reformador e o desenvolvimento de uma metodologia vinculada à ação.[19] Da mesma forma, o ar-

---

17 Entrevista de Clementina de Ambrosis à autora em outubro de 2008.

18 Segundo Lowy (1989), "[...] duas figuras do catolicismo francês progressista vão ter um impacto direto sobre a JUC dos anos 60: o padre Lebret e sobretudo Emmanuel Mounier".

19 LEME, Maria Cristina da Silva; LAMPARELLI, Celso Monteiro. A politização do urbanismo no Brasil: a vertente católica. In: *Anais do IX Encontro Nacional da ANPUR*, vol. II. Rio de Janeiro: ANPUR, 2001, p. 675-687.

quiteto Antônio Cláudio Moreira, em seu depoimento, reconhece a participação de Lebret na formação do pensamento cristão moderno e também na formação de seu percurso profissional, político e religioso. Moreira diz que veio de uma tradição de estudante militante da Ação Católica (AC), que foi quando se aproximou da questão social e se interessou por conhecer a SAGMACS, onde iniciou a sua carreira como desenhista em 1956, participando de alguns trabalhos até o ano de 1964.[20]

No campo profissional, Moreira reconhece a influência do pensamento da AC, que era o de participar no meio da ação para poder fazer a transformação social. Segundo ele, isso marcou muito o grupo da SAGMACS: "A gente procurou mais que um engajamento em pesquisa ou de ideia ou de elaboração de pensamentos, mas um engajamento na ação, no sentido de participar como agentes do processo. Isso fez com que a gente se aproximasse do aparelho do Estado e procurasse trabalhar nele para transformar a sociedade de dentro do Estado [...]. Isso é marcado historicamente na medida em que o grupo da SAGMACS praticamente é absorvido pelo grupo de planejamento do governador Carvalho Pinto".[21]

Moreira também destaca que a maioria da equipe era de São Paulo. Segundo ele "dá para perceber nitidamente uma escola do pensamento urbanístico brasileiro, divulgado por Lebret". De fato, a vinda de Lebret ao Brasil aglutinou pesquisadores, estudantes, técnicos, gestores e militantes interessados numa nova forma de ação, engajados em manter um diálogo com o marxismo na busca de uma terceira via para o desenvolvimento.

---

20   Entrevista de Antonio Claudio Moreira à autora em outubro de 2008.

21   Sobre a participação de parte da equipe da SAGMACS no Plano de Ação do governador de São Paulo Carlos Alberto Alves de Carvalho Pinto, ver Capítulo 5.

No grupo de entrevistados que selecionamos para a pesquisa, podemos dizer que todos tinham uma vinculação forte com os pensamentos do grupo Economia e Humanismo. Whitaker Ferreira, por exemplo, diz ter conhecido Lebret através da Juventude Universitária Católica (JUC), antes mesmo de conhecer a SAGMACS: "Tive uma relação forte com ele [Lebret] em 1952, mas não pelo técnico, e sim pelo espiritual. Ele veio [ao Brasil] na mesma época em que tinha toda uma emergência de um cristianismo mais engajado socialmente. Eu o conheci [Lebret] muito mais pelos escritos político-religiosos do que pela técnica [...] meu primeiro emprego foi ser desenhista de Lebret. Foi quando eu entrei na dimensão mais técnica".[22] Lamparelli e Moreira, da mesma maneira, tiveram um contato com as obras de Lebret antes mesmo de suas participações na SAGMACS. Chiara de Ambrosis, em entrevista concedida a Cestaro,[23] também afirma que Lebret fez parte de sua formação anterior à SAGMACS, por meio de seus livros de espiritualidade: "Havia uma influência dele em minha geração".

O que avaliamos é que esse grupo inicial da SAGMACS, participante de uma primeira fase de formação em meio aos grandes trabalhos que surgiam e à presença mais frequente de Lebret, teve uma proximidade anterior com os pensamentos do movimento EH através das obras do dominicano francês: "Eu li muito Lebret na época, li o que tinha, o que Lebret havia escrito, assim como li os outros pensadores católicos", disse Moreira, ressaltando que a SAGMACS

---

22 Entrevista de Francisco Whitaker Ferreira à autora em dezembro de 2008.

23 Entrevista de Chiara de Ambrosis a Lucas Cestaro. In: CESTARO, Lucas. *Urbanismo e Humanismo: A SAGMACS e o estudo da "Estrutura Urbana da Aglomeração Paulistana"*. Mestrado – EESC/USP – Programa de Pós-Graduação em Arquitetura e Urbanismo. São Carlos, 2009.

foi um caminho natural, devido às vinculações anteriores e a identificação com o pensamento do EH.[24]

Dentre os livros de Lebret que tiveram ampla difusão no Brasil, destacamos: *Guia do militante* (1946), *Princípios para a ação* (1945), *Suicídio ou sobrevivência no Ocidente* (1958), *Manifesto para uma civilização solidária* (1962), *O drama no século XX* (1962), constituindo verdadeiros manuais ideológicos para aquela geração de pesquisadores. Todas essas obras foram publicadas num momento em que cresciam as tendências do pensamento econômico em favor ou contra o liberalismo e de transição do pós-guerra.

Para compreender a influência das obras de Lebret, inclusive na vida daqueles primeiros participantes da SAGMACS, é necessário inserí-los no contexto em que a teologia francesa do pós-guerra representava o que havia de mais avançado na renovação do catolicismo. Foram dois os representantes que mais influenciaram a JUC nos anos 1960: Lebret e Emmanuel Mounier.[25]

A recepção dos pensamentos de Lebret por aqueles jovens que viriam compor a SAGMACS foi influenciada pelo momento político brasileiro, pela Igreja, pela universidade e pelo movimento estudantil. Esse desdobramento já foi discutido por Souza, no estudo da JUC,[26] quando situou o movimento nessas quatro dimensões. Para este trabalho, é interessante resgatar na obra de Souza alguns pontos. Primeiro, que a JUC surge no país quando havia um grande debate em torno das possíveis orientações do desenvolvimento e suas

---

24 Entrevista de Antonio Claudio Moreira à autora, em outubro de 2008.

25 LÖWY, Michel. "Marxismo e cristianismo na América Latina". *Lua Nova – Revista de Cultura e Política*, São Paulo, n. 19, nov. 1989, p. 5-21.

26 A obra de Souza trata da história política na JUC a partir de suas atividades em nível nacional desde 1950 até seu desaparecimento "dramático" em 1968. SOUZA, Luiz Alberto Gómes de. *A JUC*: os estudantes católicos e a política. Petrópolis: Vozes, 1984.

relações com o nacionalismo. Segundo, que a Igreja vivia um momento em que estava presente nas decisões políticas, pois existia um diálogo Igreja-Estado, além de um interesse pelo mundo da cultura, com a manifestação de alguns dos seus setores em favor de reformas sociais. Terceiro, que a universidade brasileira vivia um momento de intensa discussão sobre os problemas do desenvolvimento, do nacionalismo, da cultura popular, das reformas e da revolução. E, ainda, um número crescente de publicações era produzido e reproduzido na universidade. Por fim, que o movimento estudantil, com o decorrer dos anos, passou por um processo de politização crescente.[27]

A JUC era um movimento de universitários cristãos que fazia parte da Ação Católica Brasileira (ACB). Seu método era o da Ação Católica especializada, que se desenvolveu na França, na Bélgica e no Canadá através de algumas experiências do padre Joseph Léon Cardjin, com a Juventude Operária Católica (JOC). Era o método "ver-julgar-agir" ou de "formação na ação". O trabalho era centrado na "equipe de militantes" e organizada, em geral, pela faculdade. Outra questão é que a JUC não era um movimento de "massa", mas de "militantes", o que faz com que seja criticada como uma tendência elitista.[28] Observamos, nessa pequena descrição da JUC, dois termos que nos remetem ao método de Lebret: "ver-julgar-agir" ou "formação na ação", que passava por estudar a realidade e transformá-la através da pesquisa e da ação; e "militantes", que nos remete à obra de Lebret *Guia do militante*, um manual utilizado por muitos jovens católicos brasileiros.

Os três momentos da JUC periodizados por Souza também são importantes para compreendermos a interferência desse movimento na SAGMACS. Sua periodização foi realizada em função da prática

---

27 Sobre essas dimensões, SOUZA (1984) faz um estudo aprofundado e elucidativo.

28 SOUZA, 1984.

política, da reflexão do movimento, da concepção que o movimento tinha de si e das suas relações com a hierarquia eclesiástica. Um primeiro momento vai de 1950 a 1958, um segundo de 1959 a 1964, e um terceiro até a sua dissolução, entre 1967 e 1968.[29] Interessa-nos para a pesquisa entender especialmente os dois primeiros momentos: um primeiro caracterizado pela descoberta da prática política, em que a orientação era "ver-julgar-agir",[30] e um segundo em que a prática política da JUC se tornou mais intensa e radical. Foi entre 1952 e 1953 que teve início um processo de abertura social na JUC, quando a questão começou a fazer parte das temáticas que seriam discutidas. Foi também nesse ano que Plínio de Arruda Sampaio,[31] dirigente da JUC em São Paulo, discutiu com Lebret o programa do que seria o tema do encontro da JUC em Jacarepaguá.[32]

Esses dois momentos da JUC corresponderam a praticamente todo o período de existência da SAGMACS. Consideramos o primeiro, quando a JUC vivia a efervescência de um novo pensamento de Jacques Maritain (com o Humanismo Integral), de Emmanuel Mounier e de Lebret, o mais "formador" dentro da SAGMACS. Foi nesse período inicial que Lebret estava mais presente, vinha com mais frequência ao Brasil e ministrava cursos e palestras voltados para a formação dos profissionais. Cabe destacar que o EH e a SAGMACS no Brasil se confundiam, e mesmo para os profissionais

---

29 SOUZA, 1984.

30 Segundo o autor, essa era umas das diretrizes divulgadas na Semana Interamericana de JEC-JUC, realizada em 1950.

31 Sampaio seria personagem importante durante o governo Carvalho Pinto no recrutamento de parte da equipe da SAGMACS para participar do Plano de Ação do Governo, entre os anos de 1959-1961.

32 Segundo SOUZA (1984), Lebret propôs temas como "a responsabilidade do universitário na elaboração de uma cultura operária", que causou certo choque em Sampaio.

que trabalharam na SAGMACS existe, ainda hoje, uma dificuldade de separação, já que eram os mesmos ideais e o mesmo representante que assumia sua direção.[33]

Ao estudar a esquerda católica e a Ação Popular (AP), Gavião diz que os autores católicos Maritain, Mounier e Lebret, que citamos anteriormente, estavam muito presentes no pensamento social católico nas décadas de 1950 e 1960. Eles reforçavam as ideias da necessidade do engajamento dos cristãos na realidade latino-americana. Propunham métodos de ação e parâmetros teóricos dentro de uma perspectiva respaldada no evangelho e na doutrina social da Igreja Católica, objetivando reformas humanizadoras que levassem gradativamente à superação do capitalismo. O autor também registra o envolvimento de muitos estudantes da JUC, e depois da Ação Popular, nos projetos realizados pela SAGMACS. Os profissionais da SAGMACS convidavam estudantes universitários para colaborar com as pesquisas conduzidas nas diferentes áreas, ao mesmo tempo em que formavam profissionais dentro da perspectiva do movimento Economia e Humanismo.[34]

Podemos entender até aqui uma imbricação de fatos históricos que fazia com que aqueles jovens universitários católicos recepcionassem as ideias trazidas por Lebret e por outros pensadores franceses. Também entendemos que Lebret passou a ocupar um posto simbólico dentro da JUC, e vimos que o que ele trazia de novo correspondia exatamente às aspirações daqueles jovens: a busca pela terceira via de mudança em favor do desenvolvimento através do conhecimento da realidade e da ação.

---

33 Informação retirada das entrevistas concedidas à autora.

34 GAVIÃO, Fábio Pires. A "esquerda católica" e a Ação Popular (AP) na luta pelas reformas sociais (1960-1965). Dissertação (Mestrado em História) – Instituto de Filosofia e Ciências Humanas da Universidade Estadual de Campinas, Campinas, 2007.

2

RESISTÊNCIA FRANCESA E PÓS-GUERRA
Algumas matrizes, encontros e orientações de Lebret

Neste capítulo apresentaremos alguns dos pressupostos teóricos de Lebret anteriores à sua chegada à América Latina com o objetivo de identificar as possíveis influências na formação dos profissionais que atuaram na SAGMACS. Dessa maneira, estudaremos as experiências de Lebret na França num período próximo à sua vinda à América Latina, entre os anos da Segunda Guerra Mundial (1939-1945) até 1947, antes de sua chegada ao Brasil para proferir o curso na Escola Livre de Sociologia e Política.

Consideramos essa fase anterior, em que Lebret participou de grupos de resistência na França, um período tanto formador para ele como fundador das ideias do EH, que tomou corpo a partir da criação do movimento, em 1940, na França. Esse período também é marcado pelo encontro com o sociólogo-urbanista francês Paul-Henry Chombart de Lauwe no seio do Économie et Humanisme e da École des Cadres d'Uriage, onde havia uma ampla troca de ideias entre intelectuais franceses e a formação de quadros políticos dentro da resistência francesa. Notamos muitas aproximações entre Lebret e Chombart, especialmente na metodologia que empregavam nos trabalhos que ambos realizaram na França (e também no Brasil, no caso de Lebret), o que nos levou a crer que aquele momento foi profícuo para o intercâmbio de ideias. Essa visão que teremos da formação de Lebret na França nos levará a compreender um período posterior, o da sua chegada e atuação na América Latina.

Sobre a École Nationale des Cadres d'Uriage, Lamparelli a destaca como uma comunidade educativa que congregou muitos adeptos em torno do *ideal planiste modernisateur*. O autor defende a ideia de que nela teriam se consolidado os métodos, diretrizes e princípios da ação de futuros líderes franceses. A escola fez parte de uma rede de correntes, movimentos e grupos em formação na França durante as décadas de 1930 e 1940. Nela estiveram presentes quadros cristãos do *humanisme économique* formados nas *grands écoles*, do grupo *Esprit*, dos movimentos da Ação Católica e da *Vie nouvelle*. Lamparelli registra também a influência de Le Play e seus continuadores na concepção metodológica e na valorização dos dados empíricos e estatísticos que conduziram as pesquisas do EH, afirmando que a metodologia de Lebret, além de conhecer a realidade para orientar ações, tinha como papel formar o máximo de agentes intermediários, técnicos e políticos que assumiriam responsabilidades para transformações e para o desenvolvimento.[1] Além destas influências, o autor destaca a de Emmanuel Mounier, de algumas ideias do marxismo, de formulações de Émile Durkheim, além de contribuições de engenheiros como Thomas Suavet, Jean Queneau e Paul Verney; de economistas, como François Perroux; de sociólogos, como Henry Desroche; de geógrafos, como Pierre George; e de outros profissionais, como o urbanista Gaston Bardet, genro de Marcel Poète, fundador do Institut d'Urbanisme de Paris, em 1917.

---

1 LAMPARELLI, Celso. "Louis-Joseph Lebret e a pesquisa urbano-regional no Brasil: crônicas tardias ou histórias prematuras". In: PADILHA, Nuno (org.). *Cidade e Urbanismo: história, teorias e práticas*. Salvador: FAU/UFBA, 1998, p. 284.

Essa teia de relações apresentada por Lamparelli, na qual Lebret se insere, mostra as muitas possibilidades de entrada para o estudo das influências de alguns pressupostos na concepção metodológica presente nos trabalhos desenvolvidos por Lebret e no seu próprio ideário. Nesta rede de relações as ideias e práticas serão repercutidas através de alguns profissionais que passaram pela SAGMACS, que terão em suas formações a interferência direta de Lebret.

As matrizes sociológica e religiosa de Lebret

Identificamos na literatura, especialmente na que trata da biografia de Lebret, algumas influências importantes em seu percurso profissional que contribuíram no seu processo de formação intelectual. Destacamos as aproximações entre o método do Economie et Humanisme e o da Escola de Chicago, analisadas por Valladares;[2] a referência do sociólogo Frédéric Le Play, da sociologia religiosa de Jacques Maritain e das leituras de Marx já citadas por Pelletier;[3] as aproximações com o sociólogo-urbanista Paul-Henry Chombart de Lauwe destacadas por Comte, Delestre e Hellman;[4] a instrução na pesquisa pelo geógrafo francês Pierre Monbeig encontradas em

---

2   VALLADARES, Licia. *La favela d'un siècle à l'autre*: mythe d'origine, discours scientifiques et représentations virtuelles. Paris: Éditions de la Maison des Sciences de l'Homme, 2006.

3   PELLETIER, Denis. *Économie et Humanisme:* de l'utopie communautaire au combat pour le tiers-monde (1941-1966). Paris: Les Éditions du Cerf, 1996.

4   COMTE, Bernard. *Une utopie combattante:* l'École des cadres d'Uriage, 1940-1942. Paris: Fayard, 1991; DELESTRE, Antoine. *Uriage – Une communauté et une école dans la tourmente*: 1940-1945. Nancy: Presses Universitaires de Nancy, 1989; HELLMAN, John. *The Knight-Monks of Vichy France:* Uriage, 1940-1945. Montreal/Kingston: McGill/Queen's University Press, 1993.

cartas trocadas entre ambos no ano de 1952.[5] No Brasil, duas influências nos parecem muito marcantes: a do sociólogo Josué de Castro e a do urbanista Antônio Bezerra Baltar.

Essas referências que encontramos nos trabalhos escritos por Lebret cabem em duas importantes matrizes que vão influenciar também outros campos de seu pensamento e de sua atuação. Seus trabalhos, embora nos pareçam técnicos, tinham como pano de fundo um ideal sociológico imbricado a uma matriz espiritual. Portanto, destacamos essas duas matrizes, a sociológica e a religiosa, como as principais a influenciar práticas urbanas, elaborações metodológicas e a realização de contatos com outros profissionais na França e no Brasil. Buscaremos examinar, nesse item, essas duas influências sobre o pensamento lebretiano.

O primeiro aspecto que vamos destacar relaciona-se à metodologia científica utilizada nos estudos urbanos e regionais coordenados por Lebret. Seu método de pesquisa de levantamento foi herdado de sua matriz sociológica, Frédéric Le Play, e de seu continuador, Abbé Henri de Tourville.[6] Segundo Valladares, o interesse de Lebret pelas ciências sociais remetia a uma trajetória cultural e profissional bem diversa do percurso acadêmico francês, de tradição durkheiminiana. Na época em que Lebret atuou no Brasil, tanto Le Play como Tourville não eram reconhecidos pelos brasileiros como legítimos

---

5   Nesse caso, o contato entre ambos ocorreu na fronteira que separava Lebret das experiências no Brasil, pois procurou o geógrafo justamente para que fosse por ele orientado em relação a algumas questões do país.

6   Dentre os continuadores de Le Play, dois sociólogos franceses são citados por VALLADARES (2006) como inspiradores de Lebret: Henry de Tourville (1842-1903) e Edmond Demolins (1852-1907). Tourville foi um dos principais representantes da Escola da Ciência Social de Le Play. Introduziu, junto a Demolins, modificações importantes nos métodos de investigação propostos por Le Play.

representantes da sociologia francesa. Nesse sentido, Savoye destaca que a obra de Le Play ficou por muito tempo desconhecida – não somente no Brasil – e até mesmo ignorada pela tradição sociológica.[7] Kalaora e Savoye ressaltam uma conspiração do silêncio em relação a Le Play por um fenômeno de ocultação quase total das ciências sociais, inclusive na França, que teve início no imediato pós-guerra e se estendeu até a Segunda Guerra Mundial, marginalizando cientificamente tanto Le Play como seus continuadores das ciências sociais francesas.[8] Esse panorama começou a mudar recentemente, com a reedição de textos e a publicação de estudos pioneiros do autor.

Lebret viu no método de pesquisa sociológico o instrumento essencial para se compreender a realidade e transformá-la. Essa ligação através do método social de Le Play pode ser verificada não somente pela descrição minuciosa de um método de pesquisa social, mas também por um forte conteúdo relacionado à participação, avançando nos moldes do que isso significava na época. O método desenvolvido por Le Play era alternativo à estatística social utilizada.[9] Propôs, para o estudo das famílias operárias, um método em três etapas: primeiro observou os fatos particulares relativos a uma única família ou a um número pequeno delas. A partir desse microestudo, extraiu, por indução, proposições gerais. Por último, submeteu suas conclusões

---

7   SAVOYE, A. "Les continuateurs de Le Play au tournant du siècle". R*evue Française de Sociologie,* Paris, ano XXII, n. 3, 1981, p. 315-345.

8   KALAORA, Bernard; SAVOYE, Antoine. *Les inventeurs oubliés:* Le Play et ses continuateurs aux origines des sciences sociales. Paris: Champ Vallon, 1989.

9   Frédéric Le Play se dedicou às pesquisas sociais com métodos de observação direta e tratamento estatístico que resultaram num conjunto de monografias. Elaborou trezentas monografias de famílias operárias, material que forneceu os dados básicos de sua concepção sociológica. Entre seus trabalhos têm destaque: *Les ouvriers européens* (1855) e *La réforme sociale en France* (1864).

64 MICHELLY RAMOS DE ANGELO

a um grupo de "entendidos", formados, na maioria das vezes, por notáveis locais, como prefeitos, médicos e tabeliães. A particularidade desses entendidos era pertencerem tanto ao universo observado pelo método quanto ao do observador erudito. Dessa forma, permitiam a validação das proposições iniciais e rompiam a circularidade de uma observação particular.[10]

Assim, podemos, de maneira geral, resumir sua prática científica como compreendendo: o estudo sistemático de uma unidade micro--social, como a família operária por ele estudada, por exemplo; a observação direta de um grupo de famílias para uma análise comparativa; e um método quantitativo complementado pelo qualitativo aplicado às famílias estudadas para medir suas vidas sociais. Le Play é considerado pioneiro no campo da metodologia das ciências sociais, sobretudo no que diz respeito ao estudo dos orçamentos de família e de padrão de vida. A moral cristã seria, de acordo com o sociólogo, a base mais sólida da organização social.

Em relação às aproximações entre Le Play e Lebret, Pelletier compara suas formações e métodos de pesquisa.[11] O paralelo que se destaca é que foram as duas figuras maiores da tradição de um pensamento econômico católico, mesmo que com um século de intervalo entre ambos. O autor recusa a ideia de uma influência direta de Le Play sobre Lebret, que raramente citou o sociólogo, e destaca que esse silêncio poderia ser atribuído ao fato de Lebret não querer adotar posições mais conservadoras. Porém, além de

---

10 LEPETIT, Bernard. "Arquitetura, geografia, história: usos da escala". In: SALGUEIRO, Heliana A. (org.) *Por uma nova história urbana*. São Paulo: Edusp, 1996, p. 191-226.

11 Segundo o autor, os ensinamentos de Le Play chegaram ao Brasil, principalmente, através do arquiteto francês Donat-Alfred Agache quando realizou no Rio de Janeiro o seu primeiro plano, em 1927. A prática da pesquisa que o aproxima da ciência do urbanismo vem também da tradição da sociologia aplicada.

outros autores afirmarem que Lebret seria um dos continuadores de Le Play,[12] também identificamos nos arquivos de Lebret alguns documentos com citações ao sociólogo que nos sugerem que, mais do que semelhanças de trajetórias, Lebret utilizava seus trabalhos como referência. Haveria, portanto, influência direta? Dois documentos datam de 1941: um deles se refere à Jornada de 30 de novembro[13] e o outro tem como título *La constitution de 1941 sera la realisation de la doctrine de Le Play.*[14] O primeiro trata de uma jornada de estudos da obra de Charles Baussan, de 1935, intitulada De Frederic Le Play a Paul Bourget, para um público católico convidado a participar da questão social, sobretudo do ponto de vista da vida prática pública e privada para que servissem como modelos de cristianismo nos princípios e na ação. Da mesma maneira, o segundo documento, também escrito pelo dominicano francês Edouard Maistre, trata da necessidade de se adotar os princípios de Le Play e, em geral, a literatura de outros sociólogos.

Outro documento que temos como referência (dessa vez não só apontando que Lebret leu Le Play, mas que o citou) foi o curso dado por ele na Escola Livre de Sociologia e Política, em 1947, em São Paulo. No volume II do curso, na parte intitulada *Os precursores da Economia Humana*, Lebret cita que os "inventores do método de análise científica, dos fatos sociais, [foram] certos católicos da primeira metade do século XIX e vários teóricos anarquistas". No primeiro grupo Lebret dá destaque a Le Play e à sua escola, explica seu método de pesquisa monográfico e cita o livro *Les ouvries Européens*. Além do curso em São Paulo, onde Lebret apresentou o

---

12 KALAORA e SAVOYE, 1989.

13 Fundo Lebret, pasta 82.

14 Fundo Lebret, pasta 82.

método de Le Play, encontramos outras citações em cartas trocadas com brasileiros, orientando quanto ao método de pesquisa monográfico. Em carta para o sociólogo Guerreiro Ramos,[15] em 1953, Lebret indica o endereço da *Le Play House*, no Instituto de Sociologia em Londres, e escreve algumas indicações bibliográficas sobre Le Play, dentre elas a obra de Jean-Philippe Robert, *Deux Humanités* (1947), e a de Paul Descamps, *La sociologie expérimentale* (1933).[16]

Dentre outras semelhanças nas obras e trajetórias de Le Play e Lebret, Pelletier também destaca que ambos tiveram origem no meio católico, rural, portuário e passaram por uma formação científica de engenheiro (Politécnica e Minas para Le Play e Naval para Lebret). Foram também viajantes e elaboraram, à margem da universidade, uma ciência social subordinada à ação imediata. Também construíram modelos científicos para o conhecimento da sociedade apoiando-se nas ciências naturais. Basearam-se na moral católica que se

---

15 Guerreiro Ramos (1915-1982), posteriormente, refere-se ao método monográfico de Le Play em seus trabalhos e se ocupa das formulações deste autor especialmente sobre orçamento familiar. Ver BARIANI, Edison. *Guerreiro Ramos e a redenção sociológica: capitalismo e sociologia no Brasil*. Tese de Doutorado em Sociologia. Universidade Estadual Paulista Júlio de Mesquita Filho, Unesp, 2008.

16 Lebret indica outras referências bibliográficas: Paul Roux (Précis de Science Sociale); Paul Descamps (La formation du peuple anglais et français); Dr Bailhache (La beauce); Paul Bureau (L'indiscipline des noeurs); Butel (Une vallée pyrénéenne); Paul Descamps (Le Portugal, la vie sociale); Le Play (Les ouvriers européens); Robert Pinot (Monographie du Jura Bernois); J. R. Robert (Deux humanités: Orient-Occident); Bibliografias de trabalho da Escola de Le Play: Paul de Rousiers (Les insdustries monopolisées aux Etats-Unis; Les grandes industries modernes); Joseph Wilbois (Le Cameroun). Lebret escreve também sobre a possibilidade de contratar alguém para fazer as pesquisas nesses títulos em Paris, para Gurerreiro Ramos, nas livrarias parisienses. Em Carta de Lebret para Guerreiro Ramos. 18/02/1953. Fundo Lebret, pasta 64.

reivindicaria como empírica e davam ênfase na pesquisa monográfica que constituía no conhecimento íntimo do objeto de estudo.[17]

Em relação às diferenças nas formas de pesquisa, Pelletier também destaca pontos essenciais: a pesquisa do grupo Economia e Humanismo era elaborada na tensão entre o qualitativo e o quantitativo, entre a monografia e a estatística. O método definido por Le Play, a partir das pesquisas das famílias, procurava chegar a uma tipologia das famílias europeias utilizando o método indutivo e uma passagem do particular para se chegar ao geral. Ao contrário, as pesquisas do EH não procuravam os tipos de famílias, mas através do confronto entre múltiplos estudos de casos analisavam as causas do desaparecimento das comunidades e investigavam os problemas da sociedade urbana moderna. O autor ainda ressalta que as pesquisas do EH tinham um forte conteúdo normativo e moralizador influenciado por uma ordem social cristã. Porém, o viés ruralista, marcado pelo ideal comunitário e cristão da primeira fase do grupo, foi substituído por um movimento de laicização. O ideal de uma família cristã organizada permaneceu apenas nos manuais, mas desapareceu na formulação da pesquisa e na interpretação da informação coletada.

Em prefácio do sociólogo Michel Marié no livro *Les inventeurs oubliés*,[18] sobre a Escola de Le Play, o autor destaca que por razões pessoais o livro o acompanhou de um mal. Algumas dessas razões, ele lembra, estavam ligadas à sua história intelectual pessoal. Marié participou da missão de Lebret na América Latina, e diz guardar um certo desencantamento com o que era chamado na época de "método Lebret", que achou, pelo seu conhecimento de Le Play, um substituto do método de Tourville. O autor diz que

---

17 PELLETIER, 1996.

18 KALAORA e SAVOYE, 1989.

teve grandes reservas quanto à utilização do método, e que em países como Venezuela e Chile o "método Lebret" teve uso político pelos jovens ligados à democracia cristã, fazendo com que virasse o culto ao indivíduo [entendo aqui a Lebret]. Enquanto na França o autor aderiu ao projeto terceiro mundista de Lebret, na América Latina, ao contrário, ele o deixou, optando por outras ideias "menos ortodoxas", como as de Roger Bastide e mesmo de Tourville. No mesmo livro, os autores afirmam que uma influência leplaysiana deve ser procurada antes do lado da corrente do EH e de Lebret, pois ele se inspira na nomenclatura dos fatos sociais de Tourville para construir seu guia de pesquisa. Partidário da pesquisa-ação, ele traz da escola de Le Play os elementos de uma ciência de ação.[19] No *Manuel de l'enqueteur*, de 1952, Lebret indica, nas referências bibliográficas, alguns trabalhos da sociologia leplaysiana.

Verificamos, então, a aproximação de Lebret a uma matriz sociológica, sobretudo por aspectos vinculados a um ideal cristão e científico. Notamos, dessa forma, um conteúdo reformista relacionado à coleta de dados, quando, por meio da utilização de questionários, observações diretas e entrevistas, Le Play e anos mais tarde Lebret, extraíam informações que levassem a um diagnóstico e, por fim, a uma ação de reforma social. Neste ponto, cabe destacar o confronto que Le Play realizava para garantir resultados mais confiáveis. Como destacamos anteriormente, suas proposições iniciais eram submetidas a um grupo de "entendidos" que participavam do mesmo universo pesquisado. A partir dessa triangulação observamos que o método social utilizado, embora indutivo a princípio, partia também de uma demanda que era local.

---

19 KALAORA e SAVOYE, 1989.

O mesmo identificamos nos estudos realizados pela SAGMACS. A estratégia era estudar a cidade como parte da região e em função dela. Dessa forma, as unidades de análise e intervenção eram concebidas a partir das comunidades de base em suas unidades territoriais elementares, que se integravam progressivamente em unidades regionais, nacionais e internacionais. A partir da unidade elementar – a região e sua população – eram identificadas as aglomerações e as condições de vida urbana. Leme destaca que esta era a diferença fundamental dos estudos urbanos e regionais realizados até aquele momento, em que a região era entendida como uma extensão da cidade.[20]

A descrição do método utilizado pela SAGMACS encontra-se no *Guide pratique de l'enquête sociale,*[21] onde Lebret constrói um quadro orgânico, abrangendo em todos os seus elementos o sistema de pesquisa. Segundo Delorenzo Neto, "o vigor que se empresta à interpretação e a utilização conjugada de elementos gerais das ciências sociais deram à pesquisa, antes considerada mero processo ou técnica, um alcance cultural incomum".[22] O autor destaca que Lebret ultrapassou o método comparativo e modernizou a orientação sociológica delineada por Le Play. Do ponto de vista doutrinário, o movimento francês Économie et Humanisme tentou corrigir

---

20 LEME, Maria Cristina da Silva *Formação do urbanismo em São Paulo como campo de conhecimento e área de atuação profissional.* Tese (Livre-Docência) – Faculdade de Arquitetura e Urbanismo da Universidade de São Paulo, São Paulo, 2000.

21 LEBRET. Louis-Joseph. *Guide pratique de l'enquête sociale*: L'Enquête en vue de l'amenagement regional, tome IV. Paris: Presses Universitaires de France, 1958a. No *Guide pratique de l'enquête sociale* Lebret procura responder como se conceitua a pesquisa; qual a sua natureza metodológica; e quais as possibilidades de sua aplicação nas ciências sociais. Ele sistematiza todo um *corpus* relativo à teoria da pesquisa, às análises urbana e rural e à pesquisa com objetivos regionais.

22 DELORENZO NETO, Antonio. "Fundamentos sociológicos da planificação". *Sociologia*, São Paulo, vol. XXII, n. 4, 1960, p. 397-414.

a interpretação materialista dos fenômenos sociais, sustentando que são inseparáveis os fatores econômicos dos sociais.

Para a pesquisa, o que importava era discernir o objetivo principal da análise, que segundo Delorenzo Neto era "revelar o grau de *necessidades* humanas e as *possibilidades* de atendê-las. E, de tal sorte que as *intervenções* pudessem favorecer, para o conjunto da população, uma vida em ascensão, isto é, na plena posse dos recursos técnicos e de civilização".[23] No método, eram destacadas as necessidades de *superação*, cuja satisfação caracterizava um alto grau de civilização cultural e espiritual. Tal necessidade se encontrava em terceiro lugar quando relacionada às necessidades essenciais e de facilidade ou conforto. Era a partir do conhecimento dessas necessidades que seria possível determinar aquilo que era preciso fazer para melhorar a condição dos homens.

A partir do levantamento das necessidades e possibilidades era possível perceber as exigências do bem social ou bem comum, que compreendiam os equipamentos materiais, os elementos intelectuais, os morais e os espirituais. Portanto, não se tratava de um mero conhecimento para assistência social, mas de averiguar necessidades e possibilidades para se romper uma condição menos humana, sendo, pois, a mais humana uma elevação de nível de vida relacionada às questões materiais e imateriais.

A metodologia desenvolvida por Lebret fundava-se, numa fase preliminar, no contato global da realidade a ser estudada, passando pelas entrevistas individuais, coleta de dados, exploração, representação gráfica e interpretação. No *contato global*, as unidades de análise eram distribuídas aos pesquisadores, que se dividiam em duplas e percorriam uma unidade para perceber sua estrutura global. No

---

23   DELORENZO NETO, 1960, p. 308.

caderno de notas eram registrados os nomes das pessoas entrevistadas, os endereços, as observações, as dificuldades encontradas, dentre outras informações. O *diário do pesquisador* era preenchido individualmente após a coleta, e continha a data e o relatório dos atos da pesquisa, com observações e informações de nomes e endereços obtidos nas coletas. A *coleta de dados* era realizada a partir de observação direta, da leitura da documentação existente e da comparação das entrevistas – individuais ou coletivas – "realizadas com pessoas de competências diferentes ou pontos de vista diversos".[24] Os *questionários* forneciam o material para a análise qualitativa, onde cada elemento (como nível de recreação, equipamento cultural, escolar etc.) tinha um peso em função dos fatores apontados. A fase de *interpretação* era realizada sobre os dados coletados e os documentos elaborados durante a exploração. Concluída a interpretação, era conduzida a fase de *intervenção;* esta, mais demorada, geralmente era de competência do governo.[25]

Uma outra matriz importante que influenciaria as ideias e práticas de Lebret vinha de um conteúdo religioso progressista. Lebret teve uma interferência significativa nos círculos católicos progressistas que tentaram articular um movimento pela "democracia cristã" nos anos 1950, cuja característica principal era trazer para o centro do debate a questão social. Como Lebret propunha uma alternativa humanista e solidária para solucionar os problemas sociais, atraía, desta forma, jovens católicos brasileiros (conforme verificamos no

---

24 A escolha das pessoas competentes dependia do assunto e da unidade a ser analisada (DELORENZO NETO, 1959).

25 DELORENZO NETO, Antonio. O estudo sociológico da cidade. *Sociologia*, São Paulo, vol. XXI, n. 1, 1959, p. 3-22.

Capítulo 1) e grande parte da elite envolvida na busca de novas formas de mudança.

Mais tarde, trataremos detalhadamente desse assunto, mas é importante salientar aqui que a partir dos anos 1950, no Brasil, houve o desenvolvimento de movimentos de Ação Católica junto a setores da sociedade sob a bandeira do desenvolvimento e pelas reformas de base. Este engajamento militante, associado à sensibilidade de alguns bispos considerados progressistas, favoreceu a modificação de um período anterior em que a Igreja havia passado por uma forte crise, ressentindo-se pela perda de sua influência. Posteriormente, entre os anos 1960 e 1962, a JUC apontava a necessidade de um projeto junto aos setores desprivilegiados da população, utilizando a literatura marxista.[26] Michel Löwy diz que esta era uma experiência precoce no Brasil, e que aconteceu devido à tradicional influência da Igreja e da cultura católica francesa no país – contrariamente ao resto do continente.[27]

Segundo o autor, Lebret, embora "hostil" ao marxismo, utilizava categorias da economia marxista em seus estudos, e reconhecia no socialismo uma reação pelo homem contra o capitalismo como sistema humano. Emanuel Mounier teria um posicionamento mais radical, pois rejeitava o capitalismo e considerava que os cristãos poderiam aprender muito com o marxismo. Segundo Löwy, as aproximações da teologia progressista católica com o marxismo vão

---

26 Na América Latina, na década de 1960, uma parte do clero e dos leigos cristãos – em particular católicos – utilizaram o método marxista de interpretação e transformação da realidade. A convergência, em setores da igreja, de cristianismo e marxismo, não resultou de qualquer conspiração ou estratégias de grupos, mas essencialmente de uma evolução interna da própria igreja, a partir de sua própria tradição ou cultura (LÖWY, 1989).

27 LÖWY, Michel. Marxismo e cristianismo na América Latina. *Lua Nova – Revista de Cultura e Política*, São Paulo, n. 19, nov. 1989, p. 5-21.

desde o princípio da libertação dos trabalhadores – pobres – a partir de si mesmos, sendo, dessa forma, a ação dessas classes o elemento central dessa nova teologia. Valores comunitários, opções éticas (como a solidariedade com os pobres) e utopias do futuro (como uma sociedade sem exploração nem opressão) eram a expressão dessa aproximação. Cabe destacar que existia uma incorporação seletiva de aspectos da teoria marxista pelos teólogos, pois estes rejeitavam questões como o ateísmo, o materialismo cosmológico, a crítica da alienação religiosa, dentre outros.

Valladares, ao estudar a atuação da Igreja Católica nas favelas do Rio de Janeiro, cita que a mobilização da Igreja sobre a questão das favelas começou a partir dos anos 1940 por movimentos distintos em relação às atividades e no próprio pensamento em relação à intervenção.[28] Enquanto a Fundação Leão XIII, criada em 1947, da ala conservadora da Igreja, tinha a intenção de não deixar espaço para o crescimento dos comunistas,[29] a Cruzada de São Sebastião, criada por D. Helder Câmara em 1955, tinha como princípio o desenvolvimento comunitário, e dela fazia parte a ala esquerda da Igreja. O princípio que inspirava a sua ação era de que sem a participação dos principais interessados nada poderia dar certo. Valladares cita que a difusão dessa nova perspectiva no Brasil, entre o final dos anos 1940 e início dos anos 1950, aconteceu através da conjunção de vários processos, como a influência da Igreja progressista francesa sobre a Igreja brasileira; o modelo de desenvolvimento comunitário

---

28 VALLADARES, 2005.

29 Dentre os objetivos declarados da Fundação Leão XIII, segundo VALLADARES (2005), estavam: assegurar assistência material e moral aos habitantes dos morros e favelas do Rio de Janeiro, fornecendo escolas, dispensários, creches, maternidades, cantinas e conjuntos habitacionais populares. A Fundação abandonara a atitude repressiva e a condenação moral para pregar a educação social e a integração.

promovido pelos organismos internacionais; a presença da preocupação quanto ao desenvolvimento comunitário nas escolas de assistência social; e as ações públicas para formação de adultos, sobretudo nas comunidades rurais. Lebret fez parte dessa última ala da Igreja, influenciando a juventude católica, especialmente a JUC, como destacamos anteriormente.

A convicção da ala esquerda da Igreja em sua atuação no Rio de Janeiro era de que as favelas deveriam ter direito a uma representação política, e não somente ser um espaço de intervenções administrativas. Dessa forma, elas se transformariam em comunidades de base, tendo a família como célula fundamental e a vizinhança como garantia de coesão social. A comunidade, consequentemente, iria inserir e proteger os indivíduos e seria a forma intermediária de representação coletiva, tendo a ver com responsabilidade e democracia participativa.[30]

Vimos que o pensamento de Lebret reflete um humanismo cristão ancorado no pensamento social da Igreja. Tal concepção de desenvolvimento comunitário pela ala esquerda da Igreja, longe de ser assistencialista, destacava-se pela opção em formar líderes naturais locais, aproximando-se de um ideal de autonomia e participação. Dessa forma, o apelo cristão ao bem comum se relacionava também à dimensão política, onde o cidadão teria a possibilidade de participar em sua comunidade de base. Compreendemos que, assim como a Igreja tinha um papel determinante no desenvolvimento harmônico anunciado por Lebret, outros grupos, como o Estado e a própria comunidade, deveriam cumprir as demandas que lhes cabiam. Essa dimensão fica clara em sua obra *Manifesto por uma civilização solidária,*[31] ao revelar que

---

30 VALLADARES, 2005.

31 LEBRET. Louis-Joseph. *Manifesto por uma civilização solidária.* São Paulo/Belo Horizonte: Duas Cidades, 1962a.

a meta de seu trabalho era despertar atitudes positivas de consciência para que a história fosse modificada em benefício dos homens. Para atingir esse fim eram importantes os movimentos de ação, com destaque para os movimentos operário e rural.

Lebret e a *École Nationale des Cadres d'Uriage*

A criação do grupo Économie et Humanisme na França, em 1942, está inserida historicamente no contexto da Segunda Guerra Mundial. Destacamos um dos pontos de encontro entre Lebret e o sociólogo Chombart de Lauwe. Como veremos mais adiante ambos tiveram uma trajetória semelhante, tanto no aspecto relacionado à religião e às vinculações políticas identificadas por uma terceira via de mudança quanto pelo método de pesquisa utilizado em seus trabalhos. Antes, identificamos o encontro entre os dois na École Nationale des Cadres d'Uriage. Lebret teve rápida, porém importante inserção na Escola de Uriage no período que corresponde à criação do EH na França. Segundo Yves Nicolas, seu método de trabalho junto à Juventude Marítima Católica vai chamar a atenção de líderes do grupo de resistentes da instituição.[32]

Uriage foi uma escola criada pelo Estado francês do Marechal Pétain para "controlar a juventude" e formar líderes. Segundo Doray, ela foi responsável pela formação de futuras elites da "Revolução Nacional".[33] O livro de Pierre Bitoun[34] relata a história dos homens e das mulheres de Uriage desde 1930, passando pela fundação da

---

32 NICOLAS, Yves. *L'École nationale des cadres d'Uriage*. Grenoble: Patrimoine en Isère/Musée dauphinois, 2008.

33 DORAY, Bernard. *Résistants et Militants*. Grenoble: Cedrate, 2007. Disponível em http://cedrate.org/spip.php?article27. Acesso: jul. 2009.

34 BITOUN, Pierre. *Les hommes d'Uriage*. Paris: Éditions La Decouverte. 1988. 293p.

Escola em 1940, até a adoção de uma linha autônoma e progressista, quando fez a vez de um centro de formação renomado colocado sob a tutela do secretariado da juventude de Vichy. A Escola se instalou num antigo castelo do Chevalier Bayard, situada abaixo da aldeia de Uriage, perto de Grenoble, e teve progressivamente uma ampliação de objetivos, passando a viver de forma "resistente" quando as "equipes móveis" de Uriage passavam de um *maquis*[35] a outro, formando homens segundo princípios de educação popular – que serão os fundamentos das ambições culturais da *Libération*.

A equipe de base da escola era composta de aproximadamente 30 pessoas de origens as mais variadas, entre marxistas e cristãos vindos de várias regiões da França. Seu objetivo era pensar a derrota, reconstruir as elites e o tecido social da nação e imaginar o que poderia ser a França e a Europa *do lendemain*. No fim de 1942 a Escola teve que fechar suas portas devido a sua independência e as suas atividades *antivichyssoisses* e antialemã. Em sua maioria, os homens e as mulheres de Uriage juntam-se, então, à Resistência. Em seguida, fazem reflexões intelectuais de forma clandestina em outro castelo e se renomeiam *Thébaïde*. Redigem uma obra coletiva chamada *Vers le style du XX*ème *siècle*[36] e se dividem em pequenos grupos e equipes móveis que saem pelas florestas de *Vercors* para ajudar na formação

---

35 Os *maquis* eram grupos de franceses resistentes à ocupação alemã durante a Segunda Guerra Mundial que viviam escondidos em regiões pouco povoadas de florestas e montanhas. O nome faz referência a uma forma de vegetação mediterrânea. A expressão *prendre le maquis*, que significa *passar à clandestinidade*, é de origem corsa, significando também se refugiar dentro da floresta para se esconder de autoridades ou para se vingar.

36 O ideal de um novo estilo de homem, chamado de "o estilo do vigésimo século", dizia que o homem deveria ser completo, congregando o desenvolvimento físico, o intelectual e a espiritualidade cristã. (DORAI, 2007).

militar e espiritual dos resistentes. Em 1943 a *Thébaïde* é atacada e incendiada pelo exército alemão e a equipe se dispersa.

Os jovens da Escola de Uriage faziam investigações de contato com a realidade social,[37] as quais eram muitas vezes ignoradas. Eles faziam as suas microinvestigações com a contribuição metodológica do Économie et Humanisme. Segundo Bernard Comte, Chombart entra em contato com o grupo EH em Marselha e convida Lebret para participar de Uriage.[38] Antoine Delestre também chama a atenção para esse contato, quando Chombart pediu a Lebret para falar de seus trabalhos aos responsáveis por outros grupos de pesquisa durante o estágio de informação organizado no fim de março de 1942, em Uriage.[39]

Essa relação entre o grupo EH e a Uriage se delineou no fim de 1941 quando a Escola se interessou pelos trabalhos de Lebret que se fundamentavam na doutrina do "bem comum" e da "economia humana". A escola delegou um de seus instrutores às jornadas de estudo do EH, organizada para os dirigentes de movimentos da juventude. Em janeiro de 1942, quando Lebret fundava o movimento Economie et Humanisme e se preparava para publicar o manifesto e lançar a revista do EH, ele passou alguns dias em Uriage trabalhando com Chombart de Lauwe – que, segundo Comte, aperfeiçoou seu exercício de pesquisa social em ligação com o método de pesquisa socioeconômico desenvolvido por Lebret.

A Escola de Uriage tomou a iniciativa de uma coordenação entre os escritórios de estudos de diversas organizações da juventude, começando uma cooperação institucional, que incluiu o grupo EH. Uma reunião foi organizada em Uriage entre 30 de

---

37 BITOUN, 1988.

38 COMTE, 1991.

39 DELESTRE, 1989.

março e 01 de abril de 1941 para os responsáveis pelos *bureaux d'études*, convidados a discutir questões técnicas, organização, troca de documentação, padronização das classificações na pesquisa. Estudavam também, conjuntamente, a pesquisa social como exercício pedagógico e exercício de ação, e pretendiam uma repartição de tarefas entre as organizações amigas. A JAC, JEC, JOC, a Compagnons e a Chantiers de Jeuneusse responderam favoravelmente ao convite, e também o EH, cuja especialidade era a pesquisa social. Outra reunião como essa foi planejada na escola de Terrenoire, de 14 a 17 de junho do mesmo ano, com a participação das equipes sociais para verificar o que havia de comum entre os trabalhos realizados sobre temáticas sociais.[40] Nesse período, muitos religiosos foram à Uriage proferir conferências. Quanto ao EH, especificamente, havia questões que aproximavam essas duas escolas, como a proposta de determinar uma terceira via entre o "caos capitalista" e o "estatismo socialista"; entre o "mito capitalista do lucro" e o "mito socialista da igualdade". O *Manifeste d'Ecully*, publicado pelo EH no início de 1944 apelou também para um estilo de vida que seria muito revolucionário, empregando uma linguagem bastante próxima à da Uriage.

John Hellman[41] aborda o Regime de Vichy e faz menção a Lebret, a Chombart e à Escola de Uriage. Mesmo que Lebret tivesse passado diversos dias em Uriage, marcando o começo de uma colaboração intelectual entre a Escola e o EH, o autor destaca que foi somente em seu início, em 1942, que o EH parece ter sido um aliado útil à Uriage. Quanto à jovem geração de sociólogos formados pelos novos mes-

---

40   COMTE, 1991.

41   HELLMAN, John. *The Knight-Monks of Vichy France: Uriage, 1940-1945*. Montreal and Kingston: McGill-Queen's University Press, 1993 (Relié – 9 mar. 1993).

tres da sociologia durante a Libertação, é importante ressaltar que eles são desejosos de "mudar o velho mundo". Mas os meios que eles desejam colocar em prática para realizar isso são diferentes. Uns se inspiram na tradição marxista, utópica e socialista, outros se voltam para os EUA, símbolo do modernismo.

O encontro de Lebret com Chombart de Lauwe: possíveis orientações metodológicas

Paul-Henry Chombart de Lauwe (1913-1998) foi um sociólogo francês conhecido como um dos precursores da sociologia urbana na França, fazendo estudos de psicologia e etnografia para suas pesquisas urbanas. Em 1940 entrou para a Resistência Francesa e para o Exército de Libertação. Foi nesse momento em que participava da École des Cadres d'Uriage, como vimos, que ele se encontrou com Lebret. Chombart atuou como tenente-piloto de caça durante a Resistência, condição que o ajudou a efetuar os seus primeiros trabalhos sobre o espaço urbanizado, pois utilizava as vistas aéreas para as investigações. Publicou, então, um livro de fotografias aéreas: *A descoberta aérea do mundo*, em 1948. Em 1949 fundou o Grupo de Etnologia Social, que publicou a obra *Paris e a sua aglomeração*, em 1952. Numerosas pesquisas sociológicas conduziram à publicação da *Vida diária das famílias operárias*, em 1956. Em 1959, o grupo tornou-se o Centro de etnologia social, que Chombart de Lauwe dirigiu até 1980. Entrou na *École Pratique des Hautes Etudes* (EPHE) em 1960, onde coordenou, como diretor de estudos, um seminário sobre as transformações da vida social e os processos de interação indivíduo-grupo-sociedade. Após maio de 1968 orientou as suas investigações para os movimentos sociais e o papel dos intelectuais.

Destacamos algumas outras aproximações entre Lebret e Chombart. Ambos tiveram pontos em comum, como a ligação com o método de pesquisa de Le Play. Afora a ideia da "cidade vista do alto", o que permitiu a Lebret ter uma visão geral do conjunto urbano que estudou, foi Chombart quem introduziu a Escola de Chicago na França, e possivelmente foi uma das pontes na transferência de algumas ideias para o grupo EH, que teve em sua metodologia um ponto de aproximação com aquela Escola. Outro aspecto importante vem da identificação da expressão *recherche-action*, que, embora tenha mais destaque a partir do início dos anos 1960, tem lugar nos trabalhos de Chombart e Lebret desde os anos 1940. Esses são alguns pontos que nos levam a estudar mais detalhadamente essa aproximação, especialmente por esse ser um momento de intensa troca intelectual e de formação para Lebret, culminando na fundação do EH e, poucos anos mais tarde, na fundação da SAGMACS e do Economia e Humanismo no Brasil.

Em *Guide pratique de l'enquête sociale* (1952), Lebret compila um rico manual de como o pesquisador deve conduzir uma investigação, tratando um dos procedimentos das primeiras coletas de dados, da representação gráfica, sistematização e análise dos dados, orientação ao investigador e constituição da equipe. É importante destacar, para este item, o que diz o prefácio e as referências bibliográficas de Lebret. Na parte chamada *obra de equipe*, no prefácio, Lebret faz menção aos franceses que se engajaram na pesquisa mais metodológica dedicada aos complexos sociais, e diz que o esforço do EH nesse sentido tem a influência de muitos deles, citando alguns nomes ligados à sociologia religiosa, dentre os quais o de Chombart de Lauwe. Essa foi uma das poucas vezes que encontramos nos trabalhos de Lebret menção ao nome de Chombart, porém, como vimos no *item* anterior, ambos tiveram relações mais estreitas e espaços de encontro e trocas de ideias.

Nesse mesmo manual, Lebret indica nas referências bibliográficas obras francesas e estrangeiras cujo estudo e leitura são interessantes para a formação de pesquisadores e diretores de pesquisa, marcando com um asterisco as que sugere serem os mais úteis para os iniciantes, conforme ressaltamos a seguir: nos chamados *Guias de pesquisa*, sugere, dentre outras, as obras de Gaston Bardet, *Príncipes d'analyse urbaine*; Bettelheim; Chombart de Lauwe, *Pour comprendre la France*; e Paul Deffontaines, *Petit guide du voyager actif*. Sobre o tema *Urbanisme*, indica, dentre outros, obras de Gaston Bardet, como *Problemas de urbanismo* e *Missão de urbanismo*; do Groupe CIAM, *A carta de Atenas*; de Le Corbusier, *Urbanisme* e *Sur les quatre routes*; de Lewis Munford, *A cultura das cidades; Técnica e civilização*; de Thomas Sharp, *Town Planning*; de Sorokin and Simmerman. Sobre o tema *Monographies* indica Le Play, na obra *Les ouvriers europeens*.

Licia Valladares já destacou a relação existente entre a metodologia utilizada por Economia e Humanismo no trabalho sobre a favela carioca, realizado pela SAGMACS, e a metodologia da Escola de Chicago, da qual Chombart de Lauwe se inspirou e foi um dos primeiros introdutores na França. Em seu livro, Valladares destaca as proximidades entre as duas escolas: "O exame dos métodos de pesquisa utilizados pela SAGMACS no Rio, assim como as formas de apresentação dos resultados, revelam claramente a influência conjunta do movimento Économie et Humanisme e dos princípios metodológicos preconizados pela Escola de Chicago".[42] Dentre as concepções metodológicas ou princípios básicos que aproximam as

---

42 VALLADARES, 2005, p. 96.

duas instituições, Valladares destaca sete pontos principais percebidos numa leitura atenta ao relatório da pesquisa sobre as favelas do Rio, que são: a importância conferida à pesquisa empírica como principal forma de apreensão da realidade; a importância atribuída à observação e à apreensão dos processos sociais mais para destacar tendências e tipos do que para construir tipologias; a utilização tanto de dados provenientes do trabalho de campo como de fontes secundárias disponíveis, isto é, a utilização dos dados obtidos a partir de observações, entrevistas simultaneamente aos dados estatísticos e de recenseamento, por exemplo; a importância da representação gráfica dos dados por meio de diagramas, quadros e mapas; o interesse para as pesquisas orientadas para a ação social; o lugar central ocupado pelo bairro nas pesquisas e a relação necessária entre bairro e intervenção social; e a valorização de uma abordagem multidisciplinar dos fenômenos sociais e o reconhecimento da complementaridade das disciplinas.[43]

José Arthur Rios, diretor de estudos do trabalho da SAGMACS sobre as favelas do Rio de Janeiro, em entrevista a Valladares, destaca a contribuição da Escola de Chicago para a metodologia do EH.[44] Este hibridismo, segundo Valladares, inscreve-se na tradição das ciências sociais no Brasil. A sociologia e a antropologia brasileiras, no início de seu desenvolvimento universitário, nos anos 1930-40, valorizaram uma dupla filiação, herdeiras de uma só vez da sociologia e da antropologia francesa e americana. Nesse sentido, a autora encontra um traço explícito dessa característica híbrida na temática da pesquisa das favelas do Rio de Janeiro: certos temas pertencem a uma aproximação típica do EH, como habitação, família,

---

43 Identificamos esses mesmos pontos em outros trabalhos da SAGMACS.

44 VALLADARES, 2006, p. 97.

solidariedade, escola e religião, e outros, como a delinquência e os processos políticos, são mais característicos da Escola de Chicago.

Sobre as aproximações entre Lebret e Chombart, Valladares destaca algumas questões importantes, dentre elas a influência da metodologia da Escola de Chicago. Foi Chombart quem utilizou na França as referências do *The City: Suggestion for the Investigation of Human Behavior in the City Environment*, de Robert Park – uma das obras que deu início à Escola. Segundo a autora, em 30 anos, a Escola de Chicago provocou grande interesse na França e suscitou um número crescente de publicações e traduções. Em relação a Lebret, nas referências bibliográficas do *Manuel de l'Enquêteur* (1952), este cita as pesquisas americanas, as obras de Warner (1946), Lynd (1929) e Thomas e Znaniecki (1918), mas não as de Park, Burgess ou Whyte (1943), no que se refere à pesquisa urbana e de observação. Portanto, os trabalhos de Lebret não fazem referência direta a nenhuma outra concepção metodológica utilizada em seus trabalhos.

O esboço de uma possível ligação entre Lebret e Chombart se faz presente em alguns trabalhos, e nos chama a atenção essa fase de Lebret (especialmente antes de sua primeira ida ao Brasil) para compreender seu momento na França e os projetos relacionados a este país, a fim de verificarmos em meio a quais circunstâncias ele realiza sua viagem iniciando uma relação que se estenderá também por outros países nos 20 anos posteriores. As referências diretas que encontramos de Lebret a Chombart de Lauwe, além da menção realizada no prefácio e nas referências bibliográficas no livro *Manuel de l'enquêteur* dizem respeito também ao método de pesquisa de Chombart.

No documento do EH *Nomenclatura das pesquisas sobre a prática urbana na França*,[45] encontramos citação de várias pesquisas concluídas e em execução e seus responsáveis. Trata-se de uma compilação de referência para os estudos do EH relacionado ao meio urbano na França. Dentre as pesquisas que estavam em curso, consta no documento a *Pesquisa sobre a região parisiense*, de Chombart de Lauwe. Um outro documento em que pudemos encontrar o nome de Chombart se intitula *Personnes qu'il serait bom d'inviter à la Conférence du R. P. Lebret le 6 mai sur les problèmes du développement em amérique latine*[46] – uma lista de mais de 80 nomes e endereços de intelectuais franceses para convite à conferência que Lebret daria sobre os problemas de desenvolvimento na América Latina.

De todas as pequenas referências que encontramos ao nome Chombart de Lauwe nos arquivos de Lebret, certamente a que mostra com evidência a influência metodológica daquele sobre este está no livro *L'enquete urbaine* (1955).[47] Em seu primeiro capítulo, dedicado ao "primeiro contato global" necessário para a realização de uma pesquisa urbana, Lebret escreve um verdadeiro manual e diz da importância do contato direto com a aglomeração, que se daria a partir de mapas aéreos, sobrevoos, percursos exaustivos, a partir dos quais seria possível ter uma impressão completa do conjunto a ser estudado. Além disso, sugere a pesquisa em mapas, incluindo dados populacionais, e a execução de inventários dos equipamentos urbanos.

---

45 *Nomenclature des enquetes sur la pratique urbaine en France*. Fundo Lebret, pasta 84.

46 Fundo Lebret, pasta 125. Documento de 1958

47 LEBRET, Louis-Joseph. *Guide pratique de l'enquête sociale: III l'Enquête urbaine: l'analyse du quartier et de la ville*. Paris: Presses Universitaires de France, 1955.

Lebret destaca também a importância do voo de avião para se conhecer a realidade global de uma aglomeração, ideia bastante presente em Chombart. Segundo Lebret é indispensável ter desde o início uma impressão sintética do conjunto urbano que se estuda. Esta primeira impressão se desenvolve a partir da visita à aglomeração. A vista do conjunto é possível por mapas, por dias percorrendo a cidade sem outro objetivo a não ser familiarizar--se com ela, e pela análise de fotos aéreas comentadas por um habitante que tenha conhecimento sobre elas. Significativamente, no primeiro capítulo, chamado *O primeiro contato global*, a obra indicada por Lebret para consulta é a de Chombart de Lauwe, *Découverte aérienne du monde* (1948).

3

A CHEGADA DE LEBRET NO BRASIL E A INTRODUÇÃO DA ECONOMIA HUMANA NA AMÉRICA LATINA

A primeira vinda de Lebret ao Brasil marca o momento de introdução das ideias do movimento EH no país. Seja pelo curso proferido por ele na ELSP ou pela fundação da SAGMACS, este foi o momento em que Lebret mobilizou contatos e deu início à divulgação de suas ideias. Quanto à SAGMACS, passou a ser também um espaço de formação de profissionais e o lugar onde tomavam corpo as principais ideias de Lebret. Embora muitos profissionais brasileiros (a maioria adeptos da Democracia Cristã), já tivessem contato com as obras de Lebret, a sua vinda ao Brasil em 1947 mobilizou jovens universitários e profissionais tanto do país quanto da América Latina em torno de um ideal e de ações que se consolidaram nos anos posteriores.

Consideramos como marcos fundadores do grupo EH no Brasil a realização do curso na ELSP, a fundação da SAGMACS e o início da elaboração de estudos que possibilitaram a ampliação de contatos entre o Brasil e a França, no seio do EH. Essas atividades também constituíram o início do processo de "formação de quadros" por Lebret no Brasil. Durante os meses de seu curso na ELSP Lebret pôde introduzir a teoria da economia humana para um auditório composto por estudantes universitários, por personalidades de destaque e muitos políticos, como o futuro governador de São Paulo, Lucas

Nogueira Garcez, um dos nomes que abriria o campo para a atuação da SAGMACS no Brasil. Através de aulas sobre Marx, Engels e Lenin, Lebret detalhou as ideias contidas nas teorias comunistas para um público essencialmente católico, apresentando, posteriormente, a terceira via de mudança, nem comunista, nem capitalista. Foi nesse mesmo período que Lebret também proferiu cursos para um público católico na cidade do Rio de Janeiro, onde o ensino do marxismo causou estranhamento na plateia, um dos motivos que lhe custou um novo retorno ao Brasil.

Vamos, então, apresentar esse primeiro momento. Afinal, qual era o interesse de Lebret na busca de novos terrenos de atuação? E entre vários países *terceiro mundistas*,[1] onde lhe seria possível aplicar o seu método e teoria, por que a sua escolha pelo Brasil? Também veremos quem o acolheu no país e como esses primeiros contatos o levaram a ocupar uma posição de destaque entre políticos, garantindo, futuramente, frentes de atuação para a SAGMACS.

Outro evento que destacamos neste capítulo é o I Congresso Internacional de Economia Humana, que foi realizado dentro das

---

1 No final da década de 1940, a noção de *Terceiro Mundo* ainda não fazia parte dos debates intelectuais latino-americanos. Com o movimento de descolonização em plena expansão na África e na Ásia, a categoria *Terceiro Mundo* lentamente foi construída, pelo menos na Europa, onde a constituição do termo *tiers-monde* teve como referência o *tiers-état* – expressão do antigo regime francês que designava a ordem *exploité et méprisé* [explorados e desprezados], isto é, que não pertenciam nem ao clero nem à nobreza. Foi o demógrafo francês Alfred Sauvy, em 1952, em um artigo intitulado *Trois mondes, une planète*, que empregou pela primeira vez a expressão *tiers-monde* (BREUIL, Mathilde Le Tourneur. *Le Père Lebret et la construction d'une pensée chrétienne sur le développement: dans le sillage de modeles politiques et intellectuelles émergents au Brésil, 1947-1966*. Mémoire pour l'obtention du diplome de Master II de l'Ecole des Hautes Etudes en Sciences Sociales. Paris, 2006, p. 61). Antes de empregar esse termo, Lebret utilizava, dentre outros, a expressão *países insuficientemente desenvolvidos*.

comemorações do IV Centenário da Cidade de São Paulo, em 1954. Se o curso de Economia Humana na ELSP constituiu o momento de abertura profissional para Lebret no Brasil, o Congresso Internacional foi a projeção de seus trabalhos para a escala latino--americana. Nesse sentido, introduzimos a experiência de Lebret na América Latina através de cursos, palestras e trabalhos em países como Colômbia, Chile, Uruguai, Paraguai, Peru e Argentina.

O Brasil como um novo terreno de atuação profissional: as motivações de Lebret

> A Escola está muito interessada na possível vinda do R. P. Lebret ao Brasil para oferecer nela um curso versando a Política Econômica, isto é, a discussão dos principais problemas econômicos da atualidade e os remédios para o tratamento dos defeitos que são evidentes na sociedade atual. Para esse fim, desde que o R. P. Lebret concorde com a ideia, a Escola ofereceria um contrato de um ano, fazendo as despesas de viagem ida e volta e um honorário mensal a se combinar, o que seria em torno de 48.000 a 60.000 cruzeiros por ano [...].[2]

> É preciso estar preparado perto dos "quarenta" para empenhar-se na ação decisiva [...].[3]

Foi do contato de Lebret com o frei brasileiro Romeu Dale,[4] em 1941, no Convento de Saint Maximin, França, que nasceu o convite

---

2 Carta de Ciro Berlinck para Romeu Dale, 12/04/1946. Fundo Lebret, pasta 102.

3 LEBRET, Louis-Joseph. *Princípios para a ação* São Paulo: SAL, 1952b, p. 27.

4 O dominicano Romeu Dale (1911-2007) fez os estudos de Teologia em Saint-Maximin e no Instituto Católico de Toulouse, concluindo o doutoramento na Universidade Santo Tomás de Aquino, em Roma. Retornando ao Brasil, radicou-se no Rio de

para uma viagem ao Brasil. O registro dessa relação, desde o início de 1941, está documentado no Fundo Lebret através de uma série de cartas trocadas entre os dois, onde Lebret faz menção a um projeto de viagem de estudos à América Latina.[5] Nesse momento Dale estava em Toulouse, no Convento dos Dominicanos, e Lebret enviara a ele os "esquemas" do que seria o primeiro caderno do grupo EH,[6] aguardando a sua resposta com sugestões. Foi quando surgiu também o convite para que Dale trabalhasse com Lebret em Marselha.[7]

As cartas são frequentes, entrando na mediação dessa relação outros personagens, como o padre Marie-Reginald Loew, secretário do nascente EH. Os assuntos diziam respeito a questões do grupo, como o manifesto, a revista, a metodologia de Le Play e discussões acerca do próprio pensamento do EH. Dale também se mostrava interessado em constituir um Centro EH no Brasil e na América Latina[8] quando retornasse ao país.

Janeiro, dedicando-se por muitos anos ao Movimento Economia e Humanismo e à Ação Católica, especialmente à JUC, onde foi secretário. É autor de várias obras de comunicação cristã. Convocado o Concílio, foi nomeado perito pelo Papa João XXIII. No início da década de 1970, Dale foi eleito Provincial dos Dominicanos e passou a residir em São Paulo. Terminado o seu mandato, fundou o Centro Pastoral Cristo Operário, obra na qual persistiu trabalhando até começar a debilitar-se fisicamente. Recolhido ao convento de Belo Horizonte, viveu ali seus últimos anos de vida. http://www.cpvsp.org.br/portal/noticias/artigo/ Acesso: 18/05/2010.

5   Carta de Lebret para Dale, 17/01/1941. Fundo Lebret, pasta 102.

6   Provavelmente tratava-se de esboços da revista *Economie et Humanisme*, que teria o seu primeiro número publicado em 1942.

7   Carta de Lebret para Dale, 03/05/1941. Fundo Lebret, pasta 102.

8   Carta de Lebret para Dale, 28/05/1942. Fundo Lebret, pasta 102.

Segundo os autores Denis Pelletier e Mathilde Breuil,[9] mesmo antes de receber o convite de Dale para uma viagem ao Brasil, Lebret já tinha interesse em conhecer outros continentes. Desde a criação do EH e o fim da Guerra, tinha a intenção de buscar novas frentes de atuação para além do território francês, onde fosse possível aprofundar o método de pesquisa e divulgar o pensamento de seu grupo. Foi nesse sentido que ele ampliou os seus contatos e estabeleceu uma rede de pessoas interessadas em suas ideias.

Após o retorno de Dale ao Brasil, em 1942,[10] encontramos novos registros dessa relação somente anos depois, já em 1946, quando o frei intermediou o contato entre o diretor da ELSP, Cyro Berlinck, e Lebret.[11] O convite era para que Lebret ministrasse um curso de Política Econômica durante um semestre: "Você deve aproveitar essa ocasião para vir ao Brasil […]. A escola de sociologia começa a ter influência sobre a jovem geração intelectual […]. Esta será a ocasião de organizar um grupo de Economia e Humanismo no Brasil", escreve Dale para Lebret.[12] A resposta de Lebret foi positiva ("É com grande prazer que irei ao Brasil no verão de 1947"[13]), demonstrando interesse em lançar a revista *Économie et Humanisme* no Brasil durante essa viagem, uma das maneiras de divulgação do seu grupo.

Entre a aceitação de Lebret, em junho de 1946, até a sua vinda ao Brasil, em abril de 1947, existe o relato em inúmeras correspondências

---

9   PELLETIER, Denis. *Économie et Humanisme:* de l'utopie communautaire au combat pour le tiers-monde (1941-1966). Paris: Les Éditions du Cerf, 1996; BREUIL, 2006.

10   Carta de Loew para Dale, 05/06/1942. Fundo Lebret, pasta 102.

11   Essa intermediação também se deu pelo fato de o diretor não ter tanta habilidade para escrever em francês. Ver carta de Berlinck para Dale, 12/04/1946. Fundo Lebret, pasta 102.

12   Carta de Dale para Lebret, 28/04/1946. Fundo Lebret, pasta 102.

13   Carta de Lebret para Dale, 06/06/1946. Fundo Lebret, pasta 102.

sobre a organização da viagem, do curso e de todas as burocracias que os envolviam, inclusive o pedido de visto para que Lebret entrasse no país como "professor-visitante" da ELSP, onde desenvolveria "atividades científicas e didáticas".[14]

De fato, a abertura para a vinda de Lebret ao Brasil veio do diretor da ELSP, que obteve aprovação prévia desse "plano" pelo Conselho Superior da Escola, em votação unânime.[15] Porém, foi Dale o interlocutor e mesmo quem teria apresentado a possibilidade de um conferencista francês para a Escola: "Um de nossos melhores amigos de São Paulo está muito entusiasmado com o seu trabalho, e como ele tem influência em São Paulo, ele conseguiu que você fosse convidado para dar um curso na Escola Livre de Sociologia e Política de São Paulo. Você encontrará em anexo o convite oficial".[16]

Mas o que fez Lebret aceitar o convite de Dale e de Berlinck? Primeiro, vamos pontuar os motivos que o teriam levado a procurar um novo terreno para a validação de seu método e de suas ideias. Pelletier reconstrói historicamente o movimento EH e aborda, inclusive, os anos anteriores à chegada de Lebret à América Latina, trazendo à luz os motivos do interesse de Lebret por se "ausentar" daquele contexto político francês, europeu, e encontrar no Brasil o lugar para o aperfeiçoamento de suas ideias.[17]

Um desses motivos era a tensão porque a Europa passava no fim dos anos 1940, causada pela Guerra Fria e também pelos movimentos de descolonização que geravam conflitos com países da África e da Ásia. Mesmo que Lebret já tivesse interesse em procurar

---

14   Carta de Berlinck para Lebret, 15/01/1947. Fundo Lebret, pasta 102.

15   Carta de Berlinck para Dale, 12/04/1946. Fundo Lebret, pasta 102.

16   Carta de Dale para Lebret, 28/04/1946. Fundo Lebret, pasta 102.

17   PELLETIER, 1996.

experimentar seu método de pesquisa em países menos desenvolvidos, esses conflitos excluíam qualquer intenção de atuar nesses continentes, o que colocava a América Latina num cenário possível de atuação *terceiro mundista*.

A experiência fora da Europa permitiria ainda a Lebret se distanciar dos problemas do grupo EH, que, no fim dos anos 1940, passava por uma crise interna tanto ideológica quanto financeira, o que impedia que Lebret desse prosseguimento à sua ação.[18] A crise ideológica estava relacionada a uma divisão no seio do grupo, onde alguns optavam por seguir uma corrente do catolicismo social *leplaysiano*, enquanto outros, dentre os quais Lebret, também se sentiam atraídos pela doutrina socialista.[19] Em 1945, Lebret preparou uma sessão de pesquisa sobre marxismo-leninismo com o objetivo de compreender o alcance dessa teoria sobre a sociedade. Mesmo que tivesse interesse em conhecer tal teoria, rejeitava qualquer filiação, seja para o lado do partido comunista, seja para o liberalismo. Dessa forma, Lebret não figurava em nenhum lado dos dois blocos da Guerra Fria e destacava claramente o seu desejo em traçar uma terceira via que denominava, nos primeiros anos, de *mystique chrétienne*.[20] No fim dos anos 1940 esta terceira via abriu caminho para o *ni libéralisme, ni socialisme*. Tal posição não era compartilhada pela hierarquia católica, o que colocava o movimento EH em uma posição desconfortável em relação ao clero e aos grupos políticos no poder, já que não declarava a rejeição ao socialismo.

---

18   PELLETIER, 1996.

19   BREUIL, 2006.

20   BREUIL, 2006; PELLETIER, 1996.

A crise teve seu auge com a publicação de Henry Desroche intitulada *Signification du Marxisme*,[21] também recebida de maneira polêmica pela hierarquia católica. Breuil destaca que a crise ideológica estabelecida em EH revelava o clima de Guerra Fria e mesmo a dura recepção daqueles que se colocavam além da lógica dos dois blocos, o que era o caso de Lebret. A proposta da terceira via de mudança o colocou entre os precursores de uma *corrente terceiro mundista neutralista*.

A crise financeira do EH, por sua vez, também foi motivadora para que Lebret buscasse diversificar a sua atuação e as atividades do grupo em outros territórios, e era a oportunidade de superar o *déficit* em que se encontrava o movimento.[22] Um pouco mais tarde, no início dos anos 1950, um mal-estar geral tanto no meio laico como no religioso foi provocado pelo *Manifesto*[23] escrito por Lebret. O *Manifesto* apontava – seja por parte do meio laico, da Igreja e do próprio EH – a ausência total da alusão aos problemas políticos pelos quais passava a França, como o colonialismo, a guerra da Indochina, a reivindicação da classe trabalhadora, o problema dos comunistas, dentre outros.[24] Para Lebret era necessário definir a ótica do grupo EH e mesmo discutir a abrangência do movimento e a sua ação.

Afora as crises no EH e as tensões políticas europeias, existiam outras razões para a insatisfação de Lebret na atuação em pesquisa na França. Desde 1944 ele tentava, sem sucesso, ser reconhecido pela comunidade científica de seu país, representada pelo Centre National

---

21 DESROCHE, Henry. *Signification du marxisme*: suivi d'une initiation bibliographique a l'ouvre de Marx et d'Engels. Paris: Editions Ouvrières, 1949.

22 BREUIL, 2006; PELLETIER, 1996.

23 Économie et Humanisme publicou cinco *Manifestos* entre 1942 e 2006 que constituem principalmente uma afirmação de valores, mas também um programa de ação.

24 BREUIL, 2006.

de Recherche Scientifique (CNRS).[25] Nesse reconhecimento estava em jogo a validação de seu método de pesquisa e o financiamento para seus estudos. Pelletier destaca que Lebret tinha uma posição frágil no CNRS no fim dos anos 1940. Embora o centro de pesquisa francês tivesse interesse em conhecer o método de Lebret, desconfiava do lugar que a ideologia católica ocupava em seus trabalhos, questionando, inclusive, a formação de alguns membros do grupo EH que participavam das pesquisas. O CNRS decidiu, então, por subvencionar os trabalhos de pesquisa de Lebret, porém, sem beneficiar diretamente o grupo EH ou reconhecê-lo cientificamente. Esse também foi um dos motivos que levaram Lebret a querer experimentar o seu método de pesquisa em outros contextos diferentes daquele da comunidade científica francesa.[26]

Pelletier traça o processo de reconhecimento científico de Lebret que culminou na fundação do IRFED em 1958, sobre o qual trataremos no Capítulo 6, onde veremos que as experiências de pesquisa no Brasil foram importantes não só para a legitimação do método de Lebret junto ao CNRS como também para a fundação do instituto, quando foi possível garantir subvenções para esse fim. Embora no ano de 1949 o CNRS tivesse reconhecido Lebret como pesquisador, sua projeção como *expert* internacional viria só a partir do ano de 1953. Segundo Pelletier, em 1961 Lebret passou para uma classe excepcional de diretores de pesquisa, sendo um dos raros pesquisadores a se beneficiar dessa titulação.

---

25 O CNRS, criado em 1939 por um decreto presidencial, é uma instituição francesa pública de vocação científica e técnica, sob tutela do Ministério do Ensino Superior e Investigação. Sobre a história do CNRS ver: http://www.cnrs.fr/ComiHistoCNRS/index.html.

26 BREUIL, 2006; PELLETIER, 1996.

A projeção internacional de Lebret como economista a partir dos anos 1950 o levou a atuar em vários institutos na França e em outros países: participou em 1953 da Jornada de estudos europeus sobre população, organizada pelo *Institut National d'Études Démographiques* (INED); foi convidado para a Conferência Internacional de Sociologia, em Liège, e para eventos do *Centro Católico de Intelectuais Franceses* (CCIF); em 1957, participou do 50º Colóquio da Associação Francesa de Ciência e Economia; participou da Conferência da ONU; publicou artigos científicos em periódicos; proferiu curso na Faculdade de Ciências Sociais em Montreal, além de nessa mesma década ter atuado em diversas pesquisas e ministrado cursos e palestras em países latino-americanos. Ao contrário do reconhecimento da década de 1950, a situação de Lebret nos anos de 1940 era bem distinta e limitada pelo contexto francês, fazendo com que direcionasse seu foco de atuação para outro território. Para Pelletier, o Brasil foi um verdadeiro campo de experimentação, o laboratório da própria conversão do seu caminho. Para Breuil, foi a curva em seu percurso. De fato, a experiência no Brasil deu um novo sentido à noção de desenvolvimento de Lebret.

Quais eram as especificidades brasileiras que fizeram Lebret se decidir por atuar no país? Breuil cita algumas dessas particularidades que teriam contribuído para a escolha do Brasil como o terreno de investigação para Lebret no final da década de 1940. Primeiro, o país tinha uma posição de destaque no conjunto latino-americano e, embora sofresse de certo atraso no desenvolvimento quando cotejado aos países europeus, tinha posição privilegiada econômica e politicamente na comparação com seus vizinhos. O impulso econômico se devia, em grande parte, à política voluntarista de desenvolvimento industrial de Getúlio Vargas. A despeito desse crescimento, aumentavam também as desigualdades sociais e econômicas e uma persistência num estado de subdesenvolvimento, resultado também do acelerado e mal planejado crescimento. No plano político, o Brasil também se destacava por ser o único país da América Latina engajado ao lado dos aliados durante a Segunda Guerra Mundial, aliança que trazia boas contrapartidas econômicas ao país.

Outras razões diziam respeito às relações diplomáticas estreitas com a França. Uma delas, que novamente coloca o Brasil em posição de destaque em relação aos outros países latino-americanos, era que a vice-província dominicana brasileira estava sob a tutela da província francesa de Toulouse, ao contrário dos dominicanos dos outros países, vinculados, em sua maioria, à província espanhola. Dessa forma, os brasileiros que faziam seus estudos na França, em Saint-Maximin, eram levados a conhecer o movimento Economie et Humanisme.[27] No aspecto cultural, o Brasil tinha grande aproximação com a França, e isso se vê também no meio intelectual brasileiro desde a década de 1930 – ocasião da missão francesa universitária no país, quando têm destaque nomes como Pierre Monbeig,[28] Claude Lévi-Strauss e Fernand Braudel. Sobre esse aspecto, a autora

---

27 WHITAKER FERREIRA, Francisco. "Dans le sillage de Lebret au Brésil". In: HOUÉE, Paul. *Louis-Joseph Lebret*: un éveilleur d'humanité. Paris: Les Editions de L'Atelier, 1997, p. 134-147.

28 O geógrafo francês Pierre Monbeig (1908-1987) veio ao Brasil para se agregar aos professores da Missão Francesa, convidada a participar da fundação da Universidade de São Paulo. Trabalhou e estudou o Brasil entre 1935 e 1946, data em que ocupou cadeira de professor na USP, assim como a cátedra de geografia humana nesse mesmo período. Foi mestre de diversos geógrafos brasileiros importantes, como Pasquale Petrone e Aziz Ab'Saber. Publicou, dentre outros: *Ensaios de geografia humana brasileira* (1940); *Novos estudos de geografia humana brasileira* (1957); *Brasil* (1969). Sobre Monbeig no Brasil ver as seguintes literaturas: AB'SABER, Aziz. "Pierre Monbeig: a herança intelectual de um geógrafo". *Estudos Avançados*, São Paulo, vol. 8, n. 22, dez. 1994, p. 221-232 e SALGUEIRO, Heliana Angotti

Fernanda Massi destaca que a língua e a cultura francesas faziam parte do cenário cotidiano dos alunos da primeira turma da USP.[29]

Outro aspecto é também ligado aos colegas de Lebret que vieram na Missão Francesa fundar a USP. Se anos antes Monbeig, Lévi-Strauss e Braudel ainda não eram reconhecidos na França, iniciando suas carreiras no Brasil e passando, posteriormente, a ser reconhecidos pela comunidade científica francesa, esse poderia ser um exemplo motivador para Lebret. Sobre o interesse desses primeiros jovens professores franceses em início de carreira, Massi destaca que, embora tivessem livros publicados e cadeiras em faculdades francesas, não possuíam maior projeção naquele meio intelectual. Segundo a autora, o Brasil foi uma "nova via" para esses intelectuais, uma espécie de "exílio", porém, com a promessa de um sucesso futuro, já que na França não havia verbas para pesquisas em ciências sociais e as perspectivas de ingresso no ensino superior eram poucas. Fora isso, existia a instabilidade político-econômica, enquanto o Brasil, além de representar o início de uma carreira universitária, constituía um campo desconhecido e inexplorado pelos pesquisadores, permitindo a especialização temática e mesmo a construção de novos paradigmas. Essa carreira bem sucedida e a possibilidade de atuar em um novo campo, diferenciado do habitual, também interessava a Lebret.

Por último, tem destaque a vantagem de o Brasil ser um país de maioria da população católica. Foi pelo meio eclesiástico, inicialmente, e depois a partir das elites intelectual e política leigas, que Lebret teve ampla inserção no Brasil. Destacamos ainda a preocupação da

---

(org.) *Pierre Monbeig e a geografia humana brasileira*: a dinâmica da transformação. Bauru: Edusc, 2006.

29 MASSI, Fernanda Peixoto. Franceses e norte-americanos nas ciências sociais brasileiras (1930-1960). In: MICELI, Sérgio (org.) *História das ciências sociais no Brasil*, vol. 1. São Paulo: Vértice/IDESP, 1989, p. 410-459.

Igreja Católica europeia com a perda de fiéis em países da América Latina, o que a levou a realizar missões de reevangelização no interesse de retomar o crescimento do catolicismo nesses países, que "viviam um intenso processo de industrialização e urbanização e sofriam ameaças que confrontavam a fé católica".[30] Embora fosse um fator positivo para Lebret a existência de uma maioria da população católica no país, não podemos afirmar que ele veio participar de uma missão religiosa nem tampouco uma missão para confrontar uma das principais ameaças da fé católica, o crescimento do comunismo. Mais tarde Lebret seria interditado de voltar ao Brasil exatamente pela sua simpatia por essa ideologia.

De fato, o clero europeu, ao autorizar a viagem de Lebret ao Brasil, estava preocupado também com alguns fatores que ameaçavam a Igreja. Dentre eles, o autor François Houtard destaca a transformação de uma sociedade de tradição rural em industrial e a formação de uma classe operária organizada fora do limite eclesiástico católico (até mesmo contra ele). Outro fator de desintegração do catolicismo, ligado ao precedente, dizia respeito à crescente urbanização e aumento populacional nos centros urbanos desses países, com formação de bairros populares e periféricos que não eram acompanhados pelo crescimento das estruturas paroquiais, trazendo uma consequente diminuição do número de católicos tradicionais frente à massa populacional crescente. Um quarto fator era a ação comunista, que embora ainda não atingisse as grandes massas, seduzia principalmente os intelectuais e as organizações operárias nascentes naquele contexto de industrialização. O último fator dizia respeito à ação do protestantismo que progressivamente crescia no Brasil através da

---

30   HOUTARD, François. À la recherche d'une espérance: l'Amérique Latine. *Economie et Humanisme Revue*, n. 109, jan./fev. 1958, p. 53-61.

evangelização, principalmente por meio de pastores da América do Norte.

Diante desse contexto, de ameaça ao catolicismo, uma nova evangelização seria necessária com a ajuda europeia. Nesse sentido, novos padres foram formados para a realização de missões. "Tratava-se de uma evangelização preparada cientificamente",[31] em que dois pontos eram primordiais para os europeus responsáveis pelas missões: seguir com cuidado a evolução social e cultural do continente e buscar a justiça social no país de destino, sendo o conhecimento da cultura e da língua requisitos para o sucesso missionário. Além da formação de padres europeus, houve a preparação de leigos de potencial missionário e de jovens padres latino-americanos, que foram enviados para a Europa e Estados Unidos por suas dioceses para estudarem ciências sociais nas universidades. Ambos atuaram, posteriormente, através dos movimentos da juventude, como a JOC, por exemplo. A exemplo de padres atuantes na área de justiça social, o autor destaca a ação vigorosa de Dom Hélder Câmara nas favelas do Rio de Janeiro.

Como vimos, Lebret estava confrontado pelo contexto francês de Guerra Fria e por tensões que vinham desde o alto clero até o grupo EH. Além disso, os movimentos de descolonização também tensionavam as relações de Lebret com a política francesa vigente. A busca por um novo espaço profissional também era motivada pelas dificuldades financeiras do grupo EH e da SAGMACS, bem como pelo interesse pessoal em validar seu método de pesquisa em outro território, de maneira que fosse possível obter reconhecimento científico entre os intelectuais franceses. O Brasil parecia atrativo nesse sentido e possuía as condições propícias para o cumprimento dos objetivos de Lebret, além do que estava longe dos conflitos

---

31   HOUTARD, 1958, p. 56.

estabelecidos entre os países colonizadores e colonizados e, também, não parecia sofrer tanto a tensão da Guerra Fria como a Europa. O Brasil tinha as contradições perfeitas para que Lebret pudesse avançar em sua teoria: destacando-se entre seus vizinhos, combinava o potencial econômico e a política favorável ao desenvolvimento com um alto grau de subdesenvolvimento. Somava-se a isso o fato de ser um país católico, o que facilitava o diálogo e seu acolhimento. Os exemplos de trajetória de alguns intelectuais franceses eram motivadores, já que iniciaram uma carreira de pesquisa no Brasil e, posteriormente, tiveram seus trabalhos reconhecidos na França pelo CNRS – reconhecimento de especial interesse por Lebret. Além desses aspectos, existiam afinidades tanto intelectuais quanto culturais entre o Brasil e a França, e não havia qualquer conflito político entre ambos. Dessa forma, o convite, a recepção dos brasileiros e sua inserção nos escalões políticos foram confirmando que aquele parecia ser o caminho oportuno para o desenvolvimento de suas ideias e teorias. Lebret atende, assim, ao apelo do Brasil como um *souffle d'air* pessoal, delineando seu novo caminho intelectual.

A acolhida de Lebret no Brasil

Lebret aceitou o convite de Dale, fazendo a sua primeira viagem ao Brasil e iniciando uma relação que se estendeu até seus últimos anos de vida. Foi durante a sua estada no Brasil em abril de 1947 que teve início uma mobilização que, sob os preceitos do movimento Economie et Humanisme, iria resultar na ramificação do movimento no Brasil e na fundação da SAGMACS. Foi nesse primeiro momento que muitos contatos políticos foram realizados com dirigentes tanto dos escalões ligados à política brasileira quanto a movimentos católicos. Esses contatos, como veremos, foram decisivos na configuração dos escritórios da SAGMACS e nas parcerias nos trabalhos realizados.

Breuil destaca que a primeira estadia de Lebret no Brasil foi determinante para o seu encaminhamento intelectual, até porque era a primeira vez que Lebret saía do campo das pesquisas europeias para confrontar diferentes problemas, como o do subdesenvolvimento. Com o apoio de um núcleo de intelectuais católicos brasileiros, Lebret iniciou uma série de estudos de ordenamento do território e sobre o planejamento do desenvolvimento do Brasil, criando o que a autora denomina de "laboratório de pesquisas" – a SAGMACS, que produziu trabalhos com ressonância significativa no Brasil.[32]

Licia Valladares analisa as redes sociais pelas quais Lebret foi levado ao Brasil e sobre as quais se apoiou para difundir suas ideias e seus métodos. Nessa rede tem destaque a Igreja Católica, por meio da congregação dos dominicanos no Brasil; a elite intelectual de leigos, interessados em um novo modelo intelectual para as universidades brasileiras; os movimentos da juventude católica; e as redes políticas que se formaram em torno de Lebret e que possibilitaram a sua inserção nesses meios.[33]

Quais eram os interesses de cada um desses grupos que favoreceram a inserção de Lebret no país? Interferiu nessa abertura um contexto político em comum para esses grupos, que vinha desde a Era Vargas, a partir da sua política nacional desenvolvimentista. Como já falamos, havia uma conturbação mundial devido à Guerra Fria, e o comunismo avançava inclusive no Brasil. O quadro político que Lebret encontrou no Brasil em 1947 era, de um lado, uma

---

32   BREUIL, 2006.

33   VALLADARES, Licia do Prado. *A invenção da favela*: do mito de origem a favela. com. Rio de Janeiro: Editora FGV, 2005a.

política que dava total privilégio ao desenvolvimento econômico, com atenção à industrialização em massa e à intervenção estatal, bem diferente da concepção que Lebret tinha do desenvolvimento; de outro lado, um quadro preocupante, especialmente para a Igreja, que era a ascensão do marxismo no país. Existia uma busca comum aos grupos que recepcionaram Lebret, que, em tese, oferecia em seu discurso uma via antiimperialista e anticomunista que permitia impulsionar as mudanças sociais e o desenvolvimento econômico.[34] Foram exatamente representantes dos quadros interessados nesse discurso que compuseram a plateia do curso de Lebret na ELSP em 1947, tendo, inclusive, a participação da elite industrial, representada pela Federação das Indústrias do Estado de São Paulo (FIESP) – a financiadora da estada de Lebret no Brasil.

O contato pela Igreja veio inicialmente do frei Romeu Dale, que introduziu Lebret pela primeira vez no Brasil para proferir o curso na ELSP, e de D. Helder Câmara, com quem Lebret partilhou uma relação que favoreceu a sua segunda vinda ao país, quando sofreu a interdição do clero brasileiro. Quanto ao contato de Lebret com o grupo da elite intelectual brasileira, é preciso antes destacar que desde a década de 1930 o sistema universitário estava se desenvolvendo no país, e isso implicava na criação de universidades e na cooperação estrangeira – como foi o caso das missões francesas na fundação da USP.[35] Mas foi após a Segunda Guerra que esse desenvolvimento passou a ser maior, quando houve também a abertura da universidade para novas categorias sociais que estavam se beneficiando com o crescimento das indústrias e o desenvolvimento econômico do

---

34 VALLADARES, 2005a.

35 Sobre a missão francesa ver: NOVAIS, Fernando. "Braudel e a 'missão francesa'". *Estudos Avançados*, São Paulo, vol. 8, n. 22, 1994, p. 161-166.

104 MICHELLY RAMOS DE ANGELO

período. Na fundação de novas universidades, têm destaque as católicas, que foram criadas a partir de 1946 como resposta ao interesse da Igreja em formar uma rede de intelectuais católicos.

Segundo Breuil, a aspiração das elites em criar novas referências intelectuais nacionais para esta jovem geração de estudantes coincide com a emergência do movimento EH no Brasil e com a consagração de Lebret entre os alunos, que a partir de cursos e palestras poderia antever, segundo a autora, as transformações intelectuais e políticas que viriam ocorrer no novo sistema universitário.[36] Sinal do interesse de Lebret em atrair jovens universitários e inseri-los no movimento EH foi o estudo que realizou em sua primeira estada no Brasil sobre *O pensamento social dos estudantes*. A realização dessa sondagem é destacada por Breuil como o momento em que Lebret demonstrou o interesse em aproximar EH das elites universitárias que, futuramente, constituiriam a elite política do país.

Outro importante contato estabelecido por Lebret através da rede dominicana foi com o líder católico Alceu Amoroso Lima, ligado às elites dirigentes do país e figura dominante do mundo intelectual católico brasileiro da época.[37] Nos meios políticos têm destaque os contatos firmados com Lucas Nogueira Garcez e Josué de Castro, que eram partidários da política Varguista e desempenharam importante

---

36 BREUIL, 2006.

37 PELLETIER, 1996. Amoroso Lima (1893-1983) foi crítico literário reconhecido no Brasil e forte influência sobre a geração intelectual dos anos 1930. Foi também o tradutor e intérprete de Jacques Maritain no país. Teve papel importante na difusão do pensamento católico francês no seio da *intelligentsia* brasileira. Ver PATARRA, Neide L. "A Igreja entre a revolução de 1930, o Estado Novo e a redemocratização". In: FAUSTO, Boris (org.) *O Brasil Republicano*, vol. IV, p. 271-341.

papel na mediação entre Lebret e os grupos políticos dirigentes, além de abrirem as possibilidades de atuação da SAGMACS no Brasil.

Se até aqui algumas redes se encaixam em torno de um contexto e ideal que contribuem para uma boa recepção de Lebret, isso não ocorreu em um meio em especial, aquele em que seus colegas intelectuais foram recebidos: a USP, com excessão da Escola Politécnica, da qual, inclusive, alguns professores formaram a diretoria do grupo EH e da SAGMACS. Valladares analisa as circunstâncias dessa não recepção especialmente da área de humanas da USP e, em contrapartida, a sua acolhida pela ELSP. É preciso compreender algumas diferenças entre as duas escolas que influenciaram na aproximação de Lebret a uma delas. Limongi destaca que a Faculdade de Filosofia, Ciências e Letras (FFCL) da USP, fundada em 1934, foi concebida a partir de um modelo universitário francês de orientação humanista, essencialmente teórica, generalista e voltada à formação docente. Essas características contrastavam com o modelo seguido pela ELSP. A Escola, fundada em 1933 pela elite de São Paulo, oferecia outra matriz, de orientação norte-americana, centrada na pesquisa empírica e com finalidades intervencionistas, inclusive sendo este o requisito básico para a qualificação do sociólogo. Além disso, tinha a finalidade de formar quadros especializados para a administração pública e privada do Estado.[38]

Foi com a chegada de Donald Pierson, em 1939, que a Escola passou a investir na formação de elites técnicas para prover quadros governamentais. Esse diferencial se vê, inclusive, em seu *Manifesto de Fundação* que expõe a necessidade "de uma elite numerosa e

---

38 LIMONGI, Fernando. "A Escola Livre de Sociologia e Política em São Paulo". In: MICELI, Sérgio (org.) *História das Ciências Sociais no Brasil/*, vol. 1. São Paulo: Vértice, 1989, p. 217-133.

organizada, instruída sob métodos científicos, a par das instituições e conquistas do mundo civilizado, capaz de compreender, antes de agir, o meio social". A sua fundação viria "preencher essa lacuna",[39] diz o Manifesto. Esse ideal de formação profissional dava atenção à pesquisa e ao trabalho de campo, que correspondia, dentro de algumas mesmas referências, ao mesmo de Lebret.

Dessa forma, a ELSP se aproximava mais do empirismo de Lebret e menos da sociologia teórica valorizada pela USP. Além disso, havia um interesse político-teológico da Escola pelas ideias do grupo EH. "Formada por um grupo de moços predominantemente católicos, mas, como instituição universitária", sem "caráter confessional", a ELSP tinha o interesse nas ideias do avançado catolicismo social que Lebret pregava. Dessa forma, foi nessa escola, num "centro de estudos e pesquisas de grau universitário do mais elevado",[40] segundo o seu diretor, que Lebret vai encontrar espaço para dar início à sua carreira no exterior.

O curso de Economia Humana na ELSP: a apresentação de uma terceira via para o desenvolvimento

Os estudiosos e mestres estrangeiros trazem até nós, através da palavra falada, o depoimento sobre as transformações que se passam do outro lado do mundo. O numeroso auditório que frequentou as aulas de frei L.-J. Lebret, por exemplo, deu uma prova de que há em São Paulo um

---

39 Manifesto ELSP em: http://www.fespsp.org.br/bc-01a.htm, Manifesto de Fundação da Escola Livre de Sociologia e Política de São Paulo.

40 Carta de Berlinck para Dale, 12/04/1946. Fundo Lebret, pasta 102.

grupo de pessoas suficientemente interessadas e habilitadas a seguirem um curso dessa natureza [...].[41]

Há muito tempo que eu queria vir ao Brasil. Eu já tinha alguns contatos com estudantes dominicanos brasileiros na França e eu fiz amizade com um deles, o padre Romeo Dale. O Brasil aparecia-me como uma nação irmã da França; e estou feliz de poder, em seu nome, representando-a para vocês, saudar esta nação brasileira, que guarda ao nosso próprio país sentimentos de extrema fidelidade, tanto em seus dias de felicidade como em seus dias de prova. Estou muito grato à Escola de Ciências Sociais e Políticas que me permitiu vir hoje falar-vos de economia humana.[42]

Quando o Diretor da ELSP, Cyro Berlinck, convidou Lebret para atuar como professor-visitante da Escola, tinha interesse num curso anual de Política Econômica que seria proferido em francês. Não podendo se ausentar por tanto tempo da França, Lebret propôs um curso de Introdução à Economia Humana, a ser ministrado num período de três meses. O material do curso é tão denso que Lebret, ao expor um resumo de *O Capital*, de Marx, em uma de suas primeiras palestras, aconselhou a todos que lessem a obra completa, prevenindo que sem essa leitura "seria difícil a compreensão de suas conferências".[43]

---

41 Elementos de expressão mundial nas ciências econômicas e sociais realizam curso da Escola de Sociologia e Política. *Diário de São Paulo*, 15 de junho de 1947. Fundo Lebret, pasta 115.

42 LEBRET, Louis-Joseph. *Curso de Economia Humana*, vols. 1 e 2. São Paulo: Escola Livre de Sociologia e Política de São Paulo, 1947a.

43 Marx foi um gênio e os comunistas querem o bem da humanidade. *Jornal do Povo*. Belo Horizonte, 15 de agosto de 1947. Fundo Lebret, pasta 155.

No primeiro dia Lebret apresentou o roteiro de seu curso: "inclui, após uma exposição rápida sobre a situação atual do mundo, que se prolongará amanhã com a crítica da economia política, uma apresentação das forças que tentaram opor-se à desumanização da sociedade. Nós nos engajaremos seguidamente no estudo da economia humana".[44] Dessa forma também se divide a versão datilografada do curso, que foi corrigida e revista pelo autor[45] e contém em quatro volumes os três grandes temas abordados durante os três meses na ELSP: *Apell à une Economie Humaine* (vols. 1 e 2); *Lignes d'orientation d'une économie humaine* (vol. 3); *Perspectives d'une economie humaine* (vol. 4)[46] (ver os tópicos de cada tema no Anexo 1). O Programa a seguir (Figura 2), mostra os principais pontos tratados por Lebret durante o seu curso.

---

44 LEBRET, 1947a.

45 Lebret ficou aproximadamente um ano corrigindo a versão datilografada de seu curso através de cartas trocadas principalmente com Dale. Ver carta de Lebret para Dale, de 16/12/1947. Fundo Lebret, pasta 102.

46 Volumes disponíveis em Fundo Lebret, pasta 155. Os volumes disponíveis na Escola Dominicana de Teologia (EDT) provavelmente consistem na primeira edição, que depois foi revista por Lebret. Na EDT, o curso está compilado em dois volumes, que possuem juntos aproximadamente 450 páginas datilografadas em língua francesa, conforme ministrado por Lebret. Os quatro volumes disponíveis em Fontainebleau, provavelmente compõem a versão revisada por Lebret, já que durante um ano após o curso Lebret e Dale trocaram correspondências sobre os acertos a serem realizados para a publicação dos volumes [cartas disponíveis no Fundo Lebret, pasta 102].

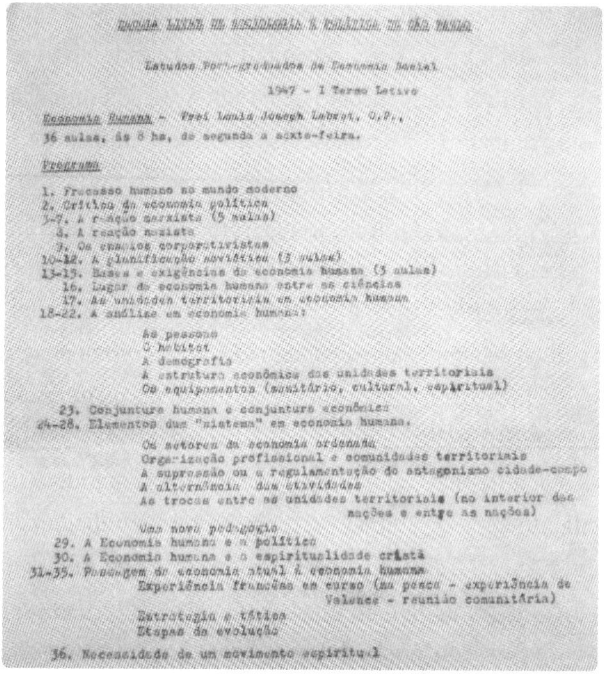

ESCOLA LIVRE DE SOCIOLOGIA E POLÍTICA DE SÃO PAULO

Estudos Post-graduados de Economia Social

1947 - I Termo Letivo

Economia Humana - Frei Louis Joseph Lebret, O.P.,
36 aulas, às 8 hs, de segunda a sexta-feira.

Programa

1. Fracasso humano no mundo moderno
2. Crítica da economia política
3-7. A reação marxista (5 aulas)
8. A reação nazista
9. Os ensaios corporativistas
10-12. A planificação soviética (3 aulas)
13-15. Bases e exigências da economia humana (3 aulas)
16. Lugar da economia humana entre as ciências
17. As unidades territoriais em economia humana
18-22. A análise em economia humana:
   - As pessoas
   - O habitat
   - A demografia
   - A estrutura econômica das unidades territoriais
   - Os equipamentos (sanitário, cultural, espiritual)

23. Conjuntura humana e conjuntura econômica
24-28. Elementos dum "sistema" em economia humana.
   - Os setores da economia ordenada
   - Organização profissional e comunidades territoriais
   - A supressão ou a regulamentação do antagonismo cidade-campo
   - A alternância das atividades
   - As trocas entre as unidades territoriais (no interior das nações e entre as nações)
   - Uma nova pedagogia

29. A Economia humana e a política
30. A Economia humana e a espiritualidade cristã
31-35. Passagem da economia atual à economia humana
   - Experiência francêsa em curso (na pesca - experiência de Valence - reunião comunitária)
   - Estratégia e tática
   - Etapas da evolução

36. Necessidade de um movimento espiritual

FIGURA 2: Sumário do curso de Economia Humana, ministrado por Lebret na ELSP, em 1947. Fonte: Fundo Lebret, pasta 155.

Na primeira parte do curso (*Apelo a uma economia humana*[47]), Lebret apresentou a sua crítica sobre a economia política atual e o mundo moderno em contradição com ele mesmo. Discutiu o advento do capitalismo e apontou as razões para o fracasso da economia política, que, segundo ele, não era suficientemente científica, não era centrada no homem, não era favorável aos excessos das estruturas e era incapaz de resolver as contradições inerentes ao mundo moderno. Observamos que Lebret já estava apresentando as principais ideias sobre as quais se assentava a teoria da economia humana.

47 Traduzido livremente pela autora.

Dessa forma, Lebret preparava seu auditório para apresentar aqueles que reagiram ao sistema capitalista, e questionava a sua plateia: "o homem vai permanecer na sua intensificada produção e no seu malogro humano? Os homens não vão reagir? Será que o homem roubou o melhor de si mesmo e irá aceitar o seu destino? Não, a base pelo menos vai reagir. O proletariado vai sentir que deve fazer um esforço para quebrar as cadeias e adquirir a segurança e a cultura, e os intelectuais lhe ajudarão".[48] Lebret seguiu, então, com a primeira parte de seu curso apresentando *O Capital* (somente este com duração de cinco dias), experiências corporativas, estudos sobre as estruturas soviéticas e o leninismo.

Para cada tópico que compunha o programa do curso de Economia Humana de Lebret existia uma bibliografia sumária sugerida (ver Anexo 2).[49] Como podemos observar na bibliografia do curso para essa primeira parte (ver itens 1 ao 12 do Anexo 2) havia uma extensa e especializada literatura sobre o tema abordado, tendo inclusive sugestão às obras completas de Marx, Engels e Lenin, à *Mein Kampf* de Adolf Hitler, passando também pela economia humana, que seria objeto da segunda parte do curso.

"*O Capital* é uma obra muito volumosa e, numa primeira abordagem, confusa, mas que aparece, depois de uma leitura completa, extremamente poderosa. Vou tentar torná-lo tão claro quanto possível, sem trair o pensamento de Marx", discursou Lebret ao auditório no início de sua apresentação sobre a obra de Marx. Foi exatamente essa primeira parte do curso de Lebret que teve grande repercussão

---

48   Curso de Economia Humana, 1947.

49   Antes de iniciar o curso, Lebret enviou de barco, da França para o porto de Santos, no Brasil, cinco caixas de livros pesando um total de 406 kg. Esses livros consistiam na bibliografia do curso de Economia Humana. Ver carta de Merand para Dale, em 24/03/1947. Fundo Lebret, pasta 102.

midiática e entre o clero brasileiro, custando-lhe a proibição de uma segunda viagem ao Brasil. Não é difícil entender essa polêmica quando nos deparamos com os jornais da época: "Marx foi um gênio: e os comunistas querem o bem da humanidade", intitulava a notícia do *Jornal do Povo*, de Belo Horizonte, de 15/08/1947. "O padre francês Lebret, da Ordem dos Dominicanos, demonstra que é possível e desejável a cooperação de comunistas e católicos para a solução dos problemas do povo [...]", escreveu o jornal.

Para Lebret, significava a apresentação das obras de "um dos maiores gênios de toda a história da humanidade" [Marx] e de "um gênio da tática e da estratégia política [...] e idealizador da moderna organização dos partidos comunistas"[50] [Lenin], exemplos também de homens que criaram teorias contra o sistema vigente, e que, na medida do possível, obtiveram sucesso. Por que não tê-los como exemplos de reação e mesmo de cooperação? Segundo o *Jornal do Povo*, Lebret incitava seu público a conhecer as obras de Marx, tendo algumas de suas afirmações "ampla repercussão nos meios católicos, pois aquele sacerdote refutou, com a sua inegável experiência e conhecimento dos problemas, a argumentação da ala reacionária da Igreja".

Após os estudos de Marx, Engels e Lenin, gerando desconfiança da Igreja, Lebret iniciou a segunda parte de seu curso, com a apresentação de uma terceira via, que não era nem a capitalista (uma das causas do fracasso do mundo moderno), nem a comunista. Não era escolher entre uma ou outra, mas conhecê-las a fundo para elaborar uma teoria mais humana. Essa preocupação fica clara ao lermos o seu diário no dia 06 de abril de 1947.[51] Antes de iniciar seu curso na ELSP,

---

50 "Marx foi um gênio, e os comunistas querem o bem da humanidade". *Jornal do Povo* [jornal comunista], Belo Horizonte, 15/08/1947.

51 Diário de Lebret, 06/04/1947. Fundo Lebret, pasta 178.

Lebret faz um relato a respeito das reuniões no Convento do Rio de Janeiro, onde parecia ser "preciso escolher entre comunismo e capitalismo". No Convento expôs o ponto de vista do EH, de que "era necessário construir entre os dois sem rejeitar o que o marxismo tem de válido". Porém, "os jesuítas [eram] muito conservadores [e] os dominicanos eram facilmente acusados de comunistas".

A celeuma entre o capitalismo e o comunismo e a busca de um "meio termo" entre as duas teorias é apresentada na publicação do jornal *Diário de Notícias* da época,[52] que retrata o pensamento de Lebret durante a sua passagem pelo Brasil em 1947. Segundo o Jornal, tratava-se da "economia a serviço do homem [...] em bases que o próprio Marx não poderia repudiar, pois são as suas e representam igualmente o fundamento da mais autêntica economia cristã". A aposta era "combater o marxismo superando-o, isto é, não passando ao largo como se fosse um sistema totalmente esdrúxulo, como temos a inclinação natural de o fazer [...] mas passando-além, com a aceitação do que deve ser verdadeiro, como foi em geral a crítica ao capitalismo [...]. Afirmar que a crítica de Marx ao capitalismo foi certa não é concluir pelo comunismo. É apenas concluir... contra o capitalismo".

A primeira parte do curso "foi um esforço de apresentação do conjunto do mundo moderno [...], as forças que o dominam, que o enfrentam e que não param de agir sobre ele", expôs Lebret ao iniciar a segunda parte de seu curso, complementando: "Hoje nós nos engajaremos em uma nova fase de nosso trabalho [...]. Depois da observação de um mundo em desordem [...] nos resta expor um plano construtivo; eu entregarei a vocês, a partir de hoje, meu próprio pensamento, fruto de longos anos de reflexão e de experiência que

---

52 Economia e Humanismo. *Jornal Diário de Notícias*, Rio de Janeiro, 10/08/1947. Por Tristão de Athayde.

levaram à criação e ao esforço do Economie et Humanisme". Seu objetivo nesta fase do curso era apresentar um resumo da doutrina, do sistema e das posições estratégicas e táticas do grupo EH.[53]

A bibliografia sugerida por Lebret nessa etapa incluía algumas de suas obras, textos de sociologia, metodologia, economia, política, estudos sobre população, habitação e urbanismo, em que tem destaque os nomes de alguns autores como Gaston Bardet, Paul Descamps, Henry Desroches, Maurice Halbwachs, dentre outros nomes, inclusive participantes do grupo EH francês (ver bibliografia nos itens 13 a 23 do Anexo 2).

A economia humana, segundo Lebret, "vincula-se à política *tout court*, vista como estratégia e tática para transformação das estruturas" e se trata de "uma ciência humana, da ciência de um homem social e dos melhores quadros da vida humana. Era a ciência que se devia elaborar com urgência". E complementa dizendo que era principalmente em torno da economia humana e da economia humanista que a coordenação de todas as ciências deveriam se executar. Dessa forma, Lebret sintetizou sua teoria, definindo o seu lugar como doutrina, sistema de estratégia e tática de transformação e distribuição a serviço do homem. A essa disciplina se subordinariam outras, como as das ciências biológicas aplicadas, das ciências econômicas e demográficas e das ciências técnicas e de organização de quadros.

Lebret apresentou, além dos postulados e conceitos da Economia Humana, os seus precursores, e nesse ponto expôs a influência direta de Frédéric Le Play: "Ainda no século XIX cristãos sociais, marxistas, anarquistas; bem antes de nós, socialistas sinceros, comunistas e corporativistas, viam a necessidade da economia humana sem serem capazes de estabelecê-la. A aspiração fundamental dos homens

---

53   LEBRET, 1947a.

generosos de nossa geração era a economia humana". Lebret considerava como precursores da economia humana "os inventores do método de análise científica, dos fatos sociais, certos católicos da primeira metade do século XIX, e vários teóricos anarquistas". No primeiro grupo, dos inventores do método de análise científica, Lebret destacou Le Play e sua escola, a escola estatística e os conjunturistas. No segundo grupo, os teóricos posteriores; e, por último, os libertários, como Pierre Kropotkine. Em depoimento ao jornal *Correio Paulistano*, Lebret abordou o seu método científico e a sua filiação: "Nossos métodos de análise dos fatos sociais, métodos que somos os primeiros a utilizar no mundo, permitem tomar conhecimento das necessidades coletivas, numa ampliação da monografia de Le Play, visando estudos em grande escala no tempo e no espaço".[54] Após essa explanação Lebret iniciou a terceira parte de seu curso, intitulada *Perspectivas de uma economia ordenada*, que era a mais aplicada. A sua exposição era construída a partir de um material bibliográfico que abordava questões de estatística (elementos e análise), métodos de pesquisas econômicas, conjuntura e previsões econômicas (ver Anexo 2).

Após seu curso de *Economia Humana* na ELSP, Lebret também realizou conferências para os membros da Ação Social da Arquidiocese do Rio de Janeiro.[55] As impressões desse público continuavam sendo a respeito de um ousado padre-sociólogo, causador de estranhamento pelo público mais religioso preocupado com o crescimento do comunismo no Brasil. "Visão genial de Marx? Seria possível um padre fazer tal afirmativa no Brasil?", escreveu João Augusto de Mattos Pimenta em seu *Jornal de Debates*, após assistir

---

54   "Economia a serviço do bem estar humano". *Jornal Correio Paulistano*. São Paulo, 12/04/1947.

55   HOUÉE, 1997.

o curso de Lebret na ABI. Em um depoimento ao jornal relatou a sua participação no curso:

> Decidi-me a ouvir as demais conferências do ilustre prelado francês. Compareci, assim, em 2 do corrente, na A.B.I., juntamente com meus amigos [...]. O padre Lebret abordava o tema: Marxismo, crítica do capitalismo. A sala estava repleta. Assistimos, de pé, à palestra que durou uma hora e quarenta minutos. Não ouso resumir as palavras do conferencista. Seu trabalho será publicado em português, com o beneplácito do cardeal d. Jayme Camara. Lamento apenas que tão lúcida lição de sociologia, ou melhor, sobre a revolução que se opera no mundo neste momento, não fosse ouvida pelos nossos parlamentares e economistas [...]. O auditório, porém, era, em sua esmagadora maioria, da mais genuína burguesia. E nós sabemos que, 'conforme vive o homem assim pensa ele' [...] Os ouvintes, entre os quais não divisei um só operário (operários não entendem francês) aplaudiram, com entusiasmo [...] A culpa cabe à estruturação capitalista da sociedade atual. E o remédio está em uma nova estruturação da sociedade [...] O padre Lebret está pregando, porém, no deserto, porque se dirige a burguesia brasileira, que é uma das mais empedernidas do mundo.[56]

Conforme destacamos, seu público era composto por dominicanos, por uma elite industrial, intelectual e política, dentre eles jovens promissores, como o futuro governador de São Paulo Lucas Nogueira

---

56 "Visão Genial de Marx?" *Jornal de Debates*, Rio de Janeiro, 08/08/1947.

Garcez,[57] André Franco Montoro,[58] Carlos Alberto Alves de Carvalho Pinto,[59] Antônio Queiroz Filho.[60] Foi nessa primeira visita ao Brasil que Lebret pôde divulgar o seu grupo e dar início à formação de um quadro de profissionais brasileiros. Segundo Whitaker, o curso também possibilitou a Lebret sistematizar os fundamentos e perspectivas de sua teoria de análise e de ação.[61] Sua ousadia agregava, cada vez mais, jovens militantes católicos seduzidos por sua doutrina, a quem Lebret fazia um apelo à participação no EH, como podemos verificar

---

57 Garcez (1913-1982) era formado em engenharia civil (1936) pela Escola Politécnica da Universidade de São Paulo, onde foi professor. Recebeu o título de professor doutor em 1946 e professor emérito em 1964. Atuou nas áreas de construção, de saneamento e de saúde pública. Em 1949 ocupou o cargo de Secretário de Estado de Viação e Obras Públicas, onde ganhou projeção. Foi eleito governador de São Paulo (1951-1955).

58 Franco Montoro (1916-1999) cursou direito, filosofia e pedagogia e teve uma longa carreira política, começando como vereador em São Paulo pelo Partido Democrata Cristão (PDC) em 1947, até chegar ao governo de São Paulo (1983-87). Seu filho, André Franco Montoro Filho (1944-), economista, participou de um dos trabalhos da SAGMACS realizado em Vitória/ES (1963), intitulado *Estudos para uma política habitacional*. Na equipe, sua atividade consta como sendo de desenhos e cálculos.

59 Carvalho Pinto (1910-1987) era formado em direito. Foi professor, advogado da prefeitura de São Paulo, assessor jurídico de prefeitos, secretário de finanças do município de São Paulo e secretário da Fazenda do governo de São Paulo. Foi eleito governador do estado em 1958, exercendo a atividade até o ano de 1963. Seu governo orientou-se pelas diretrizes delineadas no seu Page (Plano de Ação do Governo do Estado), tendo dele participado vários técnicos da SAGMACS.

60 Queiroz Filho (1910-1963) era formado em direito pela Faculdade de Direito do Estado de São Paulo (1931). Teve atuação no Ministério Público e na cátedra de Direito Penal da Pontifícia Universidade Católica de São Paulo. Foi militante da Ação Católica Brasileira, tendo participado do Movimento EH. Em 1950 passou a dirigir o setor estadual do Partido Democrata Cristão (PDC). Em 1954 foi nomeado ministro da Justiça. Em 1957 dirigiu a Secretaria da Justiça no governo Jânio Quadros, e em 1959 a Secretaria de Educação do Governo Carvalho Pinto.

61 WHITAKER FERREIRA, 1997.

em uma de suas entrevistas ao *Jornal Universitário* no primeiro mês de sua estadia no Brasil: "Nosso movimento é, sobretudo, um movimento de jovens ao saírem das faculdades, jovens que são espiritualistas ou acham na doutrina da Igreja um pensamento que resolve os problemas atuais – indispensável ao Brasil a aplicação do novo método social".[62] Simultaneamente, Lebret proferia palestras, orientava líderes – inclusive da JUC – e articulava a fundação da SAGMACS. A partir daí um caminho estava aberto para a divulgação de seu pensamento e para a sua ação no Terceiro Mundo, assim como planejara.

O I Congresso Internacional de Economia Humana nas comemorações do IV Centenário da Cidade de São Paulo

O Congresso Internacional de Economia Humana pode ser considerado o segundo momento em que Lebret teve a possibilidade de ministrar um curso sobre a sua teoria de economia humana para um grande auditório de políticos e intelectuais. Dessa vez, a perspectiva de atuação era em escala ainda maior: a América Latina. O evento pode ser considerado a abertura sul-americana de Lebret através do estabelecimento de novos contatos e a consagração de uma rede de economia e humanismo internacional. Acertados os trabalhos e a sua atuação no Brasil, tinha chegado a hora de estender a sua ação e o seu movimento pelos outros países do continente. Logo após o evento Lebret fez viagens ao Chile, ao Peru e à Colômbia, onde iniciou as negociações de um primeiro estudo fora do Brasil.[63] O Congresso também deu origem a contatos acertados no Chile com a Comissão

---

62   Uma iniciativa de grande envergadura social. *Jornal Universitário*. São Paulo, abr. 1947.

63   A pesquisa intitulada *Estudio sobre las condiciones del desarrollo de Colombia* foi publicada em 1958.

Econômica para a América Latina (Cepal), naquele momento dirigida pelo economista argentino Raul Prebisch.[64]

O Brasil foi durante muitos anos o lugar preponderante de atuação de Lebret, o que explicaria, segundo Breuil, o fato de tê-lo escolhido para sediar a primeira Conferência Internacional de Economia Humana. Na época, Lebret apresentava certo desinteresse pelas questões francesas e europeias, estando mais ligado aos problemas do subdesenvolvimento – posição bem clara em seus textos publicados nesse período.[65]

O Congresso Internacional de Economia Humana foi promovido pelo Instituto Internacional de Economia Humana, sob o patrocínio da Comissão do IV Centenário da Cidade de São Paulo, e realizado entre 18 e 25 de agosto de 1954, no Instituto de Educação Caetano de Campos, Praça da República. O presidente de honra do Congresso foi o governador de São Paulo Lucas Nogueira Garcez, que presidiu a sessão solene de abertura e recebeu congressistas em seu gabinete como parte da programação do evento. A comissão organizadora do congresso tinha em sua composição o Frei Benevenuto de Santa

---

64   Prebisch foi um economista argentino, um dos mais destacados intelectuais da Cepal, onde ocupou o principal cargo até o ano de 1963. Iniciou a linha estruturalista do pensamento econômico, sendo algumas de suas obras: *El desarrollo económico de la América Latina y algunos de sus principales problemas* (1949); *Crecimiento, desequilibrio y disparidades: interpretación del proceso de desarrollo económico* (1950); *La cooperación internacionaol en la política de desarrollo latinoamericana* (1954).

65   Em 1956 havia um grande debate na França sobre descolonização. Porém Lebret dedicava as suas reuniões e conferências, inclusive na França, ao estudo dos problemas relativos ao subdesenvolvimento, caso de uma reunião científica em La Tourette. Na revista EH também consagrava o tema em seus artigos, mostrando claramente o seu interesse central (BREUIL, 2006).

Cruz, Antonio Delorenzo Neto, o empresário Severo Gomes,[66] José Pinheiro Cortez[67] e José Arthur Rios – a maioria desses nomes ligados à Ação Católica. O programa do evento contou com dez sessões, onde figuravam, entre os expositores, nacionalidades francesa, americana, chilena e brasileira, representadas por dirigentes políticos, professores de universidades, componentes do grupo EH francês e dirigentes da CIBPU[68] (ver Figura 6). Para Lebret o Congresso seria o momento de encontro entre as equipes brasileiras do EH do Brasil (frei Benevenuto, Baltar, Eduardo Bastos, frei Oliveira), Uruguai (Juan Pablo Terra e Carlos Tosar) e Chile (Aníbal Pinto e Jacques Chonchol) com a presença de dirigentes do EH da França: Alexandre Dubois, Jean Marius Gatheron, Georges Celestin e G. C. Sebregondi.

Quanto à Comissão responsável pelas comemorações do IV Centenário da Cidade de São Paulo, congregava diversos interesses de industriais, de comerciantes e do poder público. Silvio Luiz Lofego destaca que a definição do projeto memorialístico da cidade foi cheio de tensões, especialmente entre os grupos que compunham a comissão de organização. A composição inicial, presidida por Francisco Matarazzo Sobrinho, ficou até o ano de 1954, sendo "mais alinhada a uma certa trajetória político-cultural da cidade,

---

66   Severo Fagundes Gomes (1924-1992), posteriormente, tornou-se ministro da Agricultura no governo Castelo Branco, ministro da Indústria e do Comérico no governo Geisel e senador de 1983 a 1991, por São Paulo.

67   Cortez era assistente social, um dos fundadores, juntamente com outros militantes da JUC, do Instituto de Serviço Social, atual Faculdade Paulista de Serviço Social. Foi diretor do Instituto de 1954-57 e de 1962 até a sua morte, em 1996.

68   Tem destaque nomes de franceses (Lebret, Andre Piettre, Alfred Sauvy, Pierre Monbeig, G. C. Sebregondi, Jean M. Gatheron, Georges Celestin), de professores americanos (Bert Hoselitz, Robert W. Faulhauber, Walter A. Weisskopf) e de brasileiros (Eduardo Bastos, Baltar, Alceu Amoroso Lima, Josué de Castro, Orlando de Carvalho, Álvaro de Souza Lima).

sintonizada com as mudanças em curso que, igualmente, sinalizavam para os novos grupos que se projetaram no processo de urbanização e industrialização do Estado".[69]

FIGURA 3: Fotos de Getúlio Vargas e Garcez em uma das comemorações do IV Centenário da Cidade de São Paulo. Getúlio se suicidaria poucos meses depois, durante o Congresso Internacional de Economia Humana.[70] Foto de German LORCA – fotógrafo oficial do IV Centenário. Disponível em: http://www.abril.com.br/especial450/materias/lorca.

69 As comemorações tinham o objetivo de "retraçar o caminho de São Paulo e o papel assumido nos destinos do país, apoiando-se no mito bandeirante que foi usado para justificar o progresso material e o *espírito empreendedor* de seus filhos e o lugar de *predestinado ao progresso*, por ser o berço dos bravos sertanistas". LOFEGO, Silvio Luiz. *IV Centenário da Cidade de São Paulo*: uma cidade entre o passado e o futuro. São Paulo: Annablume, 2004, p. 11-12.

70 Em seu diário Lebret expôs a confusão política que se estabelecia no país naqueles dias do Congresso. Quatro dias antes da morte de Vargas escreveu sobre o atentado ao jornalista Carlos Lacerda, com quem teve encontros ocasionais: "o homem que queria tanto que eu trabalhasse com Josué de Castro e a Comissão do Bem Estar Social [...] foi vítima de um atentado. É um homem que divulga em seu jornal, há pouco tempo fundado por Amoroso Lima e [Gustavo] Corção, ao mesmo tempo que por Lacerda, os escândalos do poder". E no dia 24 de agosto escreveu: "o povo é getulista e publicaram uma carta, verdadeira ou falsa, do presidente pouco antes de seu suicídio. O mito do pai perseguido por inimigos e que se sacrifica corre o risco de desenvolver-se rapidamente. Para os trabalhadores Getúlio era o trabalhista, o

Ainda não sabemos como se deu a abertura para a realização do Congresso Internacional de Economia Humana dentro do projeto memorialístico da cidade de São Paulo. Diante da perspectiva de industrialização e das mudanças provocadas por ela, especialmente naquela década, havia um projeto de futuro de nação e expectativas de mudanças na cidade de São Paulo. Ordenar o desenvolvimento era tarefa para ser discutida e pensada – talvez tenha sido essa a força do discurso de Lebret e o motivo de sua inserção no evento. Temos clareza de que outras novas aberturas políticas se deram a partir dessa, e numa escala maior, colocando em contato franceses e latino-americanos e traçando os rumos do movimento EH nesses países.

Tais aberturas constituíram oportunidades de discutir a situação comum dos países latino-americanos e apresentar a terceira via de mudança a partir das experiências concretas que representavam os trabalhos desenvolvidos por ele e pela SAGMACS no Brasil. De fato, Lebret expôs a dirigentes e representantes de países e de comissões e organizações, como a CIBPU e ONU, seus métodos e princípios de pesquisa a partir dos resultados do trabalho sobre o estado de São Paulo, conforme aponta a CIBPU em seu relatório anual:

> [...] os fecundos métodos de análise desenvolvidos por Economia e Humanismo e pela primeira vez empregados no extenso e complexo campo dos problemas econômicos de uma área superior a de vários países da Europa reunidos, a Comissão resolveu publicá-los para maior divulgação, prestando, por essa forma, um dos mais assinalados serviços aos problemas de pesquisa e planejamento

---

defensor, o homem das leis sociais, do sindicalismo, do salário mínimo. Sua ditadura passada, a corrupção de sua comitiva, não é nada". *Journal du Pere Lebret*. Brésil, Amérique Latine, 1954. Fundo Lebret, pasta 178.

> econômico de que depende hoje, sem dúvida, o desenvolvimento racional das nossas grandes áreas de expansão. Já como consequência desses trabalhos, que permitiram concentrar em São Paulo as atenções dos estudiosos nesses assuntos de pesquisas sociais e econômicas, reuniu-se em São Paulo de 19 a 25 de agosto de 1954 o Primeiro Congresso Internacional de Economia e Humanismo, congregando na Capital paulista, dentro das comemorações do 4º Centenário da sua fundação, algumas das mais representativas autoridades no assunto.[71]

Sob o tema oficial *O fator necessidade na orientação da economia*, observamos comunicações cujos temas giravam em torno do desenvolvimento relacionado às teorias da economia humana, onde eram analisados os casos latino-americanos e as estratégias de ação para esses países. A exposição de Lebret, intitulada "Economia humana, política e civilização",[72] tinha como questão central o crescimento rápido da população e as necessidades que se apresentavam para que houvesse um desenvolvimento mais humano.

---

71 CIBPU. *Relatório de exercício de 1954*. São Paulo: CIBPU, 1955, p. 8. Citado em GARDIN, Cleonice. *CIBPU*: A Comissão Interestadual da Bacia Paraná-Uruguai no planejamento regional brasileiro (1951-1972). Dourados: UFGD, 2009, p. 94.

72 "Economie humaine, politique et civilisation". Exposição de Lebret no Congresso Internacional de Economia Humana. Fundo Lebret, pasta 51.

Louis-Joseph Lebret e a SAGMACS   123

FIGURA 4: Fotos do Congresso. Na primeira foto, da esquerda para direita: Lebret, Garcez, Georges Celestin. Na segunda foto, da esquerda para direita: Benevenuto, Lebret, Garcez, Alexandre Dubois e Celestin. Fonte: Fundo Lebret, pasta 51.

FIGURA 5: Foto do Congresso. À frente, de batina: Benevenuto e Lebret. Atrás de Benevenuto, Jacques Chonchol. Atrás de Lebret, Delorenzo Neto. A mulher à esquerda: Ana Maria Rappa. Fonte: Fundo Lebret, pasta 51.

Durante sua exposição, Lebret sugeriu a humanização da economia e a sua integração com outras ciências (geografia, demografia e sociologia) que se apoiariam nos especialistas das disciplinas sociais práticas, como os higienistas, urbanistas, ordenadores[73] e psicólogos – mais um momento em que apontou a necessidade de articulação das diversas disciplinas, reunindo as possibilidades de construção do conhecimento. Ao apresentar o texto *Elementos para uma teoria do desenvolvimento*, Lebret simulou, a partir de seus diagramas, a análise de regiões utilizando a sua teoria.[74]

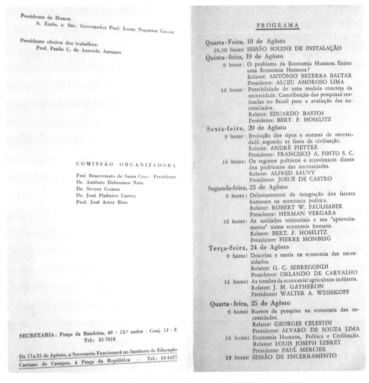

FIGURA 6: Programa do Congresso Internacional de Economia Humana.
Fonte: Fundo Lebret, pasta 51.

---

73 Tradução para *aménageurs*.
74 *Elements pour une theorie du développement*. Exposição de Lebret no Congresso Internacional de Economia Humana. Fundo Lebret, pasta 51.

O Congresso também previa em sua programação visitas orientadas para os congressistas, como para o Instituto Agronômico de Campinas e à fazenda Holambra; visita a uma fazenda no Vale do Paraíba; e visita ao Parque do Ibirapuera (inaugurado nessa ocasião). O Congresso de EH se inseria nos Congressos Culturais e Científicos do IV Centenário, os quais se dividiam em Internacionais (20 eventos), Pan-Americanos (8), Sul-Americanos (3) e Brasileiros (16)[75] de variadas disciplinas e profissões. Além disso, havia manifestações musicais, teatrais e exposições.[76]

FIGURA 7: À esquerda, pasta de Lebret no IV Centenário. As duas imagens à direita são do folder onde constavam as programações dos festejos do IV Centenário.
Fonte: Fundo Lebret, pasta 51.

Um documento sobre as conclusões do Congresso foi elaborado pelos participantes, e dizia respeito à divulgação das ideias e aplicação do método do movimento EH na "realidade América Latina". As sugestões eram: aproximação desses países com a Europa, numa

---

75 Dentre os Congressos brasileiros estava o IV Congresso Brasileiro de Arquitetos.
76 Programa dos Festejos do IV Centenário da Cidade de São Paulo. Fundo Lebret, pasta 51.

possível troca de experiências; a atuação no seio de instituições políticas e sindicatos; e a formação de quadros – que parece ser a preocupação central na reunião final entre as equipes. Uma das estratégias para a formação de líderes era criar um curso de pós-graduação, porém, a ideia só tomou corpo em 1958 com a criação do IRFED na França.[77]

Lettre aux américains: a experiência latino-americana de Lebret

> Que finalidade tem sua viagem para nossos países? Pergunta o jornal. E Lebret responde: Em geral, colocar-me em contato com líderes dos movimentos sociais, desejando a ligação, com benefício mútuo, do Centro *Economie et Humanisme* com todos os homens sinceramente interessados na solução dos grandes problemas econômicos e sociais do momento. A oportunidade para esta viagem – ainda não sei se vai até Buenos Aires – me ofereceu um grupo de nobres sociólogos brasileiros, que decidiram se organizar em íntima colaboração com nosso Centro.[78]

Conforme expusemos nos itens anteriores, Lebret mobilizou uma equipe multidisciplinar de técnicos, estudantes, políticos e pesquisadores no Brasil e em outros países latino-americanos. Sua aproximação com esses países se deu desde 1947, quando em uma curta viagem visitou dirigentes da Democracia Cristã em Montevidéu,

---

77 Notas do encontro de 28 e 29 de agosto de 1954, em São Paulo, entre as equipes brasileira, uruguaia e chilena. Fundo Lebret, pasta 51.

78 *El Padre Lebret nos formula declaraciones sobre el movimiento Economía y Humanismo* – recorte de jornal latino-americano, 26/06/1947. Fundo Lebret, pasta 183.

Buenos Aires e Santiago.[79] Após seu retorno para a França, em meio às turbulências com a ala conservadora da Igreja brasileira que o impediram de voltar ao Brasil, Lebret escreveu um texto denunciando as contradições dos países latino-americanos e a dependência destes países em relação aos Estados Unidos, dando continuidade à sua afirmação na ELSP a respeito do comunismo.

Tratava-se da *Lettre aux américains*, publicada em 1947 na Revista *Economie et Humanisme*. Uma carta endereçada "aos amigos de Économie et Humanisme espalhados pelo continente americano" – em resposta à "afetuosidade e confiança" depositadas por seus amigos e à sua "promessa de fidelidade" [de Lebret]. Nela Lebret expõe que os "verdadeiros problemas" dos países latino-americanos diziam respeito mais ao desequilíbrio econômico, à falta tanto de formação técnica e política e desorganização de movimentos de base que fortalecessem a democracia e a redistribuição de bens, do que à condenação ao comunismo.

Utilizou para a elaboração do texto as suas observações de campo, contribuindo o estudo sobre a sondagem das habitações em São Paulo, a obra *Geografia da Fome* de Josué de Castro, as entrevistas com Luiz Carlos Prestes e Alceu Amoroso Lima[80] e os estudos do engenheiro Mario L. Leão sobre o crescimento da população de São Paulo.[81] Ao tratar dos problemas sociais e econômicos do Brasil, Lebret faz menção ao paradoxo que lhe chamou atenção e lhe causou "choque": a crescente riqueza de uma parte da população, em

---

79 LEBRET, Louis-Joseph. Lettre aux americains. *Economie et Humanisme Revue*, Marseille, n. 34, nov./dez. 1947b, p. 561-580.

80 Entrevistas publicadas em H. TAVARE. United Nations World, jul. 1947, p. 23,63.

81 Estudo publicado na *Revista Engenharia*, vol. 3, n. 33, maio 1945.

detrimento de outra miserável, e uma população "profundamente enraizada em um solo de instituições medievais ou coloniais".[82]

A chegada de avião ao Rio de Janeiro ou a São Paulo choca: o Rio de Janeiro estende seu esplendor de praia em praia entre os morros cobertos de casas miseráveis (favelas); São Paulo oferece ao olhar arranha-céus cuja elevação (não mais que trinta e quatro andares) salta do centro de negócios, como uma oração. [...] A verdade é que a incontestável beleza das várias capitais é apenas o índice de uma civilização, em parte, superior, em detrimento da civilização inferior [...]. Seria necessário ter visto a chegada a São Paulo das populações do norte e nordeste caçadas pela fome, ou ter percorrido os centros residenciais dos trabalhadores de Santiago, no Chile, para ver até onde pode ir a aflição humana. [...] vegetam, esquecidos por todos, frequentemente sem médicos e sem padres, incapazes de fazerem para si um melhor destino.[83]

---

82 Lebret cita o explendor natural do Rio de Janeiro, as casas miseráveis nos morros da cidade; os grandes proprietários de terra e os camponeses miseráveis; os opulentos industriais em São Paulo e os operários explorados; os homens de negócio e a subnutrição. Toda a riqueza de uma população alienada convivendo, na mesma cidade, com os altos índices de mortalidade infantil, a falta de proteção social, de cultura e de enquadramento comunitário (LEBRET, 1947a).

83 LEBRET, Louis-Joseph, 1947a, p. 567. A tradução do texto original em francês foi realizada livremente pela autora. Ao fazer uma breve caracterização das cidades brasileiras no texto *Amerique du Sud, Extreme Orient, Moyen Orient*, Lebret (1955) chama a atenção para as diferenças sociais existentes em um mesmo país. Em termos de nível de vida, o norte se aproximaria do nível africano; o leste teria um nível de vida maior; e o sul se igualaria, ou até mesmo superaria, a Península Ibérica. Cita as dificuldades das cidades de Manaus e de Belém, limitadas às atividades de extração da borracha.

> O que mais me impressionou no Brasil foram os contrastes. No Rio, o contraste entre as construções ultramodernas, de estilo americano, de grande ousadia, tão bem adaptadas à luta contra o sol, e as favelas, tão atrozmente miseráveis. Depois, nos campos, as conduções dos mais longínquos tempos, confrontando-se com os meios de locomoção mais modernos. A cabana dos sertanejos e o palácio dos senhores. Os "porões" e o quarteirão residencial do Jardim América ou do Jardim Paulista [...].[84]

A condição desigual dos países latino-americanos teve atenção especial de Lebret entre os anos de 1947 e 1966, quando passou a visitá-los, seja para proferir palestras, efetuar novos estudos ou estabelecer contatos políticos. Ressaltamos que a experiência brasileira representou em um novo percurso para Lebret, marcando a sua carreira internacional, pois foi a partir do Brasil que ele entrou em contato com outros países do continente. Uma relação de reciprocidade se estabeleceu entre Lebret e os países latino-americanos nos quais atuou, sendo Lebret tanto uma influência sobre os meios com os quais teve contato, como também foi profundamente marcado pela realidade desses países e despertado para o engajamento em temáticas relacionadas ao subdesenvolvimento.

Assumindo os limites do conceito de influência expostos por Gorelik e os riscos do que uma redução a essa noção pode causar, apontamos, ao utilizar o termo, na direção da ressonância das ideias de Lebret na formação cultural da cidade latino-americana.[85] Do ponto

---

84 LEBRET em entrevista concedida ao suplemento do *Jornal A Manhã* (Letras e Artes, ano 3, n. 105, domingo, 14/11/1948), citado por LEMME, Paschoal. Memórias de um educador. 2 ed. Brasília: Inep, 2004. p. 35.

85 GORELIK, Adrián. *Das vanguardas a Brasília*: cultura urbana e arquitetura na América Latina. Belo Horizonte: Editora da UFMG, 2005a.

de vista do autor, a ideia de influência "supõe uma viagem de mão-única entre um 'centro' criador e a 'periferia' imitadora", porém nunca há apenas um centro que domine toda a relação cultural, mas "vários 'centros' em competição que oferecem modelos diversos entre os quais os vários setores da cultura 'periférica' fazem suas escolhas. Porque, nessa interdependência desigual e múltipla, há escolhas, não apenas perdas". Mesmo que se produza um novo objeto cultural que não tenha grande originalidade, ele será sempre singular.[86]

Admitimos a relação de reciprocidade entre o difusor das ideias do movimento Economia e Humanismo e seu objeto de estudo e atuação, os países da América Latina; e a influência significativa de um estrangeiro de além-mar, como também um contexto urbano-social latino-americano suscitador de novas perspectivas de estudo. Devido a essa experiência, desde o *choque do subdesenvolvimento*[87] que recebeu em 1947, Lebret foi conduzido a uma visão global do subdesenvolvimento que culminou na sua produção sobre o tema (*Suicídio e sobrevivência do Ocidente?*,[88] de 1958) e inspirou a encíclica do papa Paulo VI (*Populorum Progressio*, de 1967).

---

86 Entrevista de Adrián Gorelik disponível em: CASTRO, Ana; MELLO, Joana. "Cultura urbana sob novas perspectivas: entrevista com Adrián Gorelik". *Novos Estudos CEBRAP*, São Paulo, n. 84, 2009, p. 235-249.

87 Em referência ao "choque" que Lebret recebeu ao chegar pela primeira vez à América Latina, em 1947. Descrição que se encontra em seu texto *Lettre aux américains*, destacada nesse item.

88 LEME e LAMPARELLI (2001) destacam a influência dos estudos de Josué de Castro (*Geografia da Fome*, 1946 e *Geopolítica da Fome*, 1951) na aproximação de Lebret com o tema do subdesenvolvimento. Na obra de Lebret intitulada *Suicide ou survie de l'occident?* (1958), é citado o livro de Josué de Castro (1951) como "um grito de alerta à humanidade". Em: LEME, Maria Cristina da Silva; LAMPARELLI, Celso Monteiro. A politização do urbanismo no Brasil: a vertente católica. In: *Anais do IX Encontro Nacional da ANPUR*, vol. II. Rio de Janeiro: ANPUR, 2001, p. 675-687.

Para pensar o possível impacto das ideias de Lebret nos países latino-americanos utilizamos o conceito de Gorelik de *cidade latino--americana*.[89] Para o autor, o estudo da "cidade latino-americana" como categoria de pensamento e como realidade urbana, social e cultural se destina a iluminar aspectos pouco conhecidos, especialmente das décadas de 1950-1970, como também confere a eles nova inteligibilidade, oferece pistas de seus percursos, assinala as instituições criadas, suas redes intelectuais e seus projetos de intervenção, que revelam parte de um projeto histórico completo e coerente, no interior do qual talvez tenha sido formulada, com maior intensidade, a ideia de América Latina como *projeto*.

Se a explosão urbana do Terceiro Mundo foi a novidade sociológica do pós-guerra, estimulando teorias de modernização e políticas de desenvolvimento, a América Latina era o celeiro para aplicação de novas experiências e teorias, uma região privilegiada para mudanças e o campo de provas da hipótese modernizadora.[90] Era ali que

---

89 Ao identificar a categoria *cidade latino-americana*, Adrián Gorelik (2005b) faz referência a um agrupamento que não constitui uma realidade natural ou uma categoria para explicar as qualidades, as características ou mesmo as diversidades comuns às cidades pertencentes. De modo inverso, o autor explica que a *cidade latino-americana* existe "não como uma ontologia, mas como uma construção cultural" [p. 112], pois "ela existiu enquanto houve vontade intelectual de construí-la como objeto de conhecimento e de ação, enquanto houve teorias para pensá-la, e atores e instituições dispostos a tornar efetiva essa vocação" [p. 114]. Essa noção está relacionada aos próprios "apelos" dessas cidades em seus diversos períodos. Gorelik faz menção às décadas de 1950 a 1970 como ricas e produtivas, quando a *cidade latino-americana* existiu e funcionou como receptora de figuras, disciplinas e instituições que conformavam, naquele momento, um quadro intelectual, acadêmico e político do pensamento social latino-americano. In: GORELIK, Adrián. "A produção da 'cidade latino-americana'". *Tempo Social – Revista de Sociologia da USP*, vol. 17, n. 1, jun. 2005b, p. 111-133.

90 GORELIK, Adrián. "Intelectuales y ciudad en América Latina". *Revista Prismas*, n. 10, Quilmes, 2006.

estavam as contradições sociais descritas por Lebret, aceleradas por um processo comum de desenvolvimento do capitalismo, urbanização crescente e industrialização rápida sob a égide do capital norte--americano. Suas viagens pelos demais países da América Latina, que acontecem com maior periodicidade a partir de 1952, fazem--no encontrar, além das condições políticas e sociais propícias para a sua atuação, um terreno aberto para o catolicismo progressista, onde aliava sua ideia pela busca de uma terceira via de mudança.

Tratava-se também do período mais crítico da Guerra Fria, em que as doutrinas econômicas eram debatidas entre a confirmação do sistema capitalista ou a adoção de sistemas de planejamento central da economia vinculados ao mundo socialista – conforme já verificamos neste capítulo. Lebret não se inclinava a nenhum dos modelos em voga, mas apontava a necessidade de conceber um *Terceiro Mundo* não inscrito em nenhum sistema mundial, mas na geração de um desenvolvimento autônomo e livre que permitisse romper os círculos de endividamento, dependência e pobreza. Ele defendia o *Desenvolvimento Integral Harmônico*, dentro do qual deveria haver para aqueles países a modernização da concepção e operação do Estado, a priorização na atenção à vocação agrícola, a capacitação técnica e a educação massiva dos povos como as estratégias principais para melhorar os níveis de vida a partir de um conceito de independência e sustentabilidade a longo prazo.[91]

No texto *Amérique du Sud, Extreme Orient, Moyen-Orient*, Lebret relata problemas comuns nessas regiões e fala da

---

91 PALACIOS, Nicolas. *Economía y Humanismo*: una relación necesaria o un idealización utópica? (A propósito de un análisis particular de la presencia de Lebret en la investigación y la economía colombiana). Economía y Humanismo/Centro de Estúdios Louis-Joseph Lebret O.P./Universidad Santo Tomás. Disponível em: http://www.geocities.com/centrolebret/echum1.html. Acesso: nov. 2007.

responsabilidade dos países desenvolvidos, especialmente dos EUA. Nessa análise, cinco conclusões foram mostradas como dominantes para Lebret: 1) a corrida do mundo para a fome; 2) a imaturidade americana em política mundial; 3) o vigor do impulso comunista; 4) a imaturidade democrática da quase totalidade dos países menos desenvolvidos; e 5) a necessidade de uma opção entre o desperdício do preparo da guerra e de um esforço coletivo coordenado contra o subdesenvolvimento.[92]

Parece ser confrontando essa situação que Lebret atua no conjunto dos países latino-americanos. Seja por meio de cursos, textos ou estudos, parece ter o intuito de promover uma nova noção de desenvolvimento a partir do homem. Nesse sentido, busca aplicar o método de EH na formulação de estudos e na formação de um corpo técnico e de pesquisa. Segundo Pelletier, nos países da América Latina, o movimento Economia e Humanismo teve diversos pontos em comum, e foi evidente a integração entre seus membros no momento decisivo dos anos de 1960, no seio de organismos públicos nacionais ou regionais de desenvolvimento. O Brasil e o Uruguai foram os exemplos mais nítidos desse fenômeno, que mostra a influência de Lebret nesses países.[93]

Este impacto se deu especialmente nos círculos católicos progressistas que estavam em crescente expansão nesses países. Segundo Lowy, foi esse processo, juntamente com a revolução cubana (1959-1960), que permitiu uma etapa de lutas sociais, movimentos populares e insurreição na América Latina nos anos 1960. Esse processo, segundo o autor, teve influência da esquerda cristã brasileira, que teve na

---

92 LEBRET, Louis-Joseph. "Amérique du Sud, Extreme Orient, Moyen-Orient." *Economie et Humanisme Revue*, Marseille, n. 93, set./out. 1955c, p. 5-16.

93 PELLETIER, 1996.

JUC, JEC e AP a primeira forma de articulação entre fé cristã e política marxista na América Latina, afinidade que teve início no Brasil.

Fatores históricos e estruturais podem explicar a aproximação entre cristianismo e marxismo. Dentre eles, Löwy cita a radicalização da JUC através da influência da cultura católica na França, país que representava a ponta avançada da renovação do catolicismo. Além da influência difusa de pensadores franceses,[94] houve a influência direta de Lebret e Mounier sobre a JUC dos anos 1960 – que serão reinterpretados e superados num processo de radicalização social e política crescente. Se já havia uma *práxis* libertadora na Igreja da América Latina, vai ser a Teologia da Libertação na década de 1970 a reformulação do evangelho, pois permitirá a entrada de aspectos do marxismo, onde a solidariedade com o pobre passa a ser o ponto de partida.[95]

Para explicar o impacto do pensamento lebretiano na América Latina a partir do Brasil, Whitaker Ferreira (1997) destaca duas questões importantes. A primeira, que já trabalhamos no item 1 deste capítulo, é o fato de que a vice-província dominicana brasileira estava sob a tutela da província de Toulouse, na França, enquanto os dominicanos dos outros países latino-americanos estavam vinculados, em sua maioria, à província espanhola – especificidade que privilegiava a posição do Brasil em relação aos demais países latino-americanos. Dessa forma, havia por parte dos dominicanos e de alguns estudiosos católicos brasileiros o conhecimento e interesse pelo humanismo

---

94 Löwy cita a influência de Yves Congar, Christian Duquoc, Dominique Chenu, Yves Calvez e Henry de Lubac. Ver: LÖWY, Michel. "Marxismo e cristianismo na América Latina." *Lua Nova – Revista de Cultura e Política*, São Paulo, n. 19, nov. 1989, p. 5-21.

95 Sobre o cristianismo na libertação na América Latina, ver também: LÖWY, Michel. *A guerra dos deuses: religião e política na América Latina.* Petrópolis: Vozes, 2000, p. 234.

pregado por Maritain, Mounier e Lebret, o que criava condições para que Lebret alargasse seu contato para outros países a partir do Brasil.

Em segundo lugar, ponto que é bem esclarecido pelo autor, é que a presença de Lebret no Brasil comportou ao menos três dimensões: a política, a espiritual e a técnica. E nesse mesmo sentido alguns contatos foram realizados em outros países da América Latina. A dimensão política é representada pela sua presença nos meios cristãos, particularmente entre a Ação Católica e os militantes políticos ligados à Igreja. Essa presença é aprofundada pela dimensão espiritual, que colocava as bases para o engajamento dos cristãos na política, através dos textos de Lebret e da revista *Économie et Humanisme* que passaram a ser difundidos na América Latina. A influência espiritual de Lebret traz aos cristãos o engajamento frente à miséria como um ato político de misericórdia. Foi o domínio de Lebret na dimensão espiritual que possibilitou a sua presença no meio técnico, que tem início no Brasil após 1952, já que a base de sua volta foram os contratos estabelecidos com o governo de São Paulo. A partir desse ano suas viagens de estudo se multiplicam, inclusive para outros países da América Latina.[96]

Foi a partir de trabalhos realizados pela SAGMACS no Brasil que o governo da Colômbia também solicitou um estudo dos níveis coletivos de vida das populações rurais e urbanas, fundando, então, a Sociedad per la Aplicación Generalizada de los Métodos de Análises Econômicos y Sociales para Colombia (SAGMAESCO) – no modelo da SAGMA na França e da SAGMACS no Brasil –, que realizou o *Estudio sobre las Condiciones del Desarrollo de Colômbia*, publicado em 1958, a partir da análise de 25 aldeias e

---

96 WHITAKER FERREIRA, 1997.

13 bairros urbanos.[97] Segundo Houée, o trabalho foi comprometido pelo contexto político, pelas concorrências de outros grupos de estudo e pela crítica que o grupo EH havia feito ao grupo político no poder naquele momento.[98]

Segundo Houée, foi o Uruguai o segundo país latino-americano que teve a relação de cooperação mais duradoura com Lebret e onde ele teve a possibilidade de efetuar, junto a equipes de Bem Comum, pesquisas na zona rural e em alguns bairros de Montevidéu. Além disso, participou, em julho de 1955, da *Semana Social*, ampliando suas relações, o que o faz retornar ao país em 1956 para várias conferências. Em setembro de 1957 representantes do grupo EH do Brasil, do Paraguai, do Chile, da Argentina e do Peru, junto às equipes de Bem Comum, fundaram o Centro Latino-Americano de Economia Humana, em Montevidéu (CLAEH), existente até os dias atuais, destinado, na época, a reunir e apoiar o conjunto do movimento Lebret na América Latina.[99]

Após a sua viagem a Santiago do Chile, em 1947, Lebret passou a ter contato contínuo com o Grupo de Ação Católica. Foi nesse país que empreendeu também a sua última grande viagem, para a *Semana Social de Santiago*, em março de1966.[100] No Chile, Lebret influen-

---

97   Ver a carta de Lebret ao presidente da República da Colômbia, Dr. Alberto Lleras Camargo, datada de 8 de julho de 1958, onde ele fala de sua ida à Bogotá e da equipe que formou para realizar o estudo encomendado. Disponível em: http://www.geocities. com/centrolebret/carta.html. Sobre o *Estudio sobre las Condiciones del Desarrollo de Colômbia*, ver LEBRET, Louis-Joseph. *Estudio sobre las condiciones del desarrollo de Colombia*. Bogotá: Presidencia de la República de Colombia, 1958c.

98   HOUÉE, 1997.

99   HOUÉE, 1997. Assim como a SAGMACS e outros grupos formados por Lebret, o CLAEH adquiriu autonomia, mas manteve contato com seu fundador.

100   HOUÉE, 1997.

ciou quadros importantes do governo, como Jacques Chonchol, um dos importantes militantes da Democracia Cristã chilena e um dos intermediários entre a CEPAL e o Economia e Humanismo. Em entrevista a Bosi,[101] Chonchol diz que a influência de Lebret foi decisiva, pois o seu pensamento social via na Economia Política um saber centrado nas necessidades do povo, e não em uma especulação sobre a lógica do capital e do lucro.

Em relação à Venezuela, Lebret conheceu o país em 1964 e participou do Simpósio sobre Desarrollo y Promoción del Hombre,[102] realizado em Caracas. Nessa ocasião, Lebret fez algumas considerações em relação ao subdesenvolvimento da América Latina. Para ele, a América Latina se encontrava dentro de um mal-estar generalizado, propício à agitação social e à instabilidade política. Outro ponto que destacou foi a "fórmula latino-americana" de desenvolvimento que deveria variar para cada país segundo os diferentes graus de evolução alcançada. Lebret também sugeriu que a América Latina deveria elaborar "fórmulas" próprias de desenvolvimento e ação, tendo em vista as situações alheias a ela e levando em consideração as suas particularidades históricas e tradicionais, como a sua estrutura e seus recursos, físicos e humanos.

Assim como nos demais países, no Peru também foi criado um grupo de Economia e Humanismo. Um projeto de estudos chegou a ser negociado, mas não foi levado adiante por causa da pressão

---

101 Entrevista realizada em Paris, em outubro de 1993, pouco tempo depois do entrevistado ter deixado a direção do *Institut des Hautes Études de l'Amérique Latine*. Ver BOSI, Alfredo. "Jacques Chonchol: o Chile ontem e hoje". *Estudos Avançados*, vol. 8, n. 21, maio/ago. 1994, p. 247-257.

102 LEBRET. Louis-Joseph. "Conclusiones del Simpósio sobre Desarrollo y Promoción del Hombre". *Revista Nueva Generación*, Caracas, tomo 1, n. 1, 1964.

conservadora da época, que era hostil ao planejamento.[103] Segundo Pelletier a influência de Lebret no Peru é mais tênue do que no Chile ou na Colômbia, por exemplo.[104]

A partir de 1959 a experiência internacional de Lebret se alargou: Vietnã, Benim, Senegal, Líbano, Ruanda – "todas essas viagens estão ancoradas na convicção de que a importação de modelos é um erro. Não se fala de desenvolvimento endógeno ou autocentrado, mas a ideia está aí".[105] Durante a sua experiência na América Latina e a partir dos trabalhos realizados no Brasil, Lebret passou a reforçar a sua imagem de grande consultor, *expert internacional* e um sacerdote e economista de visibilidade mundial. Essa condição é realçada por alguns autores, como Delprat e Queneau, que destacam que Lebret rapidamente, após sua primeira atuação em pesquisa na França, em 1929, passou a ser considerado *expert*, mostrando uma competência pessoal para pesquisa e ação.[106]

Além disso, vemos em seu percurso uma grande habilidade em lidar com o Estado, o que o fez se posicionar entre os altos escalões políticos dos países pelos quais passou, sendo, muitas vezes, qualificado pelo próprio Estado para instruir equipes públicas locais e falar ao poder público para aplicação de um plano de desenvolvimento. Esse aspecto de negociador político possibilitou a criação de várias equipes internacionais de Economia e Humanismo.

---

103 HOUÉE, 1997.

104 PELLETIER, 1997.

105 PÉRENNÈS, Jean-Jacques. "Economia e Humanismo: uma intuição e um movimento". *Revista Dominicana de Teologia*, São Paulo, n. 5, 2007.

106 DELPRAT, Raymond. "L'IRFED: la creation". *Les Amis du Père Lebret*, Paris, n. 3, maio. 1982, p. 1-20.

Retomando a via de mão dupla que se estabeleceu entre Lebret e a América Latina, consideramos o estabelecimento de uma *rede Lebret* com a participação de latino-americanos atuantes no desenvolvimento regional ou nacional de seus países como fortalecedor para a decisão de Lebret de criar um instituto de formação para esses quadros de desenvolvimento. Fundado em 1958, o IRFED recebeu, a cada ano, estudantes dos países latino-americanos, de formação variada, que se atualizaram e pensaram experiências de desenvolvimento para os seus países.[107] A criação do IRFED estava diretamente relacionada ao *choque do subdesenvolvimento* de Lebret, conforme veremos no Capítulo 5 sobre o Instituto.

Identificamos Lebret como um dos elementos intelectuais que contribuíram na formação da *cidade latino-americana*, e verificamos que o contato principal de Lebret com vários países da América Latina foi por meio de um indicador comum, a questão do subdesenvolvimento. A despeito dos projetos de Lebret na SAGMACS e na SAGMAESCO não terem sido levados adiante, já que não cumpriram naquele momento o papel que lhes cabia (de orientação para o planejamento urbano e regional), podemos afirmar que, além do construído, permaneceram as questões imateriais, repercutidas no ideário de indivíduos que sofreram interferência direta de Lebret. Dessa forma, podemos dizer que a *cidade latino-americana*, como projeto intelectual, afirma-se a partir da difusão de suas ideias por técnicos e militantes em várias esferas de atuação.

Considerando as questões identificadas por Lebret sobre a América Latina e o contexto no qual chega e organiza escritórios de

---

107 Lebret lança no IRFED, em 1960, outro veículo de difusão de suas ideias e estudos, a revista *Développement et Civilisations*. Sobre o IRFED e suas publicações, ver o site do Instituto em: http://www.lebret-irfed.org/fr.

pesquisas, concluímos que havia para ele fatores comuns que aproximavam esses países. Lebret chega com um plano e uma proposta de desenvolvimento que seriam aplicados através de um método que previa sua adequação às particularidades históricas, culturais e sociais de cada país. Retomando o que assinala Gorelik sobre a construção da *cidade latino-americana*, podemos dizer que esse foi um dos momentos em que esta *cidade* existiu como objeto de conhecimento e de ação, pois foi pensada, teorizada e houve uma vontade intelectual de construí-la.

4

A CONFIGURAÇÃO DA SAGMACS NO CONTEXTO DO URBANISMO NO BRASIL (1947-1958)

A vigorosa atuação de Lebret e da SAGMACS no planejamento urbano no Brasil entre o final dos anos 1940 e o início da década de 1960 pode ser explicada pelo contexto modernizador do período nacional-desenvolvimentista. Assim como a SAGMACS, outras instituições autônomas, isto é, fora da administração pública, tiveram espaço para atuar na assessoria técnica aos municípios, seja através de estudos para planos de desenvolvimento em escala municipal ou regional, seja na execução de planos diretores. Esse foi o momento em que saberes diferenciados passavam a atuar na produção de planos[1] e novos campos profissionais se abriram para os urbanistas, que começaram a atuar como consultores, *experts*, administradores, pesquisadores de campo e professores de universidades. Topalov destaca a atuação desses profissionais na legitimação da produção dos saberes nesse período, quando o "saber

---

1 Seja a partir do padrão mais "humanista", "tencnocrático desenvolvimentista" ou reformador, conforme RIBEIRO, Luiz César de Queiroz; CARDOSO, Adauto Lúcio. Planejamento urbano no Brasil: paradigmas e experiências. *Espaço & Debates*, São Paulo, ano XIV, n. 37, 1994, p. 77-89.

fazer" mais especializado encontrou um mercado para sua atuação: o Estado modernizador.[2]

Desde a década de 1930 a assistência técnica tinha o seu lugar em algumas capitais de porte médio através dos Departamentos das Municipalidades ou Departamento de Assistência aos Municípios, que, com o tempo, foram agregando funções ligadas ao urbanismo.[3] Junto aos governos estaduais foram criadas as comissões consultivas envolvendo representantes da sociedade para a elaboração e execução dos planos, tanto nos grandes centros como nas cidades do interior. Entre o final dos anos 1940 e início da década de 1960 as comissões consultivas deram origem, em algumas capitais, aos Departamentos de Urbanismo. Foram esses departamentos que institucionalizaram um espaço de atuação exclusivo do urbanista, cuja atividade passou da função de controle para a função da assistência técnica.[4]

Os anos 1950 foram de otimismo modernizador, de maior crença no planejamento regional e nas possibilidades do planejamento como atribuição privilegiada do Estado no Brasil.[5] Segundo Feldman, "um conjunto de estudos que mobilizam um repertório de referências do urbanismo da Europa do pós-guerra e dos Estados Unidos no período *New Deal* e do final da década de 40 permite situar a década de 50

---

2   TOPALOV, Christian. "Os saberes sobre a cidade: tempos de crise?" *Espaço e Debates*, São Paulo: NERU, n. 34, 1991, p. 28-34.

3   Os Departamentos das Municipalidades foram criados durante a Era Vargas num contexto de radical centralização política e financeira, com o intuito inicial de controlar e assistir tecnicamente os municípios do interior nas questões financeiras. FELDMAN, Sarah. *Planejamento e Zoneamento*: São Paulo: 1947-1972. São Paulo: Edusp/Fapesp, 2005a.

4   FELDMAN, 2005a.

5   FELDMAN, Sarah. "1950: a década de crença no planejamento regional no Brasil". In: *Anais do XIII Encontro Nacional da ANPUR*. Florianópolis: ANPUR, 2009.

em um momento particular no processo de construção do ideário do planejamento como função do governo que se inicia na década de 30 no Brasil".[6] Meyer destaca um ponto de inflexão nas relações entre a metrópole e o urbanismo entre as décadas de 1950-60, que passaram a ser enquadradas e sustentadas pelo novo estágio alcançado pelo desenvolvimento econômico.[7] Nesse momento era o conjunto da área urbana que ganhava destaque nos estudos urbanos, sendo a aglomeração a escala privilegiada nos estudos de planejamento.

Quando Lebret deu início às suas atividades no Brasil, o urbanismo no país era marcado, principalmente, pela elaboração de planos que tinham como objeto o conjunto da área urbana da época, pela formulação das primeiras propostas de zoneamento e pela criação de órgãos voltados para o planejamento urbano como parte da estrutura administrativa das prefeituras das principais cidades. A partir dos anos 1950 tiveram início os planos regionais, que abrangeram a nova realidade que se configurava naquela época: a migração campo-cidade, o processo crescente de urbanização, o aumento da área urbana e a consequente conurbação.[8]

Ao tratar do urbanismo paulistano da década de 1950, Meyer faz alusão à atividade reflexiva, crítica, projetual e também normativa daquele período, que tinha como objetivo intervir no processo de crescimento e transformação da metrópole. Alguns trabalhos são considerados "importados", o que demonstrava, segundo a autora,

---

6   FELDMAN, 2009, p. 1.

7   MEYER, Regina Maria P. *Metrópole e urbanismo:* São Paulo anos 50. Tese (Doutorado em Arquitetura e Urbanismo) – Faculdade de Arquitetura e Urbanismo da Universidade de São Paulo, São Paulo, 1991.

8   LEME, Maria Cristina da Silva. *Formação do urbanismo em São Paulo como campo de conhecimento e área de atuação profissional.* Tese (Livre-Docência) – Faculdade de Arquitetura e Urbanismo da Universidade de São Paulo, São Paulo, 2000.

144 MICHELLY RAMOS DE ANGELO

a absorção direta de conhecimento e práticas internacionais que, na verdade, apenas completavam um quadro de referências já inteiramente comprometido com o pensamento urbanístico internacional.[9] A contratação de especialistas incluiu, de diversas formas, urbanistas estrangeiros – em alguns casos, com a atuação técnica se somando à atividade política e social, como foi o caso de Lebret.[10]

Ao destacar os principais padrões de planejamento urbano historicamente formulados no Brasil e a sua vigência em determinadas experiências, Ribeiro e Queiroz citam, entre os anos de 1930-50, uma concepção baseada sobretudo na questão social, como projeto de enfrentamento pelo Estado dos obstáculos à modernização do país. Os planos expressavam esse ideal e passaram a tratar a cidade como um todo. A serviço do nacional-desenvolvimentismo estava a formulação da questão urbana com o objetivismo tecnocrático. Esse padrão se constrói com a importação de ideais: o *planning* americano, a geografia humana (principalmente de vertente francesa), em que o padrão era assumir o urbano como um problema de desenvolvimento. A vertente que também se constrói é a do humanismo lebretiano, que teve em suas formulações semelhanças com os reformadores sociais, como Leplay.[11]

Desde a década de 1940 órgãos nas administrações municipais já se estruturavam nas capitais e nas cidades do interior na perspectiva de introduzir um processo de planejamento. Planos diretores começavam a ser formulados por escritórios de arquitetura e instituições

---

9 MEYER, 1991.

10 Essa dupla inserção profissional é novamente citada pela autora e por Lamparelli (LEME e LAMPARELLI, 2001). Nesse texto é abordada a contribuição inaugural de Lebret nos estudos de planejamento urbano em São Paulo.

11 RIBEIRO e CARDOSO, 1994.

de urbanismo que atuavam na assistência técnica.[12] Mas foi a partir dos anos 1950 que houve um salto qualitativo na inserção de urbanistas no campo da assistência técnica, os quais passaram a atuar junto às várias prefeituras de todas as regiões do país e nas instituições criadas: no Instituto Brasileiro de Administração Municipal (Ibam); no Centro de Estudos e Pesquisas Urbanísticas (CPEU), criado e dirigido por Anhaia Mello na Faculdade de Arquitetura e Urbanismo da USP; no Centro de Pesquisas em Planejamento Urbano e Regional (Cepur), criado em 1962 na Faculdade de Arquitetura e Urbanismo do Recife por Antônio Bezerra Baltar; e na SAGMACS, que articulou diferentes instituições e áreas disciplinares.[13] Segundo Feldman, quadros técnicos passaram a ser qualificados dentro dessas instituições, equipes multidisciplinares começaram a ser constituídas para a elaboração de planos, e um movimento de institucionalização do planejamento teve início, tendo os arquitetos um papel de destaque.[14] Nesse processo, a criação, em 1948, da Faculdade de Arquitetura e Urbanismo da USP e a atuação dos institutos de engenharia e de arquitetura contribuíram na abertura de novos campos de atuação profissional.

Diferenciadas entre si em aspectos metodológicos e em determinadas ideias, as instituições de assistência criadas no período de 1940-60 tinham em comum a tese do planejamento como função de governo, atuando na "legitimação da atividade de planejamento, na difusão da ideia do plano geral para a cidade, na qualificação de

---

12   FELDMAN, 2009.

13   FELDMAN, Sarah. "O arranjo SERFHAU: assistência técnica aos municípios/ órgãos de planejamento/ empresas de engenharia consultiva". In: *Anais do XI Encontro Nacional da ANPUR*. Salvador: ANPUR, 2005b; FELDMAN, 2005a.

14   FELDMAN, 2009.

profissionais urbanistas e na legitimação dos arquitetos no campo do planejamento urbano".[15]

O Instituto de Arquitetos do Brasil (IAB), por sua vez, aliava a formação de quadros técnicos a uma atuação política, articulando nacionalmente os arquitetos em torno da ideia de planejamento.[16] Uma especificidade da atuação profissional na área, de acordo com Leme, era a dupla inserção profissional: em instituições de ensino e em órgãos públicos. Segundo a autora, o descompasso entre o proposto e o realizado – comum nessa dupla inserção – mantinha o tema em permanente debate.[17]

Leme e Lamparelli também destacam consequências importantes que esse período teve na politização do urbanismo no Brasil. Se antes havia a predominância da vertente formada a partir do ensino de engenharia, no final dos anos 1940 novas vertentes do urbanismo foram definidas. Por um lado, sobressaiu o pensamento reformador combinado ao conceito de solidariedade e de uma metodologia de pesquisa empírica vinculada à ação da SAGMACS. Por outro, efetivou-se a separação do ensino da arquitetura da engenharia, possibilitando a formação mais autônoma de um corpo de professores recrutados entre aqueles que compunham o quadro do IAB, que tinham

---

15   FELDMAN, 2005a, p. 223.

16   FELDMAN, 2005a. Segundo a autora, o IAB organizou em 1959 um curso intensivo de planejamento e urbanismo. Nos congressos nacionais de arquitetos promovidos pelo IAB a partir de 1950 sobressaem temas relacionados ao planejamento e à preparação de arquitetos para atuar nesse campo. Os cursos eram organizados na cidade de São Paulo e em cidades do interior e eram dirigidos a funcionários, vereadores, deputados prefeitos. Ao mesmo tempo, profissionais se vinculavam ao IAB e realizavam planos para cidades do interior paulista.

17   LEME, Maria Cristina da Silva. "A formação do pensamento urbanístico no Brasil, 1895-1965". In: LEME, Maria Cristina da Silva (org.) *Urbanismo no Brasil:* 1895-1965. São Paulo: Studio Nobel/FAU-USP/Fupam, 1999b, p. 20-38.

vínculos com o comunismo e estavam sintonizados com as ideias da arquitetura moderna.[18]

Foi com a criação do SERFHAU, em 1964, que teve início um processo de centralização das políticas urbanas no Brasil. Segundo Feldman, a rearticulação da vida democrática do país foi uma das razões que levaram à criação de instituições fora da administração pública. Porém, a formação do SERFHAU, já nos anos 1960, centralizou as atividades de consultoria e a ênfase na formação de quadros técnicos internos às administrações municipais que existia desde os anos de 1930.[19]

A estruturação da SAGMACS como órgão de assessoria técnica se efetivou a partir de 1952 através da contratação de trabalhos de desenvolvimento regional pela CIBPU. Assim como as outras instituições que atuavam nesse período, a SAGMACS encontrou a abertura propiciada pelo Estado para aplicar o seu saber técnico. Conforme veremos, ela usufruiu de contatos políticos decisivos para a sua contratação. Em relação às temáticas dos trabalhos, a maioria diz respeito a estudos de desenvolvimento e planos diretores, conforme as temáticas trabalhadas pelas outras instituições, com atuação voltada para capitais e para cidades médias do interior.

---

18 LEME, Maria Cristina da Silva; LAMPARELLI, Celso Monteiro. "A politização do urbanismo no Brasil: a vertente católica". In: *Anais do IX Encontro Nacional da ANPUR*, vol. II. Rio de Janeiro: ANPUR, 2001, p. 675-687. Segundo os autores essas vertentes não são isoladas. Anhaia Mello, por exemplo, é um dos responsáveis pela terceira geração de engenheiros civis e engenheiros arquitetos que atuam na prefeitura de São Paulo. Apoia a formação de um ensino de arquitetura mais vinculado ao movimento moderno, ao mesmo tempo em que concebe junto ao ensino de urbanismo a organização do CPEU para o desenvolvimento de planos urbanos. As experiências metodológicas desenvolvidas pelo escritório da SAGMACS serão aplicadas nos planos elaborados pelo novo centro.

19 FELDMAN, 2005b.

As pesquisas da nstituição também refletiam os debates que ocorriam nos meios intelectuais acadêmicos: desenvolvimento econômico, nacionalismo, êxodo rural, expansão massiva das cidades, reforma agrária – questões centrais nos debates dos anos 1950. Em relação às instituições do período, a SAGMACS se diferenciava em pelo menos três aspectos: na metodologia empregada na pesquisa, na ideia de um desenvolvimento humanista vindo da teoria da economia humana e na formação de seus profissionais, que excedia a formação técnica e ganhava um caráter mais militante. Junto com os demais grupos de assistência técnica a SAGMACS construiu e legitimou o campo profissional do urbanista. Feldman destaca que parte dos profissionais que participaram dos trabalhos da SAGMACS manteve vínculos com as outras instituições voltadas para a assistência técnica (Ibam, CPEU e Cepur). Dentre eles, destaca Antônio Baltar, Celso Lamparelli e Helio Modesto, o que evidencia a repercussão do ideário de Lebret sobre urbanistas brasileiros, refletida em muitos trabalhos daquele período.

Outra importante consideração de Feldman, que nos reporta a um trabalho específico da SAGMACS, é que tanto as instituições de assistência técnica como as administrações municipais ganharam impulso e atuaram de forma articulada com a assistência técnica, buscando sempre reforçar o papel dos órgãos municipais.[20] Nesse mesmo sentido, a SAGMACS deixa claro em seus estudos que não avançaria sobre o que era de atribuição dos departamentos responsáveis do Estado. No estudo sobre as necessidades e possibilidades do estado de São Paulo, por exemplo, esclarece que "não tinha, pois, como finalidade, estabelecer um plano detalhado de valorização, mas uma simples proposta de sugestões e hipóteses para

---

20 FELDMAN, 2005a.

trabalhos posteriores, a cargo dos serviços competentes, já existentes no Estado",[21] explicando o seu papel como órgão de assessoria técnica e o papel do Estado na continuidade do estudo. No trabalho para a aglomeração paulistana, da mesma forma, a SAGMACS deixava claro que a sua "tarefa deveria restringir-se apenas a analisar as estruturas urbanas existentes, a fim de fornecer a outros especialistas elementos coordenados, com vistas à reestruturação urbanística e à reforma administrativa".[22] Esclarece, dessa forma, qual deveria ser a atuação do poder público municipal: dar continuidade, a partir dos estudos e análises realizados pela SAGMACS, à elaboração de planos urbanísticos – "procuramos, em particular, não penetrar nas atribuições do Departamento de Urbanismo e da Comissão do Plano Diretor da Cidade, cujos excelentes trabalhos conhecíamos, e não encarar diretamente e em si mesmo o problema geral da reforma administrativa".[23] Ficava claro para a SAGMACS que ela não deveria atuar no que eram atribuições do Departamento de Urbanismo e da Comissão do Plano Diretor da Cidade.

A fundação da "SAGMA brasileira" (SAGMACS) e os primeiros trabalhos desenvolvidos

O convite para que Lebret ministrasse o curso de *Economia Humana* na ELSP foi a entrada para a sua atuação no Brasil. Durante os três meses do curso, Lebret apresentou os principais fundamentos de seu trabalho que influenciariam os meios em que passou a atuar,

---

21 SAGMACS. "Comissão Interestadual Bacia Paraná-Uruguai". *Problemas de desenvolvimento, necessidades e possibilidades do estado de São Paulo*: estudo elaborado pela SAGMACS, vol. 1. São Paulo: SN, 1954, p. 20.

22 SAGMACS. *Estrutura urbana da aglomeração paulistana*: estruturas atuais e estruturas racionais. São Paulo: SAGMACS, 1958b, p. 3.

23 SAGMACS, 1958b, p. 3.

como a SAGMACS, a JUC e a ala esquerda da Igreja. Do curso da ELSP resultou a mobilização inicial de um grupo adepto às ideias de Lebret e o primeiro trabalho dirigido por Lebret no Brasil, o *Sondage preliminaire à une étude sur l'habitat à São Paulo* (de abril a julho daquele mesmo ano), levando à formação de pesquisadores em torno da metodologia do grupo EH. Neste trabalho, Lebret analisou 500 habitações e estudou suas distribuições por classes econômicas e sociais,[24] tendo cerca de 50 alunos como pesquisadores de campo.[25] Lebret fez o registro desse momento em seu diário: "os alunos vão empreender uma sondagem *habitat*. Uma conferência fora da escola está prevista para o dia 24, organizada por médicos e engenheiros".[26]

Durante a pesquisa, a ELSP colocou à disposição de Lebret dois assistentes e uma equipe de pesquisadores que compreendia profissionais da prefeitura; estudantes da Escola de Direito, dirigidos por Franco Montoro; alunos da Escola de Serviço Social, dirigidos por Helena Iracy Junqueira,[27] e outros pesquisadores. A exploração do

---

24 Nessa sondagem preliminar Lebret explica os resultados por meio de seus gráficos "mariposa" e diagramas – instrumentos de análise utilizados pelo grupo EH francês. O resultado da pesquisa são 33 páginas datilografadas e 44 mapas e gráficos. Lebret apresenta algumas de suas conclusões em: LEBRET. Louis-Joseph. "Le logement de la population de São Paulo". *In: Economie et Humanisme Revue*. ns. 2-3, 1951a, p. 82-90. O trabalho completo e os questionários encontram-se no Fundo Lebret, pasta 99.

25 HOUÉE, Paul. *Louis Joseph Lebret: un éveilleur d'umanité*. Paris: Les Editions de L'Atelier, 1997.

26 Extraído do diário de Lebret, 10/04/47. Fundo Lebret, pasta 178.

27 A assistente social Helena Iracy Junqueira foi a segunda mulher a ocupar na Câmara Municipal de São Paulo o posto de vereadora, entre os anos de 1956-59, pelo PDC. Ela, junto com André Franco Montoro e outros nomes, estavam à frente do Partido.

dossiê que teve início com esse grupo foi completada por Marise Michoud,[28] assistente do grupo EH francês.

Ao mesmo tempo, foi fundada a "SAGMA brasileira",[29] composta por 50 membros e com estatuto assinado em julho de 1947 por sua diretoria: Luiz Cintra do Prado,[30] Luciano Vasconcellos de Carvalho,[31] Olga Soares Pinheiro, André Franco Montoro, José Maria de Freitas e Lucas Nogueira Garcez.[32] Segundo Pelletier, esse primeiro momento preparou o terreno para os trabalhos que viriam a partir de 1952,[33] que tiveram Garcez como personagem fundamental. Tendo iniciado a sua carreira política no Partido Democrata Cristão (PDC), Garcez era administrador da SAGMACS quando foi eleito governador do estado de São Paulo (1950-1955),[34] abrindo, dentro do novo quadro do nacional-desenvolvimentismo, oportunidades inéditas para a Instituição (que naquela época, segundo Breuil,

---

28 Em carta datada de 03/11/1947, Michoud escreve que Lebret confiou a ela a exploração da pesquisa sobre a habitação em São Paulo. Uma de suas preocupações era que ela não conhecia muito bem o país. Fundo Lebret.

29 Em carta de J. Queneau para Lebret, datada de 04/06/1947, Queneau escreve sobre o estatuto da "SAGMA brésilienne", e sugere que possa ser de acordo com o estatuto da SAGMA francesa. Uma consideração de Queneau se refere à necessidade de um representante da SAGMACS que pudesse fazer viagens para a França com certa frequência (Fundo Lebret, pasta 185).

30 Luiz Cintra do Prado (1904-1984) era engenheiro, estudou na Escola Politécnica de São Paulo, onde também foi professor e diretor.

31 Vasconcellos de Carvalho era filiado ao PDC. Foi Secretário da Educação do estado de São Paulo durante o governo Carvalho Pinto.

32 Estatutos de "SAGMACS", 26/07/1947. Fundo Lebret, pasta 185.

33 PELLETIER, Denis. *Économie et humanisme: de l'utopie communautaire au combat pour le Tiers Monde 1941-1966*. Paris: Ed. du CERF, 1996.

34 Garcez foi eleito com a ajuda da aliança entre o grupo de democratas-cristãos de São Paulo e a União Democrática Nacional (UDN).

estava à beira da falência).[35] Portanto, foi na função de governador que na década de 1950 Garcez propôs a Lebret uma missão no Brasil, abrindo à SAGMACS novos canteiros.

A equipe que constitui a SAGMACS entre os anos 1947-51 era composta por jovens intelectuais da esquerda católica, que, de acordo com Breuil, poderiam ter se aproximado da instituição pelo fato de perceberem nela uma síntese satisfatória entre o nacional-desenvolvimentismo próprio do Brasil e as preocupações na escala internacional com o terceiro-mundismo "nascente", tendo como representante o padre Lebret.[36] A exemplo dos nomes que citamos, tanto na participação do curso proferido por Lebret na ELSP quanto na composição inicial da SAGMACS, observamos a presença de engenheiros, professores e assistentes sociais, sendo a maioria ligados ao PDC. A pesquisa sobre o *habitat* de São Paulo também demonstra essa composição.

Segundo Pelletier, a Juventude Operária Católica (JOC) foi imediatamente associada à pesquisa *habitat*. "Se a JOC brasileira se beneficiou da contribuição metodológica das pesquisas do grupo EH, a SAGMACS aproveitou o apoio dos militantes jucistas".[37] De fato, existia o interesse do grupo EH, constituído no Brasil, na formação de jovens militantes que naturalmente viriam a compor a equipe da

---

35 BREUIL, Mathilde Le Tourneur de. *Le Père Lebret et la construction d'une pensée chrétienne sur le développement: dans le sillage de modeles politiques et intellectuelles émergents au Brésil, 1947-1966*. Mémoire pour l'obtention du diplome de Master II de l'Ecole des Hautes Etudes en Sciences Sociales. Paris, 2006.
Além da falta de trabalhos nesse período inicial, existia certa fragilidade nos primeiros anos da SAGMACS, quando o engajamento ao lado dos jucistas enfrentava de frente a mídia católica integralista de São Paulo. Ver também: PELLETIER, 1996.

36 BREUIL, 2006.

37 PELLETIER, 1996, p. 299.

SAGMACS.[38] Pelletier também destaca que a SAGMACS se aproveitou, em seu início, da nascente Ação Católica, e, dentro dela, da atuação de Dom Helder Câmara.

Um relatório de uma das assembleias da SAGMACS, efetuadas por um dos participantes franceses do grupo EH, Le Duigou, a diferenciava do Economia e Humanismo, afirmando que "a SAGMACS era um organismo autônomo bem diferente do EH e destinado a realizar, sobre o plano social, pesquisas [...]. Estas pesquisas, dentro do espírito da SAGMACS, não tinham somente o propósito informativo ou analítico da realidade; elas constituíam uma primeira tentativa visando a penetração do EH dentro dos círculos militantes da Juventude Operária Católica (JOC) e os formar para a ação".[39] Vejamos novamente que, além dos resultados próprios das pesquisas, existia um interesse em difundir as ideias do grupo aos jovens jucistas e prepará-los para que dessem continuidade ao movimento francês no Brasil. Não à toa, tinham sido inseridos nas primeiras pesquisas de Lebret no país.

Foi Duigou quem inicialmente tomou a frente desse movimento no Brasil e em seu relatório técnico confidenciou que as múltiplas reuniões de que participou com Benevenuto para a abertura da SAGMACS, nos meses de março a abril de 1947, "resultaram num fracasso". Dentre as razões para isso, cita a heterogeneidade de interesses da comissão de abertura, a falta de uma característica verdadeiramente trabalhadora dos participantes e a falta da formação de seus membros.[40]

---

38   Ver Carta de Dale para Lebret, 15/05/1949. Fundo Lebret, pasta 102.

39   Assembleia Geral da SAGMACS brasileira [rapport technique de M. le Duigou]. Fundo Lebret, pasta 185.

40   Duigou não esclarece os detalhes que o levaram a essa avaliação.

A diferença entre o grupo EH brasileiro e a SAGMACS é de difícil identificação, já que não fica muito claro o que era atribuição de Lebret, do movimento EH e da SAGMACS. Benevenuto diz ser "impossível separar o movimento do seu fundador, tal a íntima conexão entre um e outro",[41] o que se verificava também entre as duas instituições. Ambas estavam localizadas no mesmo endereço e tiveram por muito tempo o mesmo coordenador, Benevenuto. Podemos dizer que o escritório de pesquisas se incluía no movimento EH brasileiro – um dos braços do grupo EH francês – e buscava colocar em prática as aspirações de economia humana descritas por Lebret em seu curso na ELSP. Utilizava, para isso, o método do EH sobre ordenamento de território e pesquisa social.

Pelletier destaca como foi a direção inicial do grupo EH e da SAGMACS no Brasil. O chefe da representante francesa no país passou a ser Romeu Dale, até ser designado, em 1948, para o Convento do Rio de Janeiro. Nesse momento, a responsabilidade do grupo paulista foi confiada a um jovem padre que havia terminado seus estudos, frei Benevenuto de Santa Cruz, que passou um ano fazendo um estágio em La Tourette. Enquanto Benevenuto recebia essa formação, Dale organizava no Brasil um grupo de uma dezena de militantes, constituindo uma equipe de EH, que publicou, a partir de abril de 1952, o *Boletim das Equipes de Economia Humana.*

Neste primeiro período a SAGMACS fez uma segunda pesquisa sobre a condição "miserável" de vida dos empregados do Jockey Clube, contratada pelo próprio Jockey, que subvencionava a SAGMACS em seu início.[42] A pesquisa terminou por denunciar

---

41   Entrevista de Frei Benevenuto de Santa Cruz ao Jornal *O Diário*. 31/08/1947.

42   Ver carta de Le Duigou para Frei Benevenuto de Santa Cruz, 15 de maio, 29 de julho e 27 de novembro de 1949. Fundo Lebret, pasta 102.

as condições a que eram submetidos os seus trabalhadores, o que fez com que o Jockey suspendesse seu financiamento à instituição,[43] trazendo transtornos financeiros ao grupo, tema de diversas correspondências trocadas entre Lebret e Dale.

Outro estudo realizado, do qual já falamos neste capítulo, foi sobre *O pensamento social dos estudantes*,[44] que tinha o objetivo de compreender o perfil universitário brasileiro e formar militantes para o grupo EH. Além dessas pesquisas iniciais, houve outra comandada pela revista jesuítica *Serviço Social*, intitulada *O problema social dos menores abandonados*, que teve sua publicação proibida após protesto realizado por um instituto católico. Em 1950, um projeto de pesquisa também estava em processo de negociação entre Benevenuto e o governador de Minas Gerais, Milton Campos, quando foi suspenso devido à oposição em relação à entrada de Lebret no Brasil e mesmo à hostilidade com os dominicanos, principalmente pelo arcebispo de São Paulo.

As razões da interdição de Lebret no Brasil estavam diretamente relacionadas à insatisfação da ala mais conservadora da Igreja Católica com Lebret. Para eles, o dominicano tinha um pensamento marcadamente reformista, o que ficou claro durante seu curso na ELSP. A Igreja, ao contrário, tinha um discurso de combate ao comunismo, enquanto Lebret via a possibilidade de um aprendizado nas obras de Marx e mesmo com os comunistas.

Paul Houée destaca outras polêmicas que são geradas a partir de algumas atitudes de Lebret. Primeiro, quando ele denunciou a conivência da hierarquia católica com os meios conservadores e a falta de um posicionamento crítico da Igreja diante da grande miséria

---

43 PELLETIER, 1996. Não localizamos o referido estudo.

44 Título original: *Sens social des universitaires*.

popular nos países da América Latina. Segundo, quando Lebret se colocou contra a interdição do Partido Comunista Brasileiro (PCB). Lebret estava em meio a seu curso quando o PCB foi declarado ilegal, em 7 de maio de 1947, tomando uma posição pública contra essa medida.[45] A suspeita da simpatia comunista de Lebret tem como resultado a sua proibição para uma segunda viagem ao Brasil.

Desde a sua volta à França, em 1947, Lebret manteve intenso contato através de cartas com os brasileiros que estavam vinculados ao EH e mesmo à SAGMACS, como Dale, Benevenuto, Garcez, Alceu Amoroso Lima e Delorenzo Neto. Em muitas das cartas orientava quanto às pesquisas em andamento e se mostrava inquieto diante da proibição de uma nova viagem ao Brasil.[46] Para conseguir a autorização para voltar ao país, ele enviou aos seus superiores dominicanos na França uma série de correspondências tendo como argumento principal a necessidade de aplicar a sua metodologia e de ultrapassar a crise financeira em que se encontrava o movimento EH francês: "Como é que um centro como Economia e Humanismo pode pensar corretamente se ele for vetado de uma observação direta do mundo? Esta observação é essencial para a pesquisa", escreveu Lebret na carta ao seu superior religioso no fim do ano de 1951. E ainda, para o mesmo remetente: "A viagem permitirá considerar sem grande apreensão o financiamento do grupo EH para o ano de 1952".[47] No ano de 1952 veio uma resposta favorável de Roma para uma nova viagem de Lebret ao Brasil. Partiria, então, o mais breve possível, em 15 de maio,[48] para um novo trabalho sobre as necessidades e possibilidades

---

45 HOUÉE, 1995.

46 Carta de Collete para Dale, 29/03/1952. Fundo Lebret, pasta 102.

47 Carta de Lebret para o TRP provincial. 1952. Fundo Lebret, pasta 120.

48 Carta de Collete para Dale, 29/03/1952. Fundo Lebret, pasta 102.

de desenvolvimento para o estado de São Paulo, encomendado pelo então governador Lucas Nogueira Garcez.

O retorno de Lebret em 1952 e a acolhida do governador Lucas Nogueira Garcez

> Sobre aproveitar o vento favorável: Quando as circunstâncias forem favoráveis é preciso aproveitá-las para ganhar um bom pedaço do caminho.[49]

Vamos compreender os motivos que levaram à interdição de Lebret no Brasil em 1947 e como ocorreu o seu retorno ao país para um trabalho encomendado por Garcez em 1952. Foi Alceu Amoroso Lima, conforme destacamos no capítulo anterior, quem apresentou Lebret às elites dirigentes do país e aos grupos de militantes católicos. Na UDN, aproximou-se de três militantes de renome dentro do partido: José Américo de Almeida, Eduardo Gomes e Juarez Távora – antigos e futuros candidatos às eleições presidenciais.[50] Após a eleição do general Gaspar Dutra, os três se alinharam mais ao anticomunismo preconizado pelo governo americano. Segundo Breuil, Lebret não tinha a compreensão exata do contexto político brasileiro, e, por isso, aproximou-se daqueles três importantes dirigentes do partido.[51] Foi nesse meio que teve início um mal entendido sobre o posicionamento de Lebret frente ao comunismo.

---

49 LEBRET, Louis-Joseph. "Regras de ouro do marinheiro". In: *Princípios para a ação*, São Paulo, Record, 1952b, p. 23.

50 José Américo de Almeida foi pré-candidato à Presidência da República em 1938, Eduardo Gomes foi candidato em 1945 e Juarez Távora foi candidato em 1955.

51 BREUIL, 2006.

Com a cassação do registro do PCB, Lebret, durante o curso na ELSP em São Paulo, mostrava publicamente a sua posição contrária à medida em nome da liberdade democrática: "ineficaz para um partido habituado à clandestinidade".[52] "É sempre perigoso para um Estado que se autodenomina republicano assumir posições antidemocráticas [...]. Quem não faz tudo o que puder para facilitar a elevação do povo não pode condenar o comunismo".[53] Além disso, Lebret denunciava as pressões americanas como a origem dessa medida, posição que vai retomar no seu texto *Lettre aux américains*.

Outros fatores teriam agravado a situação de Lebret no Brasil. Havia um clima de enfrentamento entre Lebret e os partidos conservadores e o topo da hierarquia católica, representada pelos arcebispos de São Paulo e do Rio de Janeiro. Diante da JUC Lebret chamou a atenção para a omissão das elites brasileiras em relação à pobreza e o conluio entre a Igreja e os grupos capitalistas.[54] Além disso, defendeu o crescimento do *apostolado operário*.[55] Esses fatores, somados à temática marxista de seu curso na ELSP, foram motivos suficientes para que Lebret fosse acusado de ser comunista ou pelo menos simpatizante desta causa.[56]

---

52 LEBRET citado por BREUIL, 2006, p. 81.

53 LEBRET citado por PELLETIER, 1996, p. 161.

54 PELLETIER, 1996.

55 Que tinha o objetivo de ampliar os trabalhos da Igreja em setores operários e o desenvolvimento da Ação Social. Relaciona-se aos *prêtres ouvriers* na França. Ver PELLETIER, Denis. *Les catholiques en France depuis 1815*. Paris: La Decouverte, 1997.

56 BREUIL (2006) destaca que nas viagens de Lebret ao Uruguai, Argentina e Chile, nesse mesmo ano, o dominicano demonstrava o interesse pelos partidos da democracia cristã, muito mais de esquerda aos olhos da hierarquia católica, o que reforçava essa desconfiança dos partidos mais conservadores e da Igreja.

Durante os cinco anos após o seu regresso para a França, Lebret fez um verdadeiro trabalho de "persuasão e influência"[57] no seio de sua ordem religiosa. Uma série de cartas mostra a sua tentativa de convencer seus superiores franceses de que um retorno ao Brasil era desejável para a existência do próprio movimento EH, sobretudo pela possibilidade do financiamento necessário para o grupo.[58] Também se empenhou na tentativa de convencimento do próprio grupo EH francês, que questionava suas viagens para outro continente.

Ao mesmo tempo, Lebret buscava incessantemente a autorização para retornar ao Brasil, sobretudo por meio de um convite de Garcez: "Meu querido Governador e amigo [escreveu Lebret a Garcez em 1951], espero que o projeto de retorno ao Brasil não seja dificultoso". E complementa: "É desejável que você me envie uma carta de agradecimento pelos trabalhos realizados e insista na necessidade da continuidade destes trabalhos para conduzir uma luta contra a miséria em seu Estado. Eu creio que será esse argumento que tocará mais nosso reverendíssimo padre mestre geral".[59]

---

57 BREUIL, 2006, p. 85.

58 Dentre os argumentos de Lebret para seus superiores hierárquicos estavam: 1) o financiamento para o grupo Economie et Humanisme; 2) não existiam mais problemas entre Lebret e a ordem eclesiática no Brasil (em relação à acusação de Lebret ter simpatia pelo comunismo); 3) Lebret realizaria trabalhos e não cursos, o que a princípio não lhe traria nenhum mal-estar, já que não divulgaria nenhuma ideia de esquerda; 4) seus amigos lhe asseguravam que os cardeais de São Paulo e do Rio de Janeiro lhe eram favoráveis; 5) alguns outros padres superiores desejam muito esta viagem; 6) a possibilidade de observação da realidade, essencial para a pesquisa do grupo EH (Citado por BREUIL, 1996, p. 85).

59 Carta de Lebret para Garcez, s.d. [ano de 1951]. Na resposta de Garcez para essa carta, em 24/04/1951, o governador escreve sobre a impossibilidade da viagem de Lebret para aquele ano. Fundo Lebret, pasta 65.

Em 1951 já havia um convite de Garcez para que Lebret efetuasse uma viagem de estudos ao Brasil para uma pesquisa "confidencial" sobre as possibilidades de desenvolvimento do estado de São Paulo, mas foi no ano seguinte que o convite oficial lhe foi enviado. O convite solicitava a sua colaboração, "não através de conferência ou curso", mas de conselhos em relação à melhoria da vida da população operária e rural: "Em minha qualidade de Governador de São Paulo eu ficarei contente em poder contar com a sua preciosa colaboração e terei o maior prazer em trocar pessoalmente com você ideias a respeito desse assunto, no caso de você pretender fazer uma viagem ao Brasil",[60] escreveu Garcez.

Além de Garcez, outras alianças constituídas por Lebret em sua primeira viagem ao Brasil permitiram o seu retorno em 1952. Foi de fundamental importância a mobilização de Dom Helder Câmara, Alceu Amoroso Lima e Josué de Castro. Como Lebret mesmo afirmava sobre o que seus amigos brasileiros o informaram a respeito da situação do país, havia um contexto novo de aceleração do crescimento econômico, êxodo rural e escolarização universitária. Além disso, Vargas voltava ao poder pelas vias democráticas, Dom Helder iniciava um trabalho para a criação da Conferência Nacional dos Bispos do Brasil (CNBB) e a Ação Católica crescia no país[61] – fatores políticos favoráveis para o sucesso de novos trabalhos.

Sua segunda viagem ao país seria de navio, em maio de 1952. Antes de deixar a França, Lebret entrou em contato com Pierre Monbeig[62] para que este o recebesse e pudesse orientá-lo sobre questões relacionadas ao

---

60 Carta de Garcez para Lebret, em 04/01/1952. Fundo Lebret, pasta 65.

61 BREUIL, 2006.

62 Monbeig será, futuramente, um dos professores do curso de desenvolvimento do IRFED. Ver *Capítulo 6*.

Brasil: "Eu literalmente devorei sua obra, que me deixou espantado",[63] escreveu Lebret ao geógrafo francês, provavelmente sobre dois de seus livros: *Ensaios de geografia humana brasileira* (1940) e *Pionniers et planteurs de l'État de São Paulo* (1952).

Para essa viagem Lebret tinha um roteiro que teria início em São Paulo: "conversa com o Governador, viagem de exploração, preparação das ferramentas da pesquisa, formação de pesquisadores". Depois viajaria para o Rio de Janeiro, onde teria um "trabalho com Josué de Castro e com a Comissão Nacional do Bem-Estar Social (CNBS)". Após uma passagem por Poços de Caldas "incluindo dias de descanso na casa de um amigo"; retornaria depois de dois meses para São Paulo, quando seriam realizados a "interpretação da pesquisa já efetuada e trabalhos com especialistas [para que dessem continuidade à pesquisa]".[64] Do trabalho com Josué de Castro para a CNBS no Rio de Janeiro em 1952, resultou o volume *Instruções gerais para a execução da pesquisa de padrão de vida*,[65] um caderno contendo metodologia, instrumentos e orientações ao pesquisador para a execução da pesquisa que seria realizada e publicada em 1954 sob o título *A pesquisa brasileira de padrões de vida*.[66]

O lugar privilegiado da SAGMACS na CIBPU

Conforme expusemos anteriormente, o convite de Garcez para Lebret, em 1951, era para um trabalho confidencial para o estado de São Paulo, dando início aos trabalhos contratados pela Comissão

---

63 Cartas entre Lebret e Monbeig, em 23/04/1952 e 07/05/1952. Fundo Lebret, pasta 64.

64 Carta de Lebret para Benevenuto, em 22/04/1952. Fundo Lebret, pasta 64.

65 Manual disponível no Fundo Lebret, pasta 100.

66 LEBRET, L.-J. "A pesquisa brasileira de padrões de vida". *Revista Serviço Social*, ano XIV, n. 72, São Paulo, 1954 (separata).

Interestadual da Bacia Paraná-Uruguai (CIBPU), que perduraram, com a participação da SAGMACS, até o início dos anos 1960.

A CIBPU foi criada em 1951 por ocasião da Conferência dos Governadores para estudo dos problemas da bacia do rio Paraná, que tinha como representantes os estados componentes dessa bacia (Mato Grosso, Goiás, Minas Gerais, São Paulo, Paraná e Santa Catarina) somando-se a eles, mais tarde, o estado do Rio Grande do Sul, formando o que se convencionou chamar de Bacia Paraná-Uruguai.[67] A Comissão surgiu num contexto em que as experiências de planejamento ganhavam expressão no país. Era constituída como um organismo de planejamento regional, um órgão executivo e um instrumento de apoio ao poder público estadual, tendo a função de implementar ou auxiliar no planejamento territorial os seus sete estados-membros. Sua condição *sui generis* de órgão de administração interestadual foi a medida encontrada pelos governantes para a sua constituição, tendo a pretensão de vir a transformá-la em órgão federal de planejamento regional. "A CIBPU inaugurou, naquele momento, uma experiência pioneira de planejamento no país, por tratar--se de uma iniciativa efetivada apenas entre estados federativos".[68]

Gardin faz um estudo aprofundado da CIBPU, relatando o seu contexto de fundação e como ela passou a ter como responsável o governador Garcez. A autora destaca que a Comissão passou a ser liderada pelo estado de São Paulo, que organizou seu processo de fundação. Como o estado detinha a maior participação na receita

---

67 GARDIN, Cleonice. *CIBPU*: A Comissão Interestadual da Bacia Paraná-Uruguai no planejamento regional brasileiro (1951-1972). Dourados: UFGD, 2009.

68 GARDIN, 2009, p. 28.

tributária,[69] obteve a presidência em todas as administrações, iniciando com Garcez, de 1951 a 1955. Com a posição de destaque de Garcez na CIBPU, chamamos a atenção para o lugar privilegiado ocupado pela SAGMACS dentro da Comissão, passando, através dela, a executar trabalhos em diversas cidades do país.

O convite de Garcez para que Lebret realizasse uma sondagem preliminar e confidencial veio em 24 de abril de 1951, cinco meses antes da criação da Comissão. Portanto, ainda não podemos afirmar se o seu convite inicial estava relacionado à criação da CIBPU como uma maneira de inserir a SAGMACS e Lebret nos estudos da Bacia. A princípio, o convite era para um estudo que contribuísse para o processo de valorização, de desenvolvimento e de aproveitamento do estado de São Paulo.[70] O resultado dessa pesquisa preliminar é um relatório realizado entre 01 de junho a 31 de agosto de 1952 por Benevenuto e Lebret, intitulado *Conclusions provisoires du voyage d'étude.* Em sua folha de rosto consta uma informação em destaque: "documento estritamente confidencial". Contendo 64 páginas datilografadas, o documento apresenta o levantamento de alguns aspectos na conjuntura geral do estado de São Paulo, os princípios e condições para um planejamento sadio e a aplicação desses princípios para

---

69 Embora o idealizador da Comissão fosse o governador do estado do Mato Grosso, Fernando Corrêa da Costa, foi transferida ao governo do estado de São Paulo a liderança no processo de fundação da CIBPU, sabendo que este estado teria maior peso na Comissão. As receitas para o órgão provinham do sete estados-membros, que participavam com até 0,5% da receita tributária. São Paulo contribuía com 91,57% da receita da Comissão (dados dos anos de 1953 a 1966), o que tornava inquestionável o seu poder de comando. Além disso, foram leis paulistas promulgadas por Garcez que aprovaram o convênio de 25 anos entre os estados integrantes. Cabia, então, a São Paulo a legitimação da CIBPU no sentido de dar-lhe existência e torná-la legal perante a lei (GARDIN, 2009).

70 SAGMACS, 1954, p. 20.

a região. Para o trabalho, Lebret e Benevenuto entrevistaram várias personalidades da área de estudo em São Paulo e Campinas, além de fazerem viagens de levantamento em diversas cidades de São Paulo, Rio Grande do Sul, Paraná, Santa Catarina, Minas Gerais, Mato Grosso e Rio de Janeiro, indicando o porte das pesquisas que estavam por vir a partir de suas conclusões provisórias.

Por intermédio de Garcez, a Comissão assinou um convênio com a SAGMACS na perspectiva de dar continuidade ao trabalho iniciado por Lebret em São Paulo.[71] Foi a partir dos resultados dessa pesquisa preliminar que tiveram início, em 1952, os trabalhos de maior pujança, envolvendo grandes equipes e exigindo de Lebret uma atenção ainda maior na formação dos profissionais que comporiam a SAGMACS. Tratava-se dos trabalhos *Problemas de desenvolvimento, necessidades e possibilidades para o estado de São Paulo* (1952-54) – estudo iniciado neste estado para subsidiar o governo de São Paulo para um conhecimento global do território, tendo em vista a sua transformação – e o trabalho *Problemas de desenvolvimento, necessidades e possibilidades dos estados do Rio Grande do Sul, Santa Catarina e Paraná* (1955-57).[72]

Nesses trabalhos, contratados pela CIBPU, Lebret empregou as noções de *mise en valeur*, a valorização do território, que considera principalmente a aplicação dos recursos; de *desenvolvimento*, que tem em conta, ao mesmo tempo, os fatores econômicos e humanos; e de *aménagement du territoire*, a organização e o aproveitamento do

---

71 *O Conclusions Provisoires du Voyage d'étude.*

72 O relatório do primeiro trabalho mostrava que a CIBPU ainda não havia definido os limites da referida bacia, tendo o segundo trabalho a inclusão de todo o território dos estados de São Paulo, Paraná, Santa Catarina e Rio Grande do Sul, parte de Minas Gerais e Goiás (com delimitação apenas das áreas drenadas pelo rio Paraná), e parte de Mato Grosso (área delimitada pelos rios Paraná e Paraguai).

território, na perspectiva do *mise en valeur* e do desenvolvimento. Tudo isso pensado em caráter interestadual.

De acordo com Gardin, assim como a Comissão do Vale do São Francisco (CVSF), a CIBPU foi uma experiência de planejamento regional no Brasil centrada no desenvolvimento de bacias hidrográficas, tomando como referência o modelo de planejamento norte-americano do vale do rio Tennessee (TVA). O resultado dessa orientação implicou na concepção do tratamento múltiplo e integral dos rios da bacia, porém, implementado somente em partes dos cursos do rio Paraná, sendo um procedimento único na experiência nacional. O planejamento proposto pela Comissão seria executado entre os anos 1951 e 1976. Contudo, a Comissão vigorou até 1972.[73]

O contexto era o de estruturação de organismos de planejamento regional para suprir o Brasil de meios de superação das carências em infraestrutura e impulsionar o processo de industrialização nacional. Dentre esses organismos estavam a CVSF, fundada em 1948; a Superintendência do Plano de Valorização Econômica da Amazônia (SPVEA), fundada em 1953; a Superintendência do Plano de Valorização da Fronteira Sudoeste do País (SPVESUD), fundada em 1956; e a Superintendência de Desenvolvimento do Nordeste (Sudene), fundada em 1959 – todos com o objetivo de reduzir os desequilíbrios regionais internos. Fundamentando esse pensamento estavam as ideias teóricas da CEPAL.

Os trabalhos desses órgãos e instituições vêm retratar as aspirações do período nacional-desenvolvimentista, que conforme apontamos na introdução do capítulo, possibilitou a maior crença no planejamento regional.[74] Lebret trouxe a novidade de pensar o

---

73 GARDIN, 2009.

74 FELDMAN, 2009.

desenvolvimento, porém, com características mais humanistas, e não somente econômicas. Dessa forma, os trabalhos desenvolvidos trazem seus conceitos de *valorização, desenvolvimento, organização e aproveitamento do território.*

Outra comissão que foi criada como órgão consultivo do governo e de assistência às iniciativas de desenvolvimento econômico e modernização do estado de Pernambuco foi a Comissão de Desenvolvimento Econômico de Pernambuco (Codepe). Instituída em 1952, essa Comissão também contratou os trabalhos de Lebret, que em 1954 deu início aos *Estudos sobre Desenvolvimento e Implantação de Indústrias, Interessando a Pernambuco e ao Nordeste.* O trabalho, que consistia no estudo da economia daquele estado, incluía sugestões quanto à localização de novas indústrias, destacava a factibilidade do desenvolvimento pela via da industrialização e apresentava a consequente redução de sua condição de subdesenvolvimento.[75]

A partir da CIBPU uma nova porta se abriu para que Lebret pudesse consolidar seu pensamento e ação, oportunidade almejada desde a sua primeira viagem ao Brasil. A posição política de Garcez – antigo fundador e participante da SAGMACS e agora novo governador de São Paulo e presidente de uma Comissão Interestadual – trazia Lebret para a cena do planejamento urbano no Brasil.

Gardin, ao analisar os trabalhos da SAGMACS em convênio com a CIBPU, destaca o pioneirismo da Instituição de Lebret, lembrando que ele estabeleceu "as bases gerais para o planejamento territorial do estado de São Paulo a partir daquele momento [1952]".

---

75 Em agosto de 1954 Lebret permaneceu 15 dias no estado, tendo a assessoria direta de Antônio Bezerra Baltar e Souza Barros. PONTUAL, Virgínia. *Uma cidade e dois prefeitos*: narrativas do Recife das décadas de 1930 a 1950. Recife: Editora da UFPE, 2001, p. 83-85; LEBRET, Louis-Joseph. *Estudo sobre desenvolvimento e implantação de indústrias, interessando a Pernambuco e ao Nordeste.* Local: Editora, 1955a.

Com os levantamentos gerais sobre a economia e a população do estado, houve uma primeira experiência sistematizada de planejamento governamental no governo Carvalho Pinto, que implementou um plano de ação para vigorar no período de 1959 a 1963.[76] O plano continha a orientação metodológica do EH e tinha como base o planejamento territorial proposto pela SAGMACS. A CIBPU trabalhou posteriormente aos trabalhos da SAGMACS seguindo a orientação de Lebret para o desenvolvimento regional, utilizando seus postulados de desenvolvimento econômico com melhoria das condições de vida da população. Nos anos subsequentes a Comissão passou a se orientar pelos princípios de François Perroux – também participante do grupo EH francês – sobre a teoria de criação de pólos dinâmicos para impulsionar o desenvolvimento regional.

Muitos outros trabalhos seriam executados pela SAGMACS tendo a CIBPU como contratante. Essa relação perduraria até os anos 1960, em trabalhos que davam continuidade àqueles iniciados em 1952-54, conforme veremos no Capítulo 5.

A formação para pesquisadores

Lebret tinha iniciado o processo de formação de quadros já em sua primeira viagem ao Brasil. No curso da ELSP introduziu as bases da economia humana para um auditório de intelectuais, alunos e professores. O mesmo fez em suas palestras na Arquidiocese do Rio de Janeiro para um público heterogêneo de dominicanos e leigos. Com a fundação da SAGMACS, orientou pesquisas e pesquisadores a partir da metodologia do EH, como ocorreu na pesquisa *Sondagem habitat*, onde reuniu um grupo de estudantes jucistas. O interesse na formação de jovens militantes para compor as equipes do EH e da

---

76   GARDIN, 2009, p. 165.

SAGMACS fica claro em relatos e mesmo na pesquisa *Pensamento social dos estudantes*, conforme já verificamos neste capítulo. Lebret e os pesquisadores da SAGMACS também já apresentavam, além dos fundamentos e do método do EH, suas denúncias às situações que ele considerava desumanas, como as condições dos trabalhadores do Jockey Club e dos menores abandonados, e mesmo a relação ausente da Igreja e dos políticos mais conservadores com as classes mais desfavorecidas. Eram ideias que seduziam o seu público mais numeroso: os jovens intelectuais de esquerda.

Recorremos a dois depoimentos para evidenciar a amplitude do fenômeno Lebret na vida daqueles jovens estudantes. Um é o do professor Celso Lamparelli, ao relembrar um curso de Lebret na Faculdade de Arquitetura da Universidade de São Paulo (FAU-USP) em 1953: "Eu vim a conhecê-lo [Lebret] em 1953 quando assisti seu *Curso sobre Desenvolvimento*, na FAU, na rua Maranhão, ministrado a convite do Prof. Anhaia Mello. Foi quando, cursando o segundo ano de Arquitetura, redefini minha trajetória de formação: priorizando o urbanismo e o estudo, não só dos abrigos e espaços construídos mas também das atividades e relações sociais por eles abrigadas".[77] O depoimento de Joaquim Guedes também expressa a formação adquirida a partir do contato com Lebret: "Devo ao mestre Lebret, com quem estudei sociologia e política, a descoberta da relação das formas com a vida social e econômica".[78] Guedes afirmou ainda que foram duas as contribuições para a sua formação: Lebret e

---

77 LAMPARELLI, Celso Monteiro. "Louis-Joseph Lebret e a pesquisa urbano-regional no Brasil: crônicas tardias ou história prematura". *Cadernos de Pesquisa LAP*, São Paulo, n. 5, mar./abr. 1995, p. 9.

78 SABBAG, Haifa Yazigi. "Arquiteto Joaquim Guedes, São Paulo, Brasil". *Arquitetura e Crítica*, n. 8. São Paulo, Portal Vitruvius, nov. 2001.

SAGMACS (onde trabalhou como estagiário desde o início da faculdade em 1950 até 1954) e o estudo da obra de Le Corbusier.[79]

O processo de formação iniciado em 1947 por Lebret teria na criação do IRFED a sua expressão máxima. Como veremos em um capítulo destinado somente a este Instituto, Lebret tinha como um de seus objetivos ao criar o IRFED a especialização de profissionais no tema do desenvolvimento para que pudessem atuar nos países subdesenvolvidos. Embora tenha sido criado em 1958, o projeto de um centro de formação internacional já acompanhava Lebret anos antes, tendo a sua ideia inicial tomado forma, no Brasil, a partir do rascunho de um instituto de formação ao desenvolvimento em 1953, quando uma primeira sessão de formação foi organizada para um auditório composto por profissionais de variadas áreas.[80] Ainda não obtivemos informações suficientes que nos levem a afirmar que se tratava do mesmo curso que Lamparelli participou na FAU-USP à convite do diretor da época Prof. Anhaia Mello sobre *planejamento e desenvolvimento*, frequentado por alunos e professores.[81]

A temática do curso dado por Lebret na FAU-USP se aproximaria do curso dado também por ele no Instituto de Teoria de la Arquitectura y Urbanismo, da Faculdad de Arquitectura, na Universidad de la Republica del Uruguay, em agosto de 1956, intitulado *Desarrollo y acondicionamiento de los territórios*, numa série de três conferências

---

79 Entrevista de Joaquim Guedes citada por ANELLI, Renato Luiz Sobral. "A cidade contemporânea: uma conversa com Joaquim Guedes". Portal Vitruvius, ago. 2008. http://www.vitruvius.com.br/revistas/read/arquitextos/09.099/117.

80 DELPRAT, Raymond. "L'IRFED". *Revue Amis du Père Lebret*. n. 3, maio 1982, p. 2.

81 Entrevista de Celso Monteiro Lamparelli concedida à rede de pesquisa *Urbanismo no Brasil* em maio e junho de 2000: http://www.urbanismobr.org/setframe.htm. Segundo o autor, no ano de 1953 se formou a primeira turma da FAU/USP.

intituladas: Análise dos eixos sociais; Análise urbana e orientação do urbanismo; e Macro-análise dos eixos sociais.[82]

Na segunda vinda de Lebret ao Brasil, em 1952, diante de trabalhos inovadores e pioneiros no país que tinham sido a ele encomendados, havia a necessidade de formação de uma equipe de pesquisadores de alto nível, capazes de empregar o método de pesquisa e análise do EH. Voltando às cartas trocadas entre Lebret e Benevenuto[83] antes de seu segundo retorno ao país, Lebret também destacava em seu roteiro a "formação para pesquisadores" para os profissionais participantes do estudo das necessidades e possibilidades para este estado.[84]

O curso de *formação para pesquisadores* tinha as suas bases no *Manuel de l'enquêteur*, publicado em 1952, e se relacionava ao ensino detalhado da metodologia para a execução de pesquisa urbana: histórico das pesquisas econômicas e sociais, métodos de análises, coleta de dados, instrumentos de análise, economia e humanismo, organização regional, exercícios de cartografia, representação gráfica, noções de urbanismo (ministrado por Baltar), elaboração e exploração da pesquisa. Esses eram alguns dos tópicos do curso de formação que contava, ainda, com um dia de trabalho com os diretores das pesquisas, aulas de instruções práticas para os pesquisadores e para interpretação da pesquisa.[85]

Se em sua primeira vinda Lebret divulgou as bases de pensamento e ação do EH e denunciou as condições consideradas por ele

---

82 Fundo Lebret, pasta 147.

83 Carta de Lebret para Benevenuto, em 22/04/1952. Fundo Lebret, pasta 64.

84 Não sabemos se a referência é relacionada ao curso dado por Lebret na FAU-USP em 1953.

85 Programa do curso Formação para pesquisadores. Fundo Lebret, pasta 173 (ver Anexo 3, p. 205-206).

como subumanas, nesse momento apresentou mais detalhadamente o método de pesquisa do grupo e os novos termos e conceitos relacionados ao desenvolvimento mais humanista, que seriam as grandes linhas-mestras de seu pensamento a serem trabalhadas nas pesquisas da SAGMACS.

O *Manuel de l'enquêteur*, escrito por Lebret, faz parte de uma série de quatro guias práticos para a pesquisa social (Figura 8).[86] Cada volume é dedicado a uma temática específica, sendo o primeiro deles, publicado em 1952, apresentado como uma ferramenta dedicada ao pesquisador. O método científico apresentado é o mesmo ensinado em diversos cursos de Lebret e nos trabalhos orientados por ele: observação, classificação das situações, constituição de grupos para pesquisa, ensaio de elaboração de leis gerais e determinação de erros aproximados, formando um conjunto de processos científicos a serem utilizados pelo pesquisador.

Na orientação de Lebret para a pesquisa, o homem deveria ser colocado como ponto de partida e destino do resultado final, sendo ele o centro das ações e das reações. Não se tratava do homem isolado, mas do homem que vive em sua família, em seu bairro, em seu meio (o homem integral), visão que, segundo o *Manual*, exigiria do pesquisador uma certa qualidade humana de observação e medição, pois requeria sensibilidade, inteligência e o mínimo de conhecimento técnico. Essa era a visão humanista de Lebret, caráter que deveria ser central nas pesquisas executadas. O volume 1 do *Manual*, dedicado ao pesquisador, contém 125 páginas divididas em duas partes: teoria da pesquisa (Théorie élémentaire de l'enquête) e guia resumido do pesquisador (Pratique de l'enquête). É nesse volume que Lebret faz

---

86   Os primeiros três volumes foram agrupados em dois e publicados em espanhol: *Manuel de encuesta social*, tome I (1961) e tome II (1962).

menção à influência de Chombart de Lauwe, conforme já trabalhamos no Capítulo 2.

FIGURA 8: Capas dos quatro volumes do guia prático de pesquisa social.
Fonte: Fundo Lebret, pasta 144.

Lebret já trazia o que considerava os alvos da análise, que eram os conceitos de *necessidades* (essenciais, de facilidade e de conforto, e de superação); de *possibilidades* (de produção, dos meios de produção, de trocas – exportação/importação – e dos setores de maiores chances econômicas e culturais); dos *elementos de bem comum* (equipamentos materiais, intelectuais, morais e espirituais); e das *unidades de análise* para o trabalho (que vão dos níveis territoriais de base até a escala no país). Esses seriam os conceitos utilizados na maioria de suas pesquisas urbanas no Brasil, especialmente nas contratadas pela CIBPU.

O segundo volume do guia prático de pesquisa, o *L'enquête rurale*, fornece os principais aspectos a serem analisados para uma pesquisa rural: a localização, a população, a estrutura econômico--profissional, a vida familiar, os equipamentos e a vida social. Lebret trata da migração, da produtividade, do acesso a serviços, dentre outros itens, anexando tabelas, gráficos e diagramas para auxiliar o pesquisador nesse tipo de abordagem e análise. Este guia tem como finalidade o exame do complexo territorial e seus aspectos para se chegar nas necessidades de todas as ordens e nas possibilidades de resposta de uma população rural.

O *enquête urbaine* constitui o terceiro volume, composto de capítulos, seções e fichas de pesquisa. Na Introdução Lebret já adverte quanto às dificuldades de uma pesquisa urbana pela diversidade e complexidade dos problemas. Este guia é mais detalhado que os anteriores, e se divide em cinco capítulos: o primeiro contato global, implantação e zonas de influência, o bairro, a cidade em seu conjunto e uma síntese.

A publicação de *L'enquête en vue de l'aménagement regional* foi realizada posteriormente aos primeiros volumes, em 1958, portanto, após Lebret ter realizado diversas pesquisas no Brasil à frente da SAGMACS e em outros países. O volume teve o apoio dos

brasileiros Eduardo Bastos (participante das pesquisas encomenda-
das pela CIBPU para a SAGMACS), onde exerceu o cargo de diretor
de pesquisa, e Benevenuto de Santa Cruz, à frente da SAGMACS.
Lebret afirma que para este volume teve a contribuição das experiências dos trabalhos realizados no Brasil (nos estados de São Paulo, de
Pernambuco e, posteriormente, nos três estados do Sul do país), na
Colômbia e na França.

Nesse guia Lebret explica os conceitos utilizados na maioria de
seus trabalhos no Brasil, como o *aménagement* [organização/ordena-
mento], conceituado como "a transformação do quadro geográfico regional ou nacional para assegurar uma melhor repartição dos grupos
humanos em função dos recursos naturais efetivamente exploráveis.
Seu alvo é de assegurar as diversas sub-populações que constituem
o conjunto estudado, o mais alto nível da vida humana. Seu meio é
uma ação coerente e global utilizando as melhores possibilidades".[87]
Além disso, explicando a sua visão humanista de desenvolvimento,
apresenta o *aménagement* como inseparável de um plano de desenvolvimento integral, não visando somente o crescimento ou a expansão, mas a elevação do nível de vida das populações.

Em relação aos países subdesenvolvidos, como o Brasil, em urgência pelo desenvolvimento econômico e em pleno crescimento e
expansão, Lebret expõe sua preocupação com as necessidades essenciais do homem. Não por outra razão, ele chama a atenção dos
pesquisadores para esse impasse, já que tinha a intenção de prepará-
-los para atuar exatamente nesse campo. É o que mostra ao fim do
seu quarto guia para a pesquisa. Diante de tarefas tão complexas
como o *aménagement* e o desenvolvimento, era necessário fundar

---

87 LEBRET, Louis-Joseph. *Guide pratique de l'enquête sociale*: L'Enquête en vue de
l'amenagement regional, tome IV. Paris: Presses Universitaires de France, 1958a, p. 3.

um instituto para formar profissionais nessas novas disciplinas – o instituto seria o IRFED, que ele organizaria naquele mesmo ano, utilizando em seu ensino os guias de pesquisa que apresentamos aqui. Além dos guias práticos (embora não menos militantes), Lebret também escreveu o *Guide du militant* (1946) e o *Guide du militant politique*[88] (não publicado). Todos eles podem ser considerados verdadeiros instrumentos para a formação de pesquisadores. Esse aspecto de formador de quadros acompanhava Lebret desde a sua atuação na França, anterior a sua primeira vinda ao Brasil, sendo que aqui ele se inseriu numa Escola com esse mesmo perfil – de formação de elites governamentais. Em 1962 também foi convidado para dar um curso na UnB. O Reitor Darcy Ribeiro tinha interesse em criar um centro de desenvolvimento nacional e, para isso, queria o apoio de um grupo de franceses, dentre eles Lebret.[89]

Os anos de 1952-58 na SAGMACS

Nossa segunda grande pesquisa urbana nos foi demandada em 1956 pelo Dr. Wladimir Piza, prefeito da cidade de São Paulo [...]. Foi para nós como a pedra angular dos estudos de desenvolvimento e ordenação já efetuados em quatro estados do sul do Brasil e a ocasião de estudar um grande fenômeno de polarização exercendo sua influência sobre todo o Brasil. Foi a ocasião de observar de perto a natureza e a consequência de numerosas "inovações", mais desenvolvidas para uma zona industrial [...]. Ao mesmo tempo,

---

88 Em co-autoria com Levy. Fundo Lebret, pasta 167.

89 Lebret não pôde ir devido ao seu estado de saúde. Ver correspondências entre Lebret e Darcy Ribeiro, em 04/09/1962, 30/08/1962, 04/09/1962, 25/09/1962, 23/03/1963, 14/04/1963, e entre Lebret e Roger Bastide, em 26/01/1963.

foi a verificação da validade do método para o estudo de um grande centro urbano em expansão ultra rápida.[90]

Podemos afirmar que os anos 1952-58 foram o período áureo da SAGMACS, possivelmente superando as expectativas de Lebret em 1947 quanto ao desejo de divulgar e experimentar suas teorias. Seu reconhecimento vem não somente no Brasil como também na França, junto aos seus colegas do CNRS, agora, sim, tendo o seu método de pesquisa validado a partir das experiências de trabalho no Brasil. Foi nesses anos que novas frentes de trabalho se abriram para Lebret, não só na América Latina, como na Ásia e na África.

No Brasil, a partir de seus trabalhos, o nome de Lebret ganhou notoriedade, sendo a SAGMACS também "um dos principais vetores para a penetração do *terceiro-mundismo católico* de Lebret".[91] Com a demanda de novos trabalhos, rapidamente montou equipes no Rio de Janeiro e Belo Horizonte.[92]

Entre os anos 1952 e 1958, temos o registro de um maior período de permanência de Lebret no Brasil (1952, 1953, duas viagens em 1954, 1956, duas viagens em 1957, 1960, 1961).[93] Se somarmos o tempo de sua permanência em cada uma dessas viagens teremos um total aproximado de 12 meses de estada no país. Lebret era uma

---

90 Lebret, Louis-Joseph. *Dynamique concrète du développement*. Paris: Les Éditions Ouvrières, EH, 1960, p. 11.

91 LÖWY, Michel. *A guerra dos deuses: religião e política na América Latina*. Petrópolis: Vozes, 2000, p. 234.

92 Existia um escritório da SAGMACS no Rio de Janeiro sob a direção de José Arthur Rios, especialmente criado para o trabalho das favelas cariocas, em 1957. Para os trabalhos realizados em Belo Horizonte era a equipe de São Paulo que se deslocava para trabalhar em conjunto com a equipe mineira. Não temos registro da criação de um escritório da SAGMACS em Recife.

93 Registros realizados a partir dos diários de viagens de Lebret.

presença marcante tanto nos trabalhos da SAGMACS como também executando outras funções relacionadas ao movimento EH, como orientações a políticos, partidos e agremiações. Além disso, quando não estava presente no Brasil, mantinha contato através de cartas com clérigos, políticos e profissionais brasileiros, negociando recursos e trabalhos para a SAGMACS. São inúmeras as cartas trocadas com os participantes da SAGMACS: Clementina, Chiara, Domingos, Baltar, Whitaker Ferreira, Delorenzo Neto, Eduardo Bastos e, especialmente, Benevenuto e Rios – coordenadores dos escritórios de São Paulo e do Rio de Janeiro, onde, além de orientar as pesquisas e se manter informado sobre o andamento dos trabalhos, mostrava-se conhecedor da vida pessoal de cada um deles.

Lebret coordenou nesse período seis trabalhos da SAGMACS:[94] *Problemas de desenvolvimento, necessidades e possibilidades do estado de São Paulo* (1952-54), *Problemas de desenvolvimento, necessidades e possibilidades dos estados do Rio Grande do Sul, Santa Catarina e Paraná* (1955-57), *Estrutura Urbana da Aglomeração Paulistana: estruturas atuais e estruturas racionais* (1957-58), *Estrutura Urbana de Belo Horizonte* (1958-59), *Estudo para elaboração do Plano Diretor de Ourinhos* (1954), *Aspectos Humanos da Favela Carioca* (1957-59). Juntos, esses trabalhos mobilizaram cerca de 212 profissionais brasileiros. Lebret também assinou três outros trabalhos: *Estudo sobre Desenvolvimento e Implantação de Indústrias, Interessando a Pernambuco e ao Nordeste* (iniciado em 1954 e publicado em 1955), *A pesquisa brasileira de padrões de vida* (1952, 1954) e, com Benevenuto, *Conclusões provisórias de viagem de estudo realizada por Lebret e Benevenuto sob a demanda de Lucas Nogueira Garcez* (31 de agosto de 1952).

---

94 Conforme nossos registros a partir de pesquisas em bibliotecas em São Paulo.

Além disso, no ano de 1954, proferiu um curso de Economia Humana no Congresso Internacional de Economia Humana, em São Paulo, organizado por ocasião do IV Centenário da Cidade – momento de encontro de vários latino-americanos ligados ao grupo EH. Também em 1952 ministrou um *Curso de formação para pesquisadores* dirigido aos profissionais da SAGMACS que trabalhariam no estudo elaborado para São Paulo. Além destas atividades no Brasil, Lebret mantinha, nesse mesmo período, ligação com outros países latino-americanos, proferindo palestras, inclusive em cursos de urbanismo de algumas faculdades, caso da USP e da Universidad de la Republica del Uruguay.

Sobre os profissionais que atuaram na SAGMACS, é importante destacar que apenas doze aproximadamente, dos que participaram nesse período, de 1952 a 1958, permanecerão na instituição nos anos seguintes, de 1959 a 1964. Nesse grupo de profissionais que perpassam as várias fases encontramos os nomes de Antônio Bezerra Baltar, Antônio Cláudio Moreira, frei Benevenuto de Santa Cruz, Celso Lamparelli, Clementina de Ambrosis, Domingos Theodoro de Azevedo Neto, Francisco Whitaker Ferreira, Luiz Carlos Costa.[95] Cada um deles reconhece a influência de Lebret e de suas participações na SAGMACS em sua trajetória profissional posterior. Outra questão importante a se destacar é que esses profissionais vão permanecer até o fechamento da SAGMACS que, segundo seus participantes, ocorreu em 1964.

Em relação às temáticas dos trabalhos, destaca-se nesse momento a reestruturação urbana para o desenvolvimento a partir do estudo das necessidades e possibilidades das regiões, e no Rio de Janeiro o

---

95 Além desses nomes temos também o de Maria Aparecida Ferreira de Aguiar, Paulo Iazzetti Filho, Roberto Yazigi, Silviano Cançado Azevedo.

estudo das favelas. Também é destaque o trabalho do plano diretor de Ourinhos. Foram trabalhos amplos, de equipes numerosas, como no trabalho da *Estrutura Urbana da Aglomeração Paulistana*, que mobilizou mais de 100 profissionais.

Se economicamente era um momento favorável no país para a execução de planos urbano-regionais, politicamente também não havia grandes dificuldades para que a SAGMACS fosse um importante escritório envolvido nessa atuação. Segundo Breuil os primeiros anos da década de 1950 mostram trabalhos de certa proximidade, mais ou menos explícita, entre as atitudes da SAGMACS e as orientações das instituições criadas e sustentadas pelo governo Vargas. O desenvolvimento econômico, a modernização da economia brasileira, a organização para o desenvolvimento nacional e a coordenação dos diversos setores produtivos eram pensados também por Lebret, porém, dentro daquela visão humanista apoiada no pensamento do grupo EH. O suicídio de Vargas em 1954 não representou o fim da política nacional-desenvolvimentista. A equipe da SAGMACS se beneficiaria ainda de novos contratos que lhe foram abertos em São Paulo, Rio de Janeiro, Belo Horizonte e Recife.[96]

A constituição jurídica da SAGMACS, na linguagem de hoje, seria próxima de uma sociedade sem fins lucrativos, isto é, uma empresa com estrutura jurídico financeira em que seus sócios e diretores não auferem lucros; uma associação que tem por finalidade a promoção da assistência social, educacional ou cultural. Mais tarde, já na década de 1960, ela passou a atuar como uma cooperativa de prestação de serviços por seus sócios,[97] conforme veremos no Capítulo 5, que trata desse período final da SAGMACS.

---

96 BREUIL, 2006.

97 Entrevista de Antonio Claudio Moreira citada por CESTARO, 2009.

No âmbito político estadual, há a continuidade dos trabalhos contratados por Garcez, por meio da CIBPU, sendo que uma ruptura se estabeleceria para a SAGMACS com o governo de Carvalho Pinto, a partir de 1959. Em relação ao município de São Paulo, Vladimir de Toledo Piza (1956-58) contratou o estudo da *Estrutura Urbana da Aglomeração Paulistana*, que teve continuidade, com certa dificuldade e mesmo falta de apoio, na administração de Adhemar de Barros (1958-61). Segundo Lamparelli,[98] uma nova equipe se formava com a contratação de Piza, que assumia a prefeitura em abril de 1956 e desejava cumprir seu mandato com um novo estilo de governo. Pediu então à SAGMACS, que verificasse e estudasse as condições urbanas e sociais da aglomeração paulistana.

Sem a intenção de analisar cada um dos trabalhos desse período, vamos observar o que estava sendo informado àqueles pesquisadores que participavam da SAGMACS. O método de pesquisa parece ser um dos pontos fortes desse momento. Aliado a ele, a importância do conhecimento das necessidades de uma população para avaliar suas possibilidades de melhoria. Também são questões importantes na formação profissional desse período a visão interdisciplinar, citada por Moreira como uma novidade para a época. Além disso, tem destaque o trabalho em parceria com o Estado e a identificação de novas categorias na cidade como o pobre e a periferia. Segundo Moreira, a percepção da sociedade segregada já é vista no estudo da Agomeração Paulistana, para depois ser o ponto de partida da pesquisa das favelas do Rio de Janeiro.[99]

---

98   Entrevista de Celso Monteiro Lamparelli citada por Rede de Pesquisa *Urbanismo no Brasil:* http://www.urbanismobr.org/setframe.htm.

99   Em entrevistas de Antonio Claudio Moreira citada por CESTARO, 2009; e concedida à autora.

Conforme mencionamos, o *Estudo sobre as necessidade e possibilidades do estado de São Paulo* (1954) foi a continuação das conclusões provisórias para uma pesquisa no estado, a pedido confidencial de Garcez, realizada por Lebret e Benevenuto em 1952. O estudo de 1954 vai, contudo, inaugurar uma série de trabalhos maiores contratados pela CIBPU. Esse estudo, realizado primeiramente no estado de São Paulo, tornou-se modelo para trabalhos semelhantes nos outros seis estados que integravam a Comissão.[100] Em sua publicação já estava deliberado outro estudo "idêntico" nos estados do Paraná, Santa Catarina e Rio Grande do Sul, além de um para a região de Minas Gerais, Goiás e Mato Grosso, definido tempos depois – ficando, dessa forma, completos os estudos para aquela bacia. O trabalho para São Paulo tinha a "notável demonstração dos métodos e da técnica desenvolvida por Economia e Humanismo que [garantia] o valor científico da pesquisa [e permitia] analisar metódica e minuciosamente uma realidade humana, econômica e social, concreta e determinada, penetrando-lhe a estrutura, descobrindo o nexo entre os fenômenos e as causas, no mínimo tempo e com o mínimo possível de gastos", diz a introdução do trabalho.

A equipe constituída por estudantes e profissionais, dentre eles Darcy Passos e Eduardo Bastos, foi treinada por Lebret, Delprat e Benevenuto.[101] Além destes, os documentos fazem menção a outros importantes nomes que na época eram estudantes. Muitos deles continuariam na SAGMACS e atuariam em outros trabalhos, caso de Clementina de Ambrosis, Joaquim Guedes, Domingos Theodoro de Azevedo Neto. Baltar foi um nome que compôs a autoria do primei-

---

100 SAGMACS, 1954.

101 Entrevista de Celso Monteiro Lamparelli citada por Rede de Pesquisa *Urbanismo no Brasil:* http://www.urbanismobr.org/setframe.htm.

ro trabalho para a Comissão. Lamparelli destaca que alguns poucos técnicos iriam continuar nas equipes da fase seguinte dedicada primordialmente aos estudos das estruturas e problemas urbanos. De fato, além da rotatividade de boa parte dos pesquisadores para os trabalhos posteriores, houve também um expressivo aumento de participantes nas equipes. Se antes eram de 30 a 40 profissionais participantes, na pesquisa para a aglomeração de São Paulo esse número ultrapassou 100 pessoas.[102]

O Plano Diretor de Ourinhos se insere no bojo da mobilização e produção de planos municipais no país. Em 1953 foi publicado o texto *Planificação Municipal de Ourinhos*, organizado por Antônio Delorenzo Neto sob encomenda do prefeito da cidade. Logo depois, dando continuidade à segunda etapa do Plano, foi contratada a SAGMACS, que, sob a direção de Lebret, buscou organizar o município em função da vida coletiva, fazendo levantamentos preliminares para diagnosticar as estruturas, funções e densidade da cidade.[103]

Os trabalhos *Estrutura Urbana da Aglomeração Paulistana* (1958)[104] e *Estrutura Urbana de Belo Horizonte* (1959) acompanhavam as mesmas linhas metodológicas dos demais trabalhos do período. Para o trabalho de São Paulo também foi realizado um curso

---

102 Entrevista de Celso Monteiro Lamparelli citada por Rede de Pesquisa *Urbanismo no Brasil*: http://www.urbanismobr.org/setframe.htm.

103 JULIO, A. S. Contribuições ao estudo da Geografia urbana: o planejamento urbano no município de Ourinhos/SP. In: *XII Encontro de geógrafos da América Latina*, 2009, Montevideo. Anais do XII Encontro de geógrafos da América Latina, 2009.

104 O estudo deste trabalho da SAGMACS foi analisado por: CESTARO, Lucas. *Urbanismo e Humanismo: a SAGMACS e o estudo da "Estrutura Urbana da Aglomeração Paulistana"*. Dissertação (Mestrado em Arquitetura e Urbanismo) – Escola de Engenharia de São Carlos da Universidade de São Paulo, São Carlos, 2009.

de formação para pesquisadores em 1957,[105] fato também citado por Lamparelli: "Enquanto a equipe de SAGMACS concluía no Rio a pesquisa dos três estados do sul, em São Paulo se inicia a preparação da nova equipe para atender uma solicitação do vice-prefeito Dr. Wladimir de Toledo Piza que assumia a Prefeitura em abril de 1956". O autor complementa que Mario Laranjeira de Mendonça foi indicado para assumir a chefia dos estudos como diretor-engenheiro, tendo recebido treinamento em Lyon do grupo EH francês. Foi em Lyon, nesse encontro, que Lebret e seus auxiliares, juntamente com Laranjeira, prepararam a proposta da pesquisa com estrutura e metodologia que seriam transferidas para um sistema articulado entre a Prefeitura de São Paulo e a SAGMACS.[106] "Só recentemente em minhas pesquisas fiquei sabendo que a proposta era inédita, pois nas experiências internacionais da equipe de EH não constava ainda uma pesquisa urbana desta envergadura", ressalta Lamparelli. Do mesmo modo, para a cidade de São Paulo, também se tratava do "primeiro estudo mais abrangente e profundo para conhecer sua realidade problemática fruto de um acelerado e desordenado processo de urbanização das duas décadas anteriores".

Antônio Cláudio Moreira, que iniciou as suas atividades na SAGMACS como desenhista nessa mesma pesquisa, confidencia que o seu trabalho como estagiário era "basicamente desenhar, principalmente fazer os índices, legendas [...]". Segundo Moreira, era um trabalho que propiciava muito contato com a SAGMACS e seus técnicos, e complementa: "Minha participação era irrelevante, eu era desenhista, mas o que significou para mim foi muito importante,

---

105 Em janeiro de 1957. SAGMACS, 1958.

106 Entrevista de Celso Monteiro Lamparelli citada por Rede de Pesquisa *Urbanismo no Brasil*.

me propiciou uma abertura, eu fui muito estimulado ali a discutir, a entender com o que eu estava trabalhando".[107] No relato de suas experiências considera que as pesquisas da SAGMACS eram basicamente sociológicas, onde o trabalho de urbanista se cruzava com informações da área da sociologia: "Isso era uma novidade, um impacto; pela dimensão de informações com aquele instrumental todo de análise. A contribuição do Lebret é essa quantidade imensa de informações que passou a se dispor. Era uma análise rápida, com aqueles gráficos que permitem você ver a realidade. Isso não existia aqui [...]. O trabalho da Aglomeração Paulistana é o primeiro que percebe a dimensão do território paulistano, que aborda a periferia de São Paulo".

A partir de suas recordações, relata uma reunião numa chácara, fora da cidade, em que foi discutido "o que esta pesquisa [da Aglomeração Paulistana] estava significando para nós [os técnicos]". Outra lembrança diz respeito à contribuição daquele trabalho para a visão dos técnicos em relação à parceria com o poder público: "Nós viemos aprender a trabalhar com esta possibilidade de intervenção no poder público", o que facilitou a experiência de trabalho no Plano de Ação. "Para nós, arquitetos, [que] não tínhamos formação sociológica, humanitária, e muito menos formação de economistas, foi uma dificuldade, pois nós não estávamos preparados para isso e fomos nos aperfeiçoando". Já para Villaça "a visão humanista, progressista, menos economicista e arquitetônica, é que vai ser a grande contribuição, e que vai ser o lastro da formação da equipe que sucedeu a SAGMACS".[108]

---

107 Entrevistas de Antonio Claudio Moreira concedida a CESTARO, 2009; e concedida à autora.

108 Entrevista de Flávio Villaça citada por CESTARO, 2009.

Segundo Lamparelli, foi logo após a entrega do relatório final da pesquisa da aglomeração paulistana, em 1958, que surgiu a oportunidade para a pesquisa da *Estrutura Urbana de Belo Horizonte* (1958-59). Uma parte da equipe da SAGMACS de São Paulo foi para a cidade de Belo Horizonte, onde junto com uma equipe local deu início aos trabalhos. Lamparelli relata que nesse momento foi convidado a acompanhar o arquiteto Domingos, com quem atuava nos trabalhos da SAGMACS, para auxiliar Anhaia Mello e sua equipe do CPEU em outra pesquisa para dez municípios do estado de São Paulo. Como já destacamos, havia um intercâmbio de ideias nesse momento conferido pelas amplas possibilidades de atuação do arquiteto urbanista em órgãos municipais e em instituições de assessoria técnica. Mais tarde, os dois profissionais participariam também do Plano de Ação do governo Carvalho Pinto e, finalizados os trabalhos do Plano de Ação, retornariam para a SAGMACS – isso já em 1963.

A pesquisa intitulada *Aspectos humanos da favela carioca*, realizada entre 1957 e 1959, e publicada em 1960,[109] foi realizada na cidade do Rio de Janeiro por uma equipe dirigida por José Arthur Rios, que já estava à frente daquele escritório da SAGMACS antes mesmo da encomenda da pesquisa.[110] No trabalho publicado constam cinco

---

109 Sobre o trabalho da SAGMACS para a favela carioca consultar: VALLADARES, Licia do Prado. *A invenção da favela*: do mito de origem a favela.com. Rio de Janeiro: Editora FGV, 2005a.; VALLADARES, Licia do Prado. "Louis-Joseph Lebret et les favelas de Rio de Janeiro (1957-1959): enquêter pour l'action". *Genèses – Revue des Sciences Sociales et Histoire*, Paris, n. 60, set. 2005b, p. 31-56; VALLADARES, Licia do Prado. *La favela d'un siècle à l'autre*: mythe d'origine, discours scientifiques et représentations virtuelles. Paris: Éditions de la Maison des Sciences de l'Homme, 2006.

110 Segundo VALLADARES (2005), o escritório do Rio de Janeiro foi o último a ser criado. Nos anos 1950 o Rio de Janeiro ainda era a capital do Brasil e a SAGMACS necessitava de uma base para chegar aos ministérios, funcionando inicialmente o escritório

nomes na direção, dentre eles o de Helio Modesto, que "cooperou" na parte referente à urbanização e à mobilização de um total de 52 profissionais, entre coordenadores de pesquisa, pesquisadores, desenhistas e secretários. Notamos que não há na lista dos profissionais qualquer nome que tenha participado dos trabalhos executados pelo escritório de São Paulo.

A autonomia de Rios é revelada em cartas trocadas entre Lebret e Benevenuto e alguns outros documentos da SAGMACS, causando em alguns participantes da SAGMACS – inclusive em Benevenuto – certa preocupação. Conflitos internos entre os escritórios do Rio de Janeiro e São Paulo mostram as diferenças entre os dois. Embora Rios fosse próximo a Lebret e engajado ao movimento EH, a equipe carioca não parecia ter a mesma ideia de militância que seu diretor. Enquanto o escritório da SAGMACS no Rio de Janeiro parecia ser mais burocrático, o de São Paulo se mostrava mais engajado. Duas variáveis poderiam explicar a mobilização da SAGMACS paulista: a primeira é a presença da JUC; a segunda, a direção atuante técnica e militante do frei Benevenuto, que estava diretamente ligado a Lebret. Sobre essa ligação, identificamos um grande número de cartas entre eles em que o assunto SAGMACS era constante. Benevenuto descrevia para Lebret detalhadamente o que se passava nos escritórios em relação às etapas dos trabalhos, pedia orientações na condução da pesquisa e reportava problemas relacionados aos participantes.

Num balanço desse período (1952-1958) na SAGMACS, observamos uma presença contínua de Lebret no Brasil, que se explica pelos trabalhos em andamento e a necessidade de orientar pesquisadores para a execução dos estudos. Dentre os contratantes,

---

dentro dessa perspectiva, e mudando o seu rumo de atuação após a contratação para o estudo sobre as favelas encomendado pelo jornal *O Estado de São Paulo*.

identificamos a presença constante de órgãos públicos, seja através de comissões, como a CIBPU e a Codepe, seja por meio de prefeituras, como as de Belo Horizonte, São Paulo, Ourinhos – num início de atuação em cidades médias. Embora o trabalho da favela carioca tenha sido contratado por um órgão empresarial (o jornal *O Estado de S. Paulo*),[111] tem destaque a atuação para o Estado, tal como a maioria das outras instituições de urbanismo atuavam na década de 1950. Da mesma maneira, os trabalhos são de desenvolvimento urbano, abrangendo, muitas vezes, a escala regional, onde havia a necessidade de conhecimentos de várias áreas para a realização dos estudos, dando um caráter multidisciplinar às equipes. É importante destacar que foi a partir da inserção no estado de São Paulo que se deu a abertura para a realização de pesquisas em outras regiões. A atuação de Lebret e da SAGMACS se pulveriza: no Sul, em Santa Catarina, no Paraná e no Rio Grande do Sul; no Centro-Oeste, em Mato Grosso; no Sudeste, no Rio de Janeiro, em São Paulo e em Belo Horizonte; no Nordeste, em Pernambuco. Da escala nacional, Lebret daria início a sua atuação em outros países da América Latina, estendendo-se, posteriormente, para Ásia e África, até fundar um instituto de formação internacional.

---

111 VALLADARES (2005a) destaca como se deu a contratação pelo jornal *O Estado de S. Paulo* do trabalho da SAGMACS para a favela carioca. Dentre os interesses do jornal estava a desestabilização de Juscelino Kubitschek e o ataque à construção da nova capital que, segundo o jornal, era desastrosa do ponto de vista econômico. A denúncia da pobreza do Rio de Janeiro através da pesquisa da SAGMACS fornecia argumentos contra a política de descentralização do poder federal. Além disso, Valladares analisa o trabalho encomendado pelo jornal paulista quanto à competição existente entre as duas maiores cidades do Brasil, São Paulo e Rio de Janeiro. O estudo da SAGMACS dava destaque à pobreza existente no Rio, enfraquecendo a visibilidade da cidade nos planos econômicos e culturais.

5

OS *DÉVELOPPEURS* NO APARELHO DO ESTADO E A MUDANÇA DE ESTATUTO DA SAGMACS (1959-1964)

> Eu acho que o Lebret formou gente, formou lideranças sim, e acho que isso foi muito bom, nós ganhamos com isso, teve Paulo de Tarso que foi político, foi Ministro da Educação do Jango, o Lamparelli trabalhou com ele, o Plinio de Arruda Sampaio, o Hélio Bicudo, o Darci Passos que foram deputados, o Montoro também, é tudo gente que teve contato com Lebret e que ajudou em vários momentos, foram protagonistas de muitos avanços na nossa política. Eram todos jovens naquela época, então, a contribuição dele foi grande.[1]

> Dá para perceber nitidamente uma escola do pensamento urbanístico brasileiro divulgado por Lebret.[2]

> Eu acho que a gente sempre acabou usando esse *know how* em outros órgãos, prefeitura, Estado [...] atuando numa linha parecida [...]. Ficou sempre essa base de conhecer o real e atuar na realidade. Foi uma continuação, as ideias

---

1 Entrevista de Chiara de Ambrosis disponível em CESTARO, Lucas. *Urbanismo e Humanismo: a SAGMACS e o estudo da "Estrutura Urbana da Aglomeração Paulistana"*. Dissertação (Mestrado em Arquitetura e Urbanismo) – Escola de Engenharia de São Carlos da Universidade de São Paulo, São Carlos, 2009.

2 Entrevista de Antônio Cláudio Moreira concedida à autora.

sempre foram nessa linha. É claro que depois o social foi sendo mais falado. Na época não era assim.[3]

O objetivo deste capítulo é mostrar como se deu, também a partir da formação recebida por alguns profissionais que atuaram na SAGMACS nos trabalhos anteriores, um processo de inserção de parte da equipe no aparelho do Estado, e, após um retorno para a SAGMACS, as mudanças do estatuto da instituição e do perfil dos trabalhos. Dois pontos fundamentais nos ajudam a esclarecer melhor esse período. O primeiro está relacionado a um maior afastamento da figura de Lebret, que vem ao Brasil somente mais três vezes em curtas viagens, fazendo com que a SAGMACS trabalhasse sem a sua orientação mais direta. O segundo ponto diz respeito à migração de parte da equipe da SAGMACS para atuar no Plano de Ação de Carvalho Pinto, entre 1959-1962. Se por um lado existia um maior distanciamento entre Lebret e a instituição, o que poderia sugerir um processo de autonomia da SAGMACS, por outro a criação do IRFED e a ida de alguns participantes para o curso de formação na França permitiu a manutenção de certa proximidade entre alguns participantes da SAGMACS com o pensamento do grupo EH e de Lebret.

Esse foi um período em que se iniciava um processo de autonomia na SAGMACS em relação a Lebret. A equipe já estava formada e deu prosseguimento à discussão de conceitos como *participação*, *associativismo* e *planejamento de baixo para cima*. Nos onze trabalhos que encontramos da SAGMACS no ano de 1963, prevalecem temáticas urbanas voltadas para a elaboração de planos diretores, estudos de sistemas de águas e esgoto, estudos sobre a organização

---

3   Entrevista de Clementina de Ambrosis concedida à autora.

da administração pública, desenvolvimento, diretrizes para políticas habitacionais e um estudo sobre educação.

O planejamento urbano no Brasil na primeira metade da década de 1960 seguia praticamente as mesmas orientações da década anterior. Os órgãos de consultoria e assistência técnica aos municípios estavam estruturados e atuando em variadas cidades brasileiras. Além dos trabalhos para a elaboração de planos diretores que despontavam pelo país e dos planos urbanos integrados, sobressaem os planos de infraestrutura urbana, numa aspiração de "cidade eficiente".[4] Essas são as áreas em que a SAGMACS atua nesse período, buscando, inclusive, dar mais eficiência a seus trabalhos no que diz respeito à metodologia anteriormente aplicada. Vejamos que entre os contratantes das pesquisas, além das prefeituras e da CIBPU, passaram a figurar também empresas e associações interessadas em um plano rápido, eficaz e prático que pudesse ser implementado. Portanto, a mudança de estatuto da SAGMACS de associação para cooperativa, nos moldes de uma empresa, despontava como a oportunidade de assinar novos contratos. A mudança de estatuto e de perfil dos trabalhos, conforme veremos, ocorreu a partir de 1962.

À bientôt, j'espère:[5] breve retomada de contato de Lebret e a redução da equipe

> Eu elegi minha cidade, São Paulo, onde eu estou mais em casa do que em Paris.[6]

---

4   VILLAÇA, Flávio. "Uma contribuição para a história do planejamento urbano no Brasil". In: DEÁK, Csaba; SCHIFFER, Sueli R. *O processo de urbanização no Brasil*. São Paulo: Edusp/Fupam, 1999, p. 169-244.

5   Uma das maneiras como Lebret fazia a saudação final em suas cartas a alguns brasileiros.

6   Diário de Lebret, 15/02/1961, durante uma estadia no Rio de Janeiro. Fundo Lebret, pasta 178.

> [...] resumindo, uma atmosfera que me rejuvenesceu cinco anos [...]. O Brasil mudou muito desde 1958 e é uma pena que eu tenha deixado passar isso. Mantivemos amizades profundas. O importante é não deixar a equipe se acabar, embora, fatalmente, ela esteja reduzida.[7]

O período anterior (1952-1958) foi caracterizado pela presença intensa de Lebret no Brasil e pelo alcance nacional de seus trabalhos e da SAGMACS. Trabalhos de abrangência regional foram realizados, um plano diretor foi estudado. Somente um trabalho em São Paulo mobilizou cerca de 100 profissionais. Um novo posicionamento profissional diante do aparelho do Estado parece ter sido também uma das marcas deixadas por Lebret, que considerava essa parceria tão desejável quanto determinante para um trabalho.

O período que compreende o ano de 1959 e vai até o fechamento da SAGMACS, possivelmente em 1964, é bem distinto da fase anterior. Isso ocorre porque parte da equipe se deslocou para o governo de São Paulo e a SAGMACS passou um período "hibernando" para depois retomar, com sua equipe egressa, uma série de trabalhos diferenciados em temáticas e escalas. Nas parcerias estabelecidas nesses trabalhos também passou a ser uma novidade a contratação por empresas e associações, não excluindo, porém, as contratações pelo Estado. A equipe de trabalho se reduziu, ficando um núcleo que participara dos trabalhos da fase anterior acompanhado de alguns poucos novos participantes. Por fim, a metodologia pareceu se simplificar e a inserção de novos termos e conceitos mostra um avanço próprio daquele período no planejamento urbano.

---

7   Diário Lebret, 03/03/1965, durante uma passagem de dois dias pelo Brasil em uma viagem à América Latina. Fundo Lebret, pasta 178.

É interessante destacar que toda essa mudança ocorreu num momento em que Lebret estava mais ausente do Brasil e sua atuação no país estava limitada à viabilização de contratos de trabalhos que eram conduzidos pela equipe da SAGMACS. Lebret veio três vezes ao Brasil nesse período (em 1960, 1961 e 1965),[8] sendo a última viagem apenas uma passagem pelo país. Seu destino era outros países da América Latina, em "uma retomada de contato, indispensável para um reajuste rápido".[9] Dentre as razões para tão poucas viagens estavam os compromissos firmados para trabalhos em países da África e Ásia (era um momento em que a sua experiência internacional se estendia), além de sua dedicação ao IRFED a partir de 1958. Somamos a esses motivos uma saúde cada vez mais frágil, tornando estafantes longas viagens.[10] Sua energia naquele momento estava mais concentrada no IRFED (na preparação das sessões de formação e na direção do Instituto), e da França buscava alternativas que o unisse aos brasileiros. Na expectativa da formação de quadros e de divulgação do seu recém-criado Instituto, solicitava bolsas de estudo para brasileiros ao embaixador francês no Brasil[11] e convidava profissionais e muitos colegas para participarem do curso de desenvolvimento – caso de Baltar.[12]

Nas poucas viagens de Lebret ao Brasil nesse período observamos uma série de encontros para o estabelecimento de contratos de trabalhos para a sua equipe. Em sua viagem de 1960, por exemplo, relata em seu

---

8   Em 1960 [fica de 25 de julho a 14 de agosto], em 1961 [de 01 a 17 de fevereiro], e em 1965 [de 03 a 04 de março]. Ver diários de Lebret. Fundo Lebret, pasta 178.

9   Diário de Lebret, 03/03/1965. Fundo Lebret, pasta 178.

10   Carta de Lebret para Josué de Castro, 02/04/1959. Fundo Lebret, pasta 117.

11   Carta de Lebret para Campedron, 05/05/1959. Fundo Lebret, pasta 117.

12   Conforme veremos no Capítulo 6.

diário encontros com o presidente da CIBPU, o ministro Souza Lima, e com o engenheiro Paulo Menezes Mendes da Rocha, "um dos personagens maiores da bacia". Nesse momento estavam sendo realizados os encaminhamentos para a continuidade dos trabalhos da Bacia Paraná-Uruguai nos outros três estados: Mato Grosso, Goiás e Minas Gerais. Outros encontros ocorreram com o governador de São Paulo, Carvalho Pinto, e alguns dos que estavam à frente do Plano de Ação para o seu governo: Diogo Gaspar, Mario Laranjeira e Plínio de Arruda Sampaio. Além disso, reuniu-se com o empresário Severo Gomes, o sociólogo Antônio Delorenzo Neto, o embaixador francês no Brasil, Campredon, e Garcez – personalidades importantes que já lhe eram muito próximas e que lhe abriam as possibilidades de pesquisa para a SAGMACS e a continuidade de divulgação do pensamento do EH: "O Brasil é um dos mais maravilhosos laboratórios de pesquisa que nos está aberto", escreveu Lebret em seu diário nessa ocasião.[13]

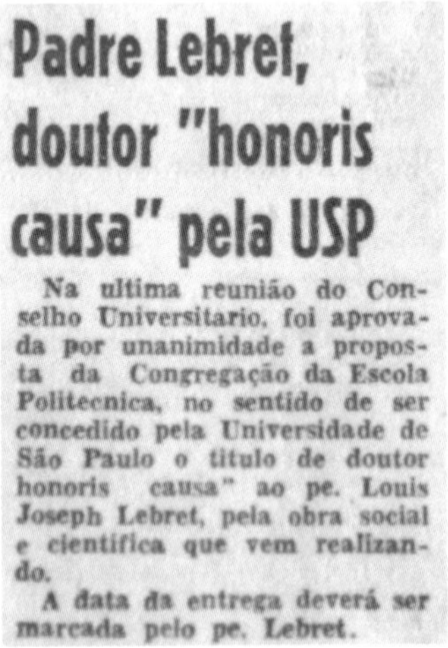

Padre Lebret, doutor "honoris causa" pela USP

Na ultima reunião do Conselho Universitario, foi aprovada por unanimidade a proposta da Congregação da Escola Politecnica, no sentido de ser concedido pela Universidade de São Paulo o titulo de doutor honoris causa" ao pe. Louis Joseph Lebret, pela obra social e cientifica que vem realizando.

A data da entrega deverá ser marcada pelo pe. Lebret.

FIGURA 9: Recorte do Jornal Folha da Manhã, de 29 de dezembro de 1959, com destaque para o título de doutor *Honoris Causa* conferido à Lebret pela USP. Fundo Delprat, pasta 105.

13 Diário de Lebret, 28/07/1960. Fundo Lebret, pasta 178. Nessa mesma viagem relata encontros com Baltar e Josué de Castro.

Esse era um momento singular para Lebret. O título honorífico da USP mostrava o reconhecimento desta instituição pela sua contribuição ao conhecimento. A proposta para o título não partiu da área onde Lebret mais atuava, a sociologia urbana, mas sim da Escola Politécnica da USP, da qual Garcez compunha o quadro de professores.

Durante as viagens de Lebret ao Brasil, poucas eram as orientações técnicas para as pesquisas da SAGMACS, o que se deve ao fato de haver poucos trabalhos em andamento na instituição pelo menos entre os anos de 1959-1961, o que também interferia no número de viagens de Lebret ao país. Na SAGMACS, seus encontros de orientação eram rápidos e geralmente com os profissionais que estavam à frente das pesquisas.[14] Isso se devia, em parte, ao fato de muitos dos profissionais já estarem formados no método, na teoria e na ação, e poderem levar adiante a orientação das pesquisas e dos demais pesquisadores. Não que a equipe estivesse atuando de forma autônoma em razão da menor frequência de Lebret no país. Mas alguns profissionais haviam despontado como líderes em trabalhos anteriores e já possuíam a formação necessária para assumir a direção dos trabalhos. Quanto a Lebret, ainda desempenhava papel fundamental na aquisição de novos contratos.

Em 1961, em outro retorno ao Brasil, Lebret encontrou no Rio de Janeiro o urbanista Hélio Modesto, que fora responsável pela parte de urbanização no trabalho das favelas do Rio de Janeiro, e o então governador do estado da Guanabara, Carlos Lacerda (1960-1965), que teve contatos ocasionais com Lebret desde 1947.[15] O encontro

---

14 Na SAGMACS os encontros eram com Benevenuto, Mario Laranjeira, Whitaker Ferreira e Clementina de Ambrosis, onde discutiam os trabalhos dos estados do Mato Grosso, Goiás e Minas Gerais, contratados pela CIBPU.

15 Diário Lebret de 1961. Fundo Lebret, pasta 178.

provavelmente tinha como objetivo discutir o trabalho de valorização e desenvolvimento do estado da Guanabara (1959-1961),[16] conforme destaca Lebret: "Longo encontro com o governador e três secretários do estado. A batalha é ganha, o que significa que uma missão EH vai cooperar no plano geral de desenvolvimento do Estado em um organismo que seria fundado especialmente com quatro grupos de trabalho: social, econômico, *aménagement*, administração. [...] isso vai nos anexar ao Brasil por dois anos".[17]

Em viagem a Belo Horizonte junto com alguns componentes da equipe da SAGMACS encontrou o governador do estado de Minas Gerais, José de Magalhães Pinto.[18] Dessa viagem provavelmente surgiu o contrato para a pesquisa *Plano Diretor de Belo Horizonte* (1962) pelo prefeito da cidade Amintas Ferreira de Barros (1959-1963), tendo em vista os resultados da pesquisa realizada pela SAGMACS em 1958-59 sobre a estrutura urbana da capital mineira.

A última viagem de Lebret ao Brasil se deu em março de 1965, em uma passagem de dois dias pelo país durante uma viagem com destino à América Latina. Encontrou alguns participantes da SAGMACS (Benevenuto, Baltar, Whitaker, Darcy Passos e Luiz Carlos Costa), com quem examinou a situação da instituição: "A equipe se orienta bem", escreveu Lebret.[19] Vejamos que o registro no diário é de uma viagem realizada por Lebret em 1965, um ano após o suposto fechamento da SAGMACS (conforme informação dos antigos participantes da instituição). Provavelmente o encontro era com aqueles que

---

16   Projeto em Fundo Delprat, pasta 105.

17   Diário de Lebret, 12/02/1961. Fundo Lebret, pasta 178.

18   José Magalhães Pinto, um dos fundadores da UDN, governou o estado de Minas Gerais de 1961 a 1966, quando criou o Banco de Desenvolvimento de Minas Gerais.

19   Diário de Lebret, 03/03/1965. Fundo Lebret, pasta 178.

mantinham contato com Lebret e atuavam em outros trabalhos, não mais como SAGMACS.

Nas três viagens de Lebret neste período temos o registro de encontros com a equipe da SAGMACS que estava fazendo parte do Grupo de Planejamento do governo Carvalho Pinto. Lebret demonstrava certa inquietação com o andamento do trabalho da CIBPU para Mato Grosso, Rio de Janeiro e Goiás, do qual a equipe estava responsável, e dá indicações de que o trabalho não teria prosseguimento. Isso se deve ao fato de parte da equipe de técnicos da SAGMACS estar participando do Plano de Ação: "Eu penso que o grande concorrente para a síntese dos sete estados é o "Grupo" [de Planejamento do governo Carvalho Pinto] que, depois de ter tomado quatro [participantes] da equipe [Laranjeira, Whitaker Ferreira, Lamparelli e Domingos] ainda tomaria [Luiz Carlos] Costa",[20] desabafou Lebret em seu diário. Os participantes mais atuantes da SAGMACS haviam se deslocado temporariamente para o governo estadual, e a instituição "deu um tempo de espera", segundo Whitaker, que relata não se lembrar de algum contrato em que ele tivesse participado ou de alguma equipe que tivesse permanecido na SAGMACS durante o período do Plano de Ação.[21]

O Plano de Ação Carvalho Pinto e a absorção de profissionais da SAGMACS

Foi com o fim dos trabalhos da Aglomeração Paulistana que muitos técnicos migraram para o Plano de Ação do governo de Carlos Alberto Alves de Carvalho Pinto (1959-1963), em São

---

20 Diário de Lebret, em 27/07/1960. Fundo Lebret, pasta 178.

21 Entrevistas de Francisco Whitaker Ferreira concedida a CESTARO (2009), e concedida à autora.

Paulo. Carvalho Pinto era filiado ao PDC e foi um dos participantes do curso de Lebret na ELSP em 1947. Durante a sua campanha, Plínio de Arruda Sampaio, também ligado ao PDC, foi seu secretário, introduzindo a ideia de uma nova forma de planejamento. Com a eleição de Carvalho Pinto, Sampaio assumiu a subchefia da Casa Civil e convidou uma equipe para começar o trabalho do Plano de Ação do Governo do Estado (Page)[22] naquele mesmo ano. O objetivo era levar o progresso ao estado de São Paulo com a implantação e construção de serviços e equipamentos sociais. "Ele [Plínio] montou um grupo de planejamento e nos chamou. Praticamente toda a equipe da SAGMACS foi para o governo do Estado. Lembro-me que foram o Mário Laranjeira, o Duca [Domingos Theodoro de Azevedo Netto], Celso [Lamparelli], eu, e mais pessoas novas que estavam lá [na SAGMACS], mas menos intensamente. E nós quatro fomos para lá e ficamos praticamente quatro anos, a turma toda ficou, o Antônio Cláudio Moreira [também], trabalhando nesse grupo de planejamento".[23]

Alguns dos profissionais que se deslocaram para o Plano de Ação veem a oportunidade de atuação no aparelho do Estado para poder agir em favor do desenvolvimento, utilizando o próprio discurso de Lebret a esse respeito. "Isso fez com que todo o pessoal que estava próximo da SAGMACS naquele momento acabasse envolvido em

---

22   LAMPARELLI, Celso *et al*. Debate em E & D: planejamento urbano, do populismo aos dias atuais. *Espaço & Debates*, São Paulo, ano I, n. 4, 1981, p. 137-173; Entrevista de Francisco Whitaker Ferreira concedida à autora.

23   Entrevistas de Francisco Whitaker Ferreira disponível em CESTARO (2009), e concedida à autora.

ações governamentais", relata Moreira.[24] Lamparelli (2000) considera o trabalho no Grupo de Ação uma experiência inédita:

> Se a pesquisa de São Paulo foi um mergulho nos pouco conhecidos problemas urbanos, o Plano de Ação também foi um período de descobertas das questões de desenvolvimento do Estado e do aparelho e prática da sua administração [...]. Aquela concepção mais globalizante de desenvolvimento integral, harmônico, partindo da população, vai, de repente, se diluir e se fracionar numa concepção de Estado que divide tudo em setores. Assim os técnicos de SAGMACS que foram trabalhar no Plano de Ação acabam tendo que escolher um setor de atuação e uma especialidade. Eu fui ser um novo e um dos poucos planejadores de educação. Os demais também passaram a dominar mais um campo de atuação durante, pelo menos, os quatro anos em que durou essa extraordinária experiência.[25]

Aquele momento constituiu para muitos técnicos da SAGMACS a primeira experiência dentro de um órgão público, e foi a partir deste trabalho que se deu uma etapa singular de um grupo que havia sido muito atuante nos trabalhos da SAGMACS. A *cooperação técnica* foi, dessa forma, apreendida por alguns dos técnicos que atuaram no Plano de Ação, que viram no engajamento no aparelho do Estado uma estratégia de ação.

---

24   Entrevistas de Antonio Claudio Moreira disponível em CESTARO (2009); e concedida à autora.

25   Entrevista de Celso Monteiro Lamparelli disponível na rede de pesquisa *Urbanismo no Brasil*: http://www.urbanismobr.org/setframe.htm.

O caminho para ser um *développeur* passava também pela *cooperação técnica*, isto é, em "trabalhar com aqueles que demandam".[26] Dessa forma, Lebret tinha como estratégia a inserção em meio ao comando governamental não só para adquirir recursos e trabalhos, mas também influenciar os altos escalões para que os estudos seguissem no sentido do desenvolvimento mais humano. Era ali que ele via a possibilidade de agir, pois era o Estado, o seu maior cliente, quem tinha as possibilidades de recurso para um plano de desenvolvimento. Não à toa, foi nesse meio que Lebret sempre esteve inserido no Brasil. Sendo assim, trabalhar com os que demandam se revestia do termo "cooperação técnica", de modo que o saber técnico se somaria às possibilidades de recursos financeiro, humano e técnico do governo.

Conforme vimos, em suas viagens ao Brasil Lebret se encontrava com a equipe do Plano de Ação e com o próprio governador Carvalho Pinto. Não podemos assegurar a existência de uma possível interferência direta de Lebret nesse trabalho, que era extra-SAGMACS. Mas é interessante verificar que todo aquele processo – o que era o trabalho, os objetivos, as fases – era reportado detalhadamente a Lebret por meio de cartas, tendo Sampaio, inclusive, enviado o Plano de Ação a Lebret.[27]

Também por meio de cartas a Lebret, Whitaker Ferreira tratava detalhadamente do Plano, inclusive mencionando a dificuldade da equipe que fora da SAGMACS em fazer uma crítica consistente para mudar a direção dos trabalhos para um encaminhamento mais humanista, o que era o seu desejo pessoal. A orientação geral do Page estava sob a direção do economista Diogo Gaspar, que, provavelmente, não tinha muito interesse na teoria da economia humana de Lebret

---

26   Conforme destacamos no Capítulo 1 a partir da análise dos textos de Lebret.

27   Carta de Plínio para Lebret, 27/10/1959. Fundo Lebret, pasta 117.

e de seu grupo. Whitaker revela certo descontentamento no início devido à orientação que o Page ganhara.

A despeito da orientação dada por Diogo Gaspar e mesmo de certa impossibilidade de direcionar o Plano de Ação com as ideias da economia humana, Sampaio e Whitaker, em entrevistas concedidas a Buzzar e Cordido,[28] mostram a influência de Lebret nos fundamentos do Page através das suas atuações: "[…] Lebret nos ofereceu um norte naquele tempo",[29] destaca Sampaio, que era simpatizante às ideias de economia humana de Lebret, assim como o governador Carvalho Pinto, que à época empregava a ideia de elevação das condições de vida, muito usada nos trabalhos da SAGMACS. Este diz que "[…] ao elaborar o Plano de Ação quis fazer dele também o instrumento da elevação das condições de vida das populações interioranas […]".[30] Segundo Whitaker, "praticamente o trabalho de Carvalho Pinto foi o primeiro de governo com objetivos, com metas políticas precisas, metas quantitativas e prazos. O Plano, nesse sentido, teve a influência de Lebret porque o Plínio [de Arruda Sampaio] tinha adquirido uma visão da economia e humanismo. Mas, ao mesmo tempo, tinha

---

28 BUZZAR, Miguel A.; CORDIDO, Maria Tereza R. L. B. "Difusão da arquitetura moderna brasileira: o caso do Plano de Ação do Governo do estado de São Paulo (1959-63)". *Anais do 7º Seminário DOCOMOMO*, Porto Alegre, out. 2007. Os autores pesquisam a produção de equipamentos públicos a partir do Programa de Ação (Page) do Governo de Carvalho Pinto, que se configurou como um dos momentos mais ricos da difusão da arquitetura moderna brasileira e dos compromissos sociais que seus protagonistas estabeleceram através de uma significativa produção de equipamentos públicos construídos pelo interior do Estado.

29 Entrevista de Plínio de Arruda Sampaio citada por BUZZAR e CORDIDO, 2007.

30 Mensagem do governador Carvalho Pinto à Assembleia Legislativa do estado de São Paulo em 14 de março de 1961. Citada por BUZZAR e CORDIDO, 2007.

o Diogo [Gaspar], economista que vinha com uma perspectiva tradicional da economia",[31] posição confirmada por Sampaio.[32]

Ao explicar os procedimentos do Departamento de Obras Públicas (DOP) do Page do qual era responsável, Whitaker destaca que "o DOP trabalhava com procedimentos antigos e tinha setores separados para arquitetura, hidráulica, elétrica e outros. Quando entrava um projeto, cada setor desenvolvia isoladamente sua tarefa e ficava circulando entre eles separadamente, sem noção de conjunto, perdendo muito tempo de projeto". Whitaker ressalta a formação recebida na SAGMACS, de onde veio a ideia de ateliês interdisciplinares no DOP, agregando na discussão dos projetos os técnicos de várias áreas das diversas fases das obras, onde o projeto tinha que ser resolvido integralmente.[33] Outra questão reconhecida por Whitaker vinda da formação recebida na SAGMACS e aplicada no DOP foi o conhecimento da realidade da cidade, a visão da periferia e dos centros secundários.[34]

Chamar a atenção para a periferia e para o pobre foi umas das inovações destacadas pelos participantes da SAGMACS nas entrevistas. Lebret "tinha interesse no trabalhador da periferia, [ele] achava que eles tinham que saber das [suas] reais condiçõcs; não podiam ser alienados, tinham que lutar. [...] nós [técnicos] passamos a enxergar essa população, passamos a enxergar eles como parte da cidade, coisa que não tinha importância na época".[35] Villaça também concorda que a originalidade da SAGMACS foi a ênfase nos problemas sociais, "isso

---

31   Entrevista de Francisco Whitaker Ferreira citada por BUZZAR e CORDIDO, 2007.

32   Entrevista de Plínio de Arruda Sampaio citada por BUZZAR e CORDIDO, 2007.

33   Entrevista de Francisco Whitaker Ferreira citada por BUZZAR e CORDIDO, 2007.

34   Entrevistas de Francisco Whitaker Ferreira disponível em CESTARO, 2009, e concedida à autora.

35   Entrevistas de Chiara de Ambrosis disponível em CESTARO, 2009, e concedida à autora.

sim se prosseguiu, teve continuidade, pois a equipe toda era progressista ou pelo o menos com ideias progressistas, com muita tônica no progresso social, inclusive isso eu não vejo muito no urbanismo internacional da época. [...] é pioneirismo do Pe. Lebret".[36]

Mesmo que no período do Plano de Ação a SAGMACS estivesse "hibernando", como concordam alguns de seus participantes, as ideias de transformação através da atuação dentro do aparelho do Estado "com a ideia de que dentro da máquina governamental estava uma das maiores possibilidades de agir",[37] de visão do conjunto, de interdisciplinaridade, de elevação do nível de vida das populações em busca de uma economia mais humana, estavam colocadas pelos técnicos com o aval do governador. A transformação através da formação de quadros ganhava sentido pelo engajamento de alguns técnicos que haviam participado da SAGMACS num momento anterior.

"Quando acabou o Plano de Ação uma parte dos técnicos voltou para SAGMACS e a outra parte se dividiu, fundando, de um lado, a ASPLAN, uma nova empresa de assessoria, pesquisa e planejamento, e de outro, a PLANASA, outra consultora no campo da Administração Pública". Lamparelli também cita o Cepam, que passou a contribuir diretamente na área de planejamento urbano, agrupando, cada vez mais, os técnicos da SAGMACS.[38]

Sobre o planejamento do qual participou, seja na SAGMACS ou no governo, Moreira diz perceber três fases. Uma primeira, impregnada de conteúdo ideológico e sob a direção de Lebret, quando

---

36 Entrevista de Flavio Villaça disponível em CESTARO, 2009.

37 Entrevistas de Antônio Claudio Moreira disponível em CESTARO, 2009, e concedida à autora.

38 Entrevista de Celso Monteiro Lamparelli concedida à rede de pesquisa *Urbanismo no Brasil*: http://www.urbanismobr.org/setframe.htm.

os técnicos estavam "deslumbrados" com a oportunidade de planejamento através dos trabalhos da SAGMACS e com as ideias e metodologia trazidas por Lebret; uma segunda, que foi o Plano de Ação, a novidade do orçamento-programa e a introdução dos padrões de referência; e uma terceira, da Assessoria em Planejamento (Asplan), quando ocorreu a fusão de todo o conhecimento e experiência acumulada nas outras fases com um planejamento indicativo, de conteúdo ideológico, buscando a instrumentalização, caminhando para a linha do projeto como vetor de implementação.[39]

A SAGMACS a partir de 1962: a mudança de estatuto

Foi com a volta de Whitaker à SAGMACS em 1962 e o retorno de seus colegas do Plano de Ação que a instituição – agora cooperativa – viveu um momento diferenciado de novos trabalhos, mudança de estatuto, desenvolvimento de conceitos e metodologia. O que nos leva a concluir que, afora o momento vivido no início da década de 1960 em relação às ciências sociais, aquela equipe trazia também a experiência acumulada de anos de trabalho na SAGMACS e do quatriênio na área de planejamento do governo.

Reestruturada como uma cooperativa de técnicos, tem a colaboração de Lebret na elaboração de seu novo estatuto e da sua nova estrutura de empresa.[40] Os novos contratos são inicialmente articulados por Whitaker e por Benevenuto – este, inclusive, com bom trânsito junto à elite paulistana. "São trabalhos pequenos e desenvolvidos

---

39 Debate de Antônio Claudio Moreira em: LAMPARELLI, Celso *et al.* "Debate em E & D: planejamento urbano, do populismo aos dias atuais". *Espaço & Debates*, São Paulo, ano I, n. 4, 1981, p. 137-173.

40 LEME, Maria Cristina da Silva; LAMPARELLI, Celso Monteiro. "A politização do urbanismo no Brasil: a vertente católica". In: *Anais do IX Encontro Nacional da ANPUR*, vol. II. Rio de Janeiro: ANPUR, 2001, p. 675-687.

por nós, a equipe brasileira. Já não são mais trabalhos de Lebret", destaca Lamparelli.[41]

Entre os anos de 1959 e 1961 identificamos três trabalhos da SAGMACS: o *Estudo para o desenvolvimento do estado da Guanabara*, contratado pelo governador Carlos Lacerda; *Ipatinga e seus problemas sócio-econômicos*, contratado pela USIMINAS; e *Relatório sobre os problemas de saúde pública do estado do Paraná*, que era o prosseguimento dos trabalhos da bacia Paraná-Uruguai, contratados pela CIBPU. Sobre o trabalho para Guanabara não temos informação de sua execução, mas identificamos que seria realizado a partir de um contrato estabelecido entre o governo e o IRFED. Lembremos que o escritório da SAGMACS no Rio de Janeiro havia passado por uma crise com seu diretor José Arthur Rios, que após o trabalho da favela carioca deixaria a SAGMACS.[42] Logo, a equipe constituída era aquela de São Paulo, sob a direção de Benevenuto de Santa Cruz.

Com a finalização do Page e o retorno da equipe, uma série de trabalhos é encomendada à SAGMACS. Os contratantes eram empresas, associações e governos, ainda com número significativo de trabalhos encomendados pela CIBPU, como *Organização dos serviços públicos do estado do Paraná*; *Plano de desenvolvimento do Paraná para reformulação de quadros governamentais e*

---

41 Entrevista de Celso Monteiro Lamparelli concedida à autora.

42 Lebret encontrou o governador da Guanabara Carlos Lacerda em uma viagem ao Brasil em 1961, quando passou uma temporada no Rio de Janeiro e quando encontrou também Hélio Modesto – ocasião em que discutiram um trabalho para o estado da Guanabara. Lacerda convidou Rios para assumir a Secretaria de Assuntos Sociais da Guanabara, tendo saído do cargo devido à política de remoção de favelas. Ver LIMA, Nísia Trindade e MAIO, Marcos Chor. "Ciências sociais e educação sanitária: a perspectiva da Seção de Pesquisa Social do Serviço Especial de Saúde Pública na década de 1950". *História, Ciencias, Saude-Manguinhos* [online]. 2010, vol. 17, n. 2, p. 511-526.

estudo das comunidades territoriais; Água e esgoto no estado do Paraná; Água e esgoto: análise da situação dos sistemas nas sedes de municípios do interior de São Paulo; Equipamentos urbanos de água e esgotos no estado de São Paulo;[43] *e Energia elétrica no estado de São Paulo.*

Tem destaque nesse período a atuação da SAGMACS em cidades médias como Vitória, Ipatinga, Sorocaba, São Vicente, Barretos e Ubatuba. Tratava-se de estudos para implantação de loteamento e política habitacional, planos diretores e estudos de desenvolvimento. Recordemos que Baltar criou nesse mesmo momento o Cepur, em Recife, desenvolvendo trabalhos junto às prefeituras de algumas cidades, assim como o CPEU, o Ibam e a SAGMACS.[44]

Nesse mesmo ano de 1962 Baltar também participava da orientação do trabalho *Relatório do Plano Diretor de Belo Horizonte*, da SAGMACS, junto com a mesma equipe que executaria os planos diretores de Barretos e Sorocaba. No debate dos planos diretores do período, Baltar discutia a falta de plano e de orientação das cidades médias e elaborava um roteiro de pesquisa urbana e a execução de um plano diretor como instrumento de controle, num conjunto de documentos legais e técnicos "debatido com o povo em suas associações de classe ou de bairro e aprovado pelos poderes públicos".[45]

Nesse período, a composição das equipes era muito variada, mas na maioria dos trabalhos existia um grupo comum. Nos trabalhos da SAGMACS que indicam a equipe notamos um grupo de técnicos que

---

43 Nos trabalhos da SAGMACS sobre "água e esgoto" quem estava à frente era o engenheiro Nelson Luiz Rodrigues Nucci.

44 FELDMAN, Sarah. *Planejamento e Zoneamento*: São Paulo: 1947-1972. São Paulo: Edusp/Fapesp, 2005a.

45 BALTAR, Antonio Bezerra. "Planos Diretores para as cidades pequenas e médias no Brasil". In: IBAM. *Leituras de planejamento e urbanismo*. Rio de Janeiro, 1965, p. 174.

se repete: Clementina de Ambrosis, Maria Adélia Aparecida de Souza, Celso Lamparelli, Francisco Whitaker Ferreira, Domingos Theodoro Azevedo Neto, Luiz Carlos Costa, Flávio Villaça e outros participantes. Desses, os últimos cinco nomes tinham vindo do Page.

Um dos trabalhos mais abrangentes desse período foi o *Águas e esgotos: análise da situação dos sistemas nas sedes de municípios do interior de São Paulo*, realizado em 1963. Coordenado por Domingos Theodoro de Azevedo Neto e Nelson Luiz Rodrigues Nucci, mobilizou cerca de 40 profissionais.[46] O último trabalho da SAGMACS que encontramos foi publicado em 1964. Trata-se de uma prospecção dos problemas de desenvolvimento de Ubatuba, solicitado pelo prefeito da cidade e coordenado por Clementina de Ambrosis, Benevenuto de Santa Cruz e Luiz Carlos Costa, com a participação de mais cinco técnicos.

Em março de 1964 havia cerca de onze contratos em andamento ou em via de serem assinados. "SAGMACS estava em plena atividade em 1964", diz Lamparelli.[47] O golpe de 31 de março tornou-os inviáveis. Após o golpe, alguns foram perseguidos, outros buscaram novas formas de trabalho, e alguns entraram para a clandestinidade e saíram do país. Duas visões não excludentes sobressaem quanto ao fechamento da SAGMACS. A primeira é de que foi o golpe que inviabilizou a continuidade da instituição. A outra é que nenhum dos participantes da cooperativa que se formara tinha características empresariais, sendo, portanto, o seu fechamento anterior ao golpe de 1964. Visões esclarecidas nos depoimentos de Moreira, Whitaker e Villaça.

46　A pesquisa foi realizada em 497 sedes de municípios do estado de São Paulo. Foi realizado um levantamento minucioso dos sistemas de água e esgoto existentes, da característica urbana dos municípios e da poluição dos cursos d'água.

47　Entrevista de Celso Monteiro Lamparelli concedida à autora.

Segundo Moreira, "toda a esquerda passou a ser mal vista pelo novo regime. Tudo quanto era movimento de esquerda era inimigo, e o movimento da esquerda católica também. Era desse movimento que a SAGMACS era representante. Então, nós, como todo movimento de esquerda, perdemos as possibilidades de trabalho, sendo algumas pessoas da SAGMACS perseguidas".[48] Os dominicanos tinham uma ação mais combativa. Para Whitaker a perseguição foi maior em relação aos dominicanos, não tanto a SAGMACS. Porém, "digamos assim, que o convento deles era o nosso quartel general, era onde nos reuníamos para conversar".[49] Para Villaça a cooperativa se desfez antes mesmo do golpe de 1964, "pois nenhum de nós tinha tino empresarial, nós éramos incapazes de tocar uma empresa e a cooperativa pretendia ser uma empresa que vivia de seus trabalhos. Não chegou a falir, mas fechou".[50]

Algumas considerações sobre o aperfeiçoamento da metodologia a partir de 1962 são destacadas pelos participantes da SAGMACS. Segundo Moreira, desde o trabalho da aglomeração paulistana "houve uma simplificação na metodologia para se chegar direto aos resultados, direto na indicação dos problemas. Foi desenvolvida muito mais uma ideia voltada para a *práxis*",[51] o que também se verifica no trabalho de Belo Horizonte em 1958. A partir desse mesmo ponto de vista Lamparelli acrescenta que, além dos métodos terem evoluído "radicalmente", também houve muito progresso nos conceitos, "que

---

48   Entrevistas de Antonio Claudio Moreira disponível em CESTARO, 2009, e concedida à autora.

49   Entrevistas de Francisco Whitaker Ferreira disponível em CESTARO, 2009, e concedida à autora.

50   Entrevista de Flávio Villaça disponível em CESTARO, 2009.

51   Entrevistas de Antônio Claudio Moreira disponível em CESTARO, 2009, e concedida à autora.

se superavam". As experiências fracassadas eram discutidas no grupo, tendo a equipe técnica aperfeiçoado e simplificado o método.

Podemos citar também a presença de novos técnicos que optavam por uma apresentação de trabalho mais objetiva, sem a utilização da tradicional metodologia da SAGMACS.[52] Para Whitaker, a equipe foi cada vez mais aperfeiçoando a metodologia, passando também para uma dimensão mais participativa na elaboração dos estudos contratados pelas prefeituras, onde convidavam seus contratantes a um planejamento participativo, embora ainda não existisse essa relação com a população.[53]

Foi em uma reunião com Lebret em uma das suas últimas viagens ao Brasil que alguns participantes da equipe expressaram o desejo de "abandonar alguns aspectos da metodologia de Lebret por demorar muito": "Nós estávamos preocupados em principalmente fazer com que os planos fossem assumidos pelos prefeitos". A resposta de Lebret foi positiva: "Vocês que são os sábios", aprovando a mudança.[54] Essa preocupação da equipe estava relacionada ao tempo político, cuja metodologia de Lebret não acompanhava por ser extremamente minuciosa e detalhada no conhecimento da realidade. Além disso, os trabalhos executados nesse período não eram de desenvolvimento regional, e o perfil dos contratantes era outro. O temor de parte do grupo era que Lebret "tinha uma ideia muito europeia de que os técnicos é que sabiam fazer [...]",

---

52 Entrevista de Flávio Villaça disponível em CESTARO, 2009.

53 Entrevistas de Francisco Whitaker Ferreira disponível em CESTARO, 2009, e concedida à autora.

54 Entrevistas de Francisco Whitaker Ferreira disponível em CESTARO, 2009, e concedida à autora.

enquanto os técnicos desejavam "que os planos fossem absorvidos, que saíssem do papel".[55]

O legado deixado por Lebret é registrado por alguns participantes: "A novidade era a questão da interdisciplinaridade"; "forte era a visão do pobre [...] a percepção de uma sociedade segregada", diz Moreira. "Estudos focando a população no planejamento urbano no Brasil? Foi lá que começou. Não se falava em social. [...] Lebret dizia que a população era uma força que fazia parte da cidade", diz Clementina. "Não se pode exigir daquela época o que as ciências sociais propuseram nesses 50 anos. Era uma coisa quase medieval, como as monografias de Le Play", diz Lamparelli. "Ele tinha a semente de preocupação de natureza mais política de como intervir na realidade [...] mas a metodologia que ele usava era muito técnica, de cima para baixo". Depois "avançamos mais na participação, no processo de conhecimento [...] para que os agentes políticos participassem dentro do próprio processo que o Brasil ia conhecendo de movimentos sociais", diz Whitaker.[56]

Com o decorrer dos trabalhos e a mudança na metodologia, novos conceitos também são inseridos nos estudos da SAGMACS. Temas como cooperação, participação, democracia e associativismo passam a ser recorrentes na década de 1960. Tais temas também estavam em construção no âmbito do planejamento urbano no Brasil, e, nesse sentido, aqueles técnicos foram alguns dos pioneiros.[57] Constituíam um grupo de técnicos que utilizavam conceitos

---

55   Entrevistas de Francisco Whitaker Ferreira disponível em CESTARO, 2009, e concedida à autora.

56   Entrevistas concedidas à autora.

57   Identificamos na análise dos trabalhos da SAGMACS alguns termos importantes: "agentes do planejamento", "solidariedade", "desenvolvimento", "ato coletivo", "conhecimento da realidade", "papel das comunidades locais no plano de

avançados para aquele momento, e que mais tarde se tornariam em importantes nomes em diversas esferas na área de planejamento no país. Podemos dizer que aquele momento vivido por eles na SAGMACS foi fecundo quanto às primeiras discussões do que seria nominado, mais tarde, de participação democrática no planejamento urbano. É o que destaca Lamparelli ao dizer que vivenciou entre os anos de 1954 e 1964 uma fase inicial do planejamento urbano democrático. Mesmo que discutível em razão da pouca experiência política, havia intensa busca de suas bases científicas a partir das teorias disponíveis.[58]

---

desenvolvimento", "mobilização social", "cooperativismo", "sindicalismo", "associativismo", "consulta popular", dentre outros.

58 LAMPARELLI, Celso. "Louis-Joseph Lebret e a pesquisa urbano-regional no Brasil: crônicas tardias ou histórias prematuras". In: PADILHA, Nuno (org.). *Cidade e Urbanismo: história, teorias e práticas*. Salvador: FAU/UFBA, 1998, p. 281-298.

6

O IRFED
A formação internacional para o desenvolvimento

Onze anos separam a primeira viagem de Lebret ao Brasil da fundação do Institut de Recherche et de Formation en vue du Développement Harmonisé (IRFED), planejada anos antes e discutida em uma das Conferências Internacionais de Economia Humana, na qual Lebret expõe as razões para a sua fundação: assegurar a formação técnica e humana das equipes que consagrariam as suas atividades ao serviço do aprimoramento humano em países "insuficientemente desenvolvidos".[1] Segundo o documento da Association Internationale d'Economie Humaine,[2] os ensinamentos dados no IRFED permitiriam preparar jovens graduados a serem *experts*, assistentes em vocações múltiplas ou professores, neste caso visando à formação de *développeurs*.

Não identificamos esses onze anos como um intervalo entre um evento e outro. Ao contrário, foi povoado de situações e experiências que amadureceram a ideia da fundação do IRFED. Quando em 1947 Lebret fez um reconhecimento de campo dos problemas de desenvolvimento da América Latina e publicou uma carta aos americanos,

---

1   Conférence Internationale d'Économie Humaine (EH. 2) Procès Verbal de la Réunion du 14 novembre 1957. Fundo Lebret, pasta 125.

2   Association Internationale d'Économie Humaine, Fundo Lebret, pasta 125.

ele deu início à exploração de um tema que iria acompanhá-lo durante todo o restante de seu percurso. De fato, Lebret já mostrava desde os anos 1920 um engajamento social e a aproximação com a utopia comunitária, herança do catolicismo social, que certamente contribuíram para a formulação de sua ideia de desenvolvimento. Além disso, a formação de profissionais engajados que atuariam em suas realidades também tinha destaque em seus cursos antes mesmo de sua vinda ao Brasil. Porém, supomos ser neste ponto – a partir do *choque do subdesenvolvimento* – que a ideia de um instituto de formação passou a ter mais destaque para Lebret.

Durante esse processo de maturação do Instituto, Lebret foi reconhecido como pesquisador pelo CNRS, estudos foram desenvolvidos na América Latina e conferências foram realizadas em vários países que tinham graus de desenvolvimento díspares. Em cada um desses momentos, Lebret teve a oportunidade de explicar sua teoria do desenvolvimento, de experimentar seus métodos e de formar uma *rede Lebret* em vários países que, mais tarde, fariam do IRFED um instituto de visibilidade internacional – o que o legitimou como pesquisador no meio científico francês.

A fundação do Instituto ocorreu em 27 de março de 1958, e foi o coroamento de anos de estudos e trabalhos de Lebret, marcando a concretização da sua ideia de formar um corpo técnico dentro de sua perspectiva de economia humana, numa visão internacional. Nenhum outro instituto ou centro criado por Lebret foi voltado exclusivamente para a formação de *développeurs* como o IRFED, embora em muitos deles, como a SAGMACS, houvesse a preocupação com essa formação.

A questão da formação sempre foi central para Lebret; fazia parte de seu projeto de desenvolvimento e avançava em várias dimensões, como a técnica, a política, a militante, a espiritual. O IRFED privilegiava mais as dimensões técnica e política, destacando-se na formação de quadros de profissionais que pudessem subsidiar ações governamentais em favor do desenvolvimento e na formação de professores que, como *agentes de disseminação*, pudessem atuar na formação de outros *développeurs*. Os profissionais ligados aos centros de estudos que tinham vinculação com Lebret – como SAGMAESCO, SAGMACS, SAGMA, Compagnie d'Études Industrielles et d'Aménagement du Territoire (CINAM), Institut Mecanographique de Statistique et d'Analyse Comptable – eram convidados também a receber a formação do Instituto.[3]

Em um prólogo de fundação do IRFED destacamos alguns caminhos de Lebret até a abertura do Instituto e desenvolvemos as principais ideias presentes no momento de sua criação, ressaltando um obscurecimento do aspecto espiritual, provavelmente para adquirir o reconhecimento científico. Apresentamos a estruturação das disciplinas e organizamos em tabelas e quadros a origem e as vinculações dos professores e alunos do IRFED, onde é possível verificar uma pluralidade de nacionalidades e formações que possibilitavam o intercâmbio cultural e técnico durante as sessões do Instituto.

Também elaboramos a lista de alunos, professores e colaboradores brasileiros que atuaram no IRFED. Ao final do capítulo, apresentamos um resumo de como o IRFED prosseguiu após a morte de Lebret, quais as principais atividades atuais e as possibilidades de pesquisa que o Instituto guarda em seus arquivos.

---

3   Association Internationale d'Économie Humaine, Fundo Lebret, pasta 125.

Prólogo de fundação: a maturação do Instituto de Formação Internacional para o Desenvolvimento

Embora o IRFED tenha sido constituído juridicamente em 1958, a ideia da criação de um centro de formação internacional era uma preocupação recorrente de Lebret, especialmente no que concerne ao desenvolvimento do Terceiro Mundo e aos meios necessários para realizá-lo. Mesmo que a ideia da formação já o acompanhasse antes mesmo de 1947, foi somente a partir da "tomada de consciência" do subdesenvolvimento que a sua ideia ganhou força, já que encontrou o alvo para a sua formação: os quadros latino-americanos.

A ideia de um instituto parece tomar forma a partir de 1953, embora nesse longo processo de maturação a inquietação de Lebret já estivesse presente em seu texto *Lettre aux américains*. O texto, além de trazer a ideia do *choque do subdesenvolvimento* de Lebret, conforme trabalhamos no Capítulo 3, revela a "utopia" do autor de "unidade do mundo", que seria adquirida a partir da suficiência para todos, do equilíbrio econômico e da elevação de nível de vida das populações.[4] Para se chegar a essa unidade, isto é, ao equilíbrio entre os povos, algumas tarefas seriam necessárias, e são nelas que encontramos a semente do que estaria, mais tarde, em sua proposta de formação de profissionais para atuarem em favor do desenvolvimento humano. Teria sido a vinda de Lebret ao Brasil e à América Latina o momento fundador daquilo que, mais tarde, seria chamado por ele de *développeur*?

O texto *Lettre aux américains* nos dá essa pista, quando Lebret, diante da exposição das impressões de sua viagem, propõe, dentre as tarefas a empreender, "formar políticos" capazes de analisar as

---

4   LEBRET, Louis-Joseph. "Lettre aux américains". *Economie et Humanisme Revue.* Marseille, n. 34, nov./dez. 1947b. p. 580.

possibilidades e necessidades para a população de base, que se preocupassem com o bem comum, além de:

> Preparar novos homens, técnicos em ciências humanas; diretores capazes de inaugurar uma associação de comunidades ascendentes, professores, assistentes sociais, higienistas, médicos dispostos a viverem entre o povo, longe da grande cidade; militantes e líderes de movimentos da juventude e de ação sindical que conheçam as necessidades das pessoas e aptos a identificarem líderes e esclarecerem a opinião do Estado sobre as medidas a serem tomadas em favor das classes populares; responsáveis políticos conhecedores da vida municipal e regional, que sejam objetivos e eficazes, verdadeiros criadores de células civilizatórias; e, enfim, grandes políticos que atuem no plano nacional e internacional.[5]

Lebret mostrava o que segundo ele era o caminho da capacitação profissional, militante e política para o alcance do equilíbrio entre os países mais e menos desenvolvidos, o que para ele passou a ser perseguido após as suas conclusões de viagem à América Latina, em 1947. "Utopia, dirão alguns dentre vós", complementa Lebret em seu texto.

A proposta de um instituto apareceu pela primeira vez em 1953, durante uma estada de Lebret no Brasil, quando ele realizou o rascunho do "Instituto de Formação ao Desenvolvimento", que teria a sua base no Brasil e atenderia ao conjunto de países da América Latina.[6] Uma primeira sessão de formação chegou a ser realizada no país nesse mesmo ano para um auditório composto por economistas,

---

5   LEBRET, 1947b. p. 581.

6   DELPRAT, Raymond. "L'IRFED". *Amis du Père Lebret* n. 3, maio 1982, p. 2.

sociólogos, arquitetos e especialistas em questões sociais.[7] Porém, o projeto não prosseguiu. As grandes linhas do pensamento de Lebret podem ser vistas no programa do curso, como a visão pluridisciplinar e pragmática do desenvolvimento e o ordenamento do território (ver Anexo 1).

Nesse processo de maturação do IRFED houve impasses entre Lebret e o próprio grupo Economie et Humanisme francês. Desde o início da década de 1950 Lebret desejava uma abertura internacional para o grupo e sua transformação num centro de estudos em problemas do desenvolvimento. Porém, essa abertura era considerada por alguns componentes da equipe como uma derivação do projeto inicial do grupo EH, enquanto outros acreditavam que a perspectiva de torná-lo um instituto de formação internacional não correspondia aos objetivos fixados pelos seus fundadores em 1941.[8] Dessa forma, colocava-se para Lebret a necessidade da fundação de um instituto independente do grupo EH, que desse à base a rede internacional que estava se formando em torno da temática do desenvolvimento harmônico.

Destacamos também que o ano de 1953 foi de grande reconhecimento científico para Lebret no Centre National de Recherche Scientifique (CNRS), o que o projeta nesse meio como *expert* internacional. Como vimos no Capítulo 3, a busca por esse reconhecimento científico era vislumbrada por Lebret e fora uma das motivações no direcionamento de sua carreira para a atuação na América Latina. Foi a partir dos primeiros trabalhos no Brasil, em 1952, e da

---

7   BREUIL, Mathilde Le Tourneur. *Le Père Lebret et la construction d'une pensée chrétienne sur le développement: dans le sillage de modeles politiques et intellectuelles émergents au Brésil, 1947-1966.* Mémoire pour l'obtention du diplome de Master II de l'Ecole des Hautes Etudes en Sciences Sociales. Paris, 2006.

8   GARREAU, Lydie. *L. J. Lebret, um homme traque (1897-1996).* Villeurbanne/Bruxelles: Golias, 1997; BREUIL, 2006.

publicação de seus guias de pesquisa,[9] que Lebret vai, pouco a pouco, adquirindo o seu espaço no meio científico francês.

Em 1953, dois acontecimentos foram fundamentais na concretização da ideia do instituto de formação de Lebret. Um deles tratava-se da reunião entre Lebret, Josué de Castro e o dominicano Abée Pierre[10] para a discussão sobre um organismo internacional de desenvolvimento que se articularia em três frentes. O projeto tomou forma, primeiro, a partir da organização do *Institut de* Recherche et d'Action contre la Misère Mundiale (IRAMM) em 1955, sob a direção de Abée Pierre, e, depois, através da fundação da Association Mondiale contre la Faim (Ascofam), instituída em 1957 por Josué de Castro. Lebret, na ocasião da reunião, estaria responsável pela criação de um instituto de pesquisa e formação direcionado ao desenvolvimento.[11] Embora planejados em conjunto, os dois primeiros institutos passaram a ser independentes, o que levou Lebret a seguir pelo mesmo caminho quanto à fundação do seu instituto. Pelletier assinala que as negociações entre os três para se criar um organismo triplo não teve continuidade em parte pela orientação ideológica de Josué de Castro na Ascofam, no que dizia respeito à sua relação com o comunismo, do qual Lebret tinha certa inquietude; e também pela pouca disponibilidade de Abée Pierre, à frente do IRAMM, de

---

9   Sobre os guias de pesquisa ver o item "A formação para pesquisadores" (p. 167).

10 Henri Antoine Groués, nome de batismo do Abbé Pierre (1912-2007), viveu os primeiros anos de seu sacerdócio, no período da Segunda Guerra Mundial, acolhendo os judeus dos nazistas. Entre 1942 e 1944 participou da resistência francesa e após a Guerra voltou a Paris e foi eleito deputado da Assembleia Nacional. Em 1951 passou a se dedicar ao Movimento de Emaús, que tinha como premissa a solidariedade entre os pobres. Informações retiradas do site da Fundação Abée Pierre: www.fondation-abbe--pierre.fr/index.php. Acesso em: 27 mar. 2010.

11 DELPRAT, 1982.

utilizar seus recursos para subvencionar o instituto de formação de Lebret.[12] Dessa forma, Lebret buscou a fundação de uma instituição autônoma para formação em desenvolvimento.

Uma série de eventos internacionais também fortaleceu Lebret a fundar um instituto de formação. Lembremos que nesse momento Lebret também já tinha o suporte dos primeiros resultados das pesquisas realizadas no Brasil, contratadas pela CIBPU, que possivelmente respaldaram as suas comunicações em importantes reuniões internacionais. Um desses eventos ocorreu na sede da Organização das Nações Unidas (ONU), onde Lebret participou, juntamente com um grupo de especialistas, da redação de um relatório sobre a *definição e avaliação do nível de vida do ponto de vista internacional*, que considerava o nível de vida em diferentes países, estabelecendo comparações em escala global. Além do fato de Lebret utilizar seu método de análise dos fatos sociais num organismo internacional, os resultados desse estudo chamavam a atenção da ONU para as disparidades de nível de vida entre vários países e continentes.

Em 1955 outra oportunidade surgiu para que Lebret apresentasse as suas ideias de desenvolvimento também num plano internacional. A convite da Faculdade de Ciências Sociais da Universidade de Montreal, ministrou por um trimestre um curso sobre a *dinâmica do desenvolvimento*, que daria as bases para as suas futuras obras *Suicídio ou sobrevivência do ocidente?* e *Dinâmica concreta do desenvolvimento*.[13]

Este curso, juntamente com o estudo realizado na ONU (1953) e o Congresso de Economia Humana, em São Paulo (1954), além do seu comando na SAGMACS em grandes trabalhos, foram

---

12   PELLETIER, Denis. *Économie et Humanisme: de l'utopie communautaire au combat pour le tiers-monde (1941-1966)*. Paris: Les Éditions du Cerf, 1996.

13   Obras originalmente publicadas em francês nos anos de 1958 e 1961, respectivamente.

determinantes na verificação de Lebret da necessidade de um instituto de formação e do aprimoramento de sua teoria sobre necessidades, possibilidades, ordenamento do território e desenvolvimento harmônico – os principais temas ensinados no IRFED. Somam-se ainda às experiências de conferências realizadas em Bandung, em 1955[14] (mostrando a amplitude dos problemas do Terceiro Mundo), o contato de Lebret com a Indochina e a Índia a partir de 1953, a pesquisa sobre as necessidades e possibilidades de desenvolvimento da Colômbia (1954-1956), e o contato com o governo do Senegal para o estudo de um plano de desenvolvimento. Eventos que mostram um alargamento das preocupações de Lebret, que partiram para um campo que extrapolou a América Latina e passou a abranger outros países do Terceiro Mundo.[15]

Essas experiências progressivamente fizeram com que Lebret amadurecesse a sua ideia de fundação de um instituto de formação. Foi também a partir do apelo de governantes para a elaboração de planos de desenvolvimento que Lebret viu a necessidade de formar um corpo de profissionais para atuar em pesquisas. *"Economie et Humanisme* tinha sido levada a se preocupar com os problemas de desenvolvimento desde 1948[16] em ocasião de um curso de Introdução à Economia Humana em São Paulo, e devido a uma viagem de estudo na América Latina [...]. De 1952 a 1958, muitos governantes

---

14 No ano de 1955 Lebret faz um *tour* pelo mundo e entra em contato com o sul e sudeste da Ásia, próximo e médio Oriente, África ocidental francesa e Marrocos, Europa e América. Volta com um sentimento de que a tarefa a empreender era a de formação de *experts* em desenvolvimento (PELLETIER, 1996).

15 DELPRAT, 1982.

16 Correção: 1947.

pediram ao Pe. Lebret e seus colaboradores que estudassem as possibilidades e as vias de desenvolvimento de seus países [...].[17]

Fiel a uma doutrina que substitui "assistência" aos países do Terceiro Mundo por "cooperação", isto é, a parceria entre *développeurs* autóctones e *experts* internacionais em pesquisa e ações, Lebret buscou formar cristãos e não cristãos engajados para o desenvolvimento, que estivessem dispostos a receber uma formação rigorosa segundo as funções que ocupariam em seus países de origem ou em missões.

Alguns fatores novos deram urgência à fundação do Instituto. Pelletier lembra que, além da perspectiva de novas missões, uma no sul do Vietnã e outra no Senegal, outro instituto especializado em questões do desenvolvimento foi criado em outubro de 1957, na Universidade de Paris, sob a direção de Henry Laugier. Tratava-se do Institut d'Etude du Développement Économique et Sociale (IEDES), cuja direção rapidamente passaria para François Perroux. O IEDES seria o principal concorrente do IRFED no que diz respeito ao campo de estudos das duas instituições, sendo a revista *Développement et Civilisations* (DC), fundada pelo IRFED em 1960, a concorrente da revista *Tiers-Monde*, de François Perroux.[18] A competição entre os dois institutos era quanto à concessão de subvenções para a abertura e início das atividades e em relação ao desejo de atrair candidatos qualificados e motivados para os seus respectivos cursos. O IRFED buscou se diferenciar do IEDES colocando a ênfase da formação na prática do desenvolvimento, enquanto o instituto de Perroux era mais voltado para a pesquisa e formação teórica.

---

17   Documento sobre o IRFED. Fundo Lebret, pasta 124.

18   DELPRAT, 1982.

Foi em dezembro de 1957, no primeiro andar da livraria Economie et Humanisme, em Paris,[19] que Lebret expôs para 80 personalidades representativas e especialistas em problemas do desenvolvimento o projeto de criação de um instituto de pesquisa e formação, e a decisão de sua constituição como uma associação sem fins lucrativos. No mesmo mês partiu para uma missão no Brasil e confiou a redação do estatuto e dos documentos necessários à abertura do Instituto aos seus colegas Pierre Gouffier, Raymond Delprat e Mathilde Savoye, que discutiram a questão com Lebret por meio de cartas. Em sua volta a Paris, em 26 de março de 1958, a fundação oficial do IRFED já havia sido realizada durante uma assembleia geral.[20]

Certamente, o processo de maturação do Instituto acompanha uma tessitura de relações e contatos estabelecidos por Lebret nos países visitados por ele. Além disso, contribuíram as múltiplas atividades de pesquisa, a sua atuação anterior no grupo EH, e o reconhecimento adquirido como pesquisador, inclusive na França, nos meios laicos. A credibilidade de sua nova empreitada ajudou no recrutamento de estudantes interessados no curso do Instituto e no financiamento pelos órgãos que tinham interesse na sua existência.

A criação do IRFED: formação em pesquisa, teoria e métodos de desenvolvimento

O IRFED foi fundado sob a forma de uma associação sem fins lucrativos, por um grupo de personalidades francesas e estrangeiras interessadas no problema do subdesenvolvimento de alguns

---

19 Mesmo após a sua fundação, em março de 1958, o IRFED não dispunha de um local próprio. Sua sede estava na rua Saint-Honoré, 262, no andar superior ao da livraria Economie et Humanisme – local exíguo, mas que foi útil até a instalação de um novo conjunto dominicano na rua Glacière, onde se encontra atualmente (PELLETIER, 1996).

20 DELPRAT, 1982.

224 MICHELLY RAMOS DE ANGELO

países. Figuravam em sua fundação, além de Lebret, que à época era Diretor de pesquisa no CNRS, nomes como o do presidente do Comitê Nacional de Produtividade, Robert Buron; o presidente da Assembleia Mundial da Juventude, Antoine Lawrence; e o diretor Geral do grupo Economia e Humanismo, Raymond Delprat. O Instituto se beneficiava da "experiência adquirida por seus fundadores durante 30 anos em diversos domínios e práticas relacionadas ao desenvolvimento".[21] Para a sua fundação, recebeu subvenção do governo francês correspondente a 70% de seus gastos.[22]

Como vimos, a criação do Instituto também estava relacionada ao *choque* de Lebret a partir do seu contato com os países latino--americanos, e mesmo à urgência em formar novos profissionais para que atuassem em novas *missões* em outros países subdesenvolvidos. Foi após sua primeira viagem ao continente e também após estudos e intervenções realizados, especialmente no Brasil, que Lebret viu a oportunidade de fundar o instituto especializado na pesquisa, teoria e métodos de desenvolvimento, tendo como preocupação essencial a formação de assistentes técnicos competentes.

No *Guide pratique de l'enquête sociale,* consagrado ao desenvolvimento regional[23] e publicado no mesmo ano da fundação do IRFED, Lebret demonstra a sua preocupação com a formação de técnicos e apresenta a necessidade de capacitar quadros de desenvolvimento e de organizar o Instituto como forma de suprir essa carência:

> Diante da complexidade das tarefas de ordenamento/organização do território e de desenvolvimento, nossa ambição

---

21 IRFED. Objectifs. s.d. Fundo Delprat, pasta 84.

22 Carta de Lebret para Sergent Marcelin, 20/07/1959. Fundo Lebret, pasta 116.

23 Sobre este manual de pesquisa ver item "Os anos de 1952-58 na SAGMACS" (p. 175).

será de fundar um Instituto para formar técnicos (diretores de pesquisa, estudiosos da conjuntura, interpretadores e realizadores) dessas novas disciplinas. Assim poderiam se multiplicar equipes de especialistas complementares permitindo responder ao apelo dos países e das regiões ávidas pelo desenvolvimento. O número atual de especialistas espalhados pelos países desejosos pelo desenvolvimento não cobre mais que um vigésimo das necessidades urgentes. É necessário reduzir muito rapidamente essa carência.[24]

O objetivo de Lebret de formar quadros de desenvolvimento é ressaltado por brasileiros que participaram da SAGMACS. José Arthur Rios, por exemplo, afirma que o IRFED testemunha o empenho de Lebret em formar especialistas em cooperação técnica, tendo como objetivo promover um desenvolvimento harmonioso e uma civilização solidária.[25] Lamparelli, em entrevista, salienta que "o IRFED era o sonho de Lebret. [...] era uma espécie de universidade internacional [...] de formação paralela, de formação de leigos também, não só de religiosos".[26]

Ressaltemos o aspecto da laicização do Instituto, que o fez seguir um caminho muito diferente do grupo EH. Pelletier destaca um obscurecimento da dimensão religiosa, sendo este o corolário daquele novo estatuto de especialista, que, inclusive, não faz qualquer alusão à dimensão religiosa.[27] Garreau ressalta um "sopro espiritual" nos

---

24 LEBRET, L.-J. *Guide pratique de l'enquête sociale*, Tome IV, 1958a, p. 6 (Fundo Lebret, pasta 144).

25 RIOS, José Arthur. Lebret: uma reflexão inatual. [s.d.] ms. Citado por VALLADARES, Licia do Prado. *A invenção da favela*: *do mito de origem a favela.com*. Rio de Janeiro: Editora FGV, 2005a, p. 78.

26 Entrevista de Celso Monteiro Lamparelli concedida à autora em 2008.

27 PELLETIER, 1996.

objetivos de Lebret, porém, com certa cautela, para que não fosse um impedimento ao Instituto adquirir bolsas para os alunos e outras subvenções.[28] Certamente tratava-se de um cuidado para que o IRFED fosse desvinculado de uma imagem religiosa católica e visto como um instituto científico, o que proporcionaria uma maior abertura na aquisição de recursos. A autora ainda ressalta que Lebret jamais perdeu a visão do aspecto espiritual do desenvolvimento dos seres humanos. Nesse sentido, Pelletier destaca que a vertente teórica de desenvolvimento harmônico toma certo distanciamento do catolicismo mais intransigente de origem, sem, portanto, cessar de alimentar uma leitura renovada da doutrina social da Igreja.

Pelletier discorre sobre a noção de *communauté* do EH, que deixou lugar para uma nova utopia, a do desenvolvimento harmônico. Não que o ideal comunitário estivesse ausente da teoria lebretiana do desenvolvimento, mas o papel do IRFED era de fornecer a formação técnica que permitiria aos especialistas do Terceiro Mundo auxiliar na construção dessa sociedade ideal. No grupo EH, durante os seus primeiros anos, o modelo proposto aos seus membros era religioso, de ordem dominicana e inspirado em São Tomás de Aquino. Com o IRFED a relação se inverteu. Lebret se apropriou do modelo laico do Instituto de especialistas para dar uma dimensão mundial ao seu engajamento dominicano, sendo essa secularização resultante também da experiência adquirida pelas missões e viagens pelo Terceiro Mundo durante os anos 1950.

Na primeira página do estatuto de fundação do Instituto estão descritos os seus alvos de formação pessoal, preparação de equipes, cooperação e realização de pesquisas, sendo a elevação do nível humano das populações colocada como o objetivo final, conforme

---

28 GARREAU, 1997.

descrito a seguir: 1) formação psicológica, moral, sociológica e econômica daqueles que se destinam a participar, dentro de um espírito universal, do progresso de comunidades de base ou na realização do desenvolvimento no plano regional, nacional e internacional; 2) preparação de equipes polivalentes para estudos; 3) cooperação com organismos privados, governamentais e internacionais; 4) realização de pesquisas e estudos relacionados ao ordenamento do território, buscando o desenvolvimento no plano técnico, e desenvolvimento de recursos visando o desenvolvimento harmônico.[29]

Tratava-se da formação do *développeur*, que com a fundação do Instituto ganhou o seu conceito mais maduro. Mesmo que Lebret já trabalhasse algumas das questões relacionadas em seus manuais de pesquisa e em seus cursos e palestras, foi no IRFED que ele pôde desenvolver uma formação mais consistente baseada na técnica e na militância com o objetivo claro da intervenção no meio.

O IRFED atuou em formação de quadros de desenvolvimento, missões de estudo e de pesquisa (inquéritos gerais, regionais e planejamento) em países subdesenvolvidos.[30] A partir de sua fundação, temas a respeito da teoria e prática do desenvolvimento se tornaram centrais nas reflexões de Lebret. Segundo Houée, seus estudos e planos em diversos países destacam a influência primordial dos fatores humanos e dos valores de cada civilização na realização de planos de desenvolvimento.[31]

---

29   IRFED. Statuts. s.d. 8 p. Fundo Lebret, pasta 116.

30   Boletim IRFED, 1962. Fundo Lebret, pasta 116.

31   HOUÉE, Paul. *Louis Joseph Lebret*: un éveilleur d'humanité. Paris: Les Editions de L'Atelier, 1997.

Um dos instrumentos fundamentais de divulgação do Instituto e de difusão de suas ideias foi a revista *Développement et Civilisations*,[32] que teve a sua primeira publicação em março de 1960. Ela permitiu, além do conhecimento do pensamento sobre o tema, colocar em evidência alguns de seus autores franceses e formar uma rede de ação ligada às correntes de ideias do catolicismo francês progressista. A revista tinha em suas publicações a colaboração de diversos brasileiros. Destacamos Josué de Castro, Paulo Freire, Celso Furtado, Milton Santos e Francisco Whitaker Ferreira.[33] Muitos dos artigos de Lebret publicados na revista fazem observações sobre uma reforma necessária da cooperação internacional e da assistência técnica. Dentre as temáticas recorrentes também destacamos: orientações para a pesquisa, campanhas contra a fome, comunidades de base, reforma agrária, planejamento e educação, análise de desenvolvimento, cooperação internacional, economia e desenvolvimento de comunidades, países e continentes, tendo como objeto comunidades indígenas, Irã, Kuwait, Vietnã, Cuba, Madagascar, México, Oriente Médio, África e Américas.[34]

---

32 DC era uma revista trimestral do IRFED, com tiragem de 4500 a 5000 exemplares, distribuídos em aproximadamente 50 países. Fundo Lebret, pasta 124. Na lista dos principais autores e colaboradores da revista estavam os brasileiros Josué de Castro e Carlos Chagas (também no comitê científico), e o chileno Jacques Chonchol. Uma revista Latino Americana de EH também foi lançada em Montevidéu.

33 Alguns textos dos autores citados publicados na revista DC: FURTADO, Celso. "Les conditions d'efficacité du transfert des techniques", n. 26 jun. 1966; FREIRE, Paulo. "Éducation et conscientization", n. 23, set. 1965; SANTOS, Milton. "L'administration et l'aménagement de l'espace – le cas du Brésil", n. 29, mar. 1967; WHITAKER FERREIRA, Francisco. "Enquête et planification du développement". ns. 33, 34 e 35, 1967, 1968.

34 Seleção de textos a partir do catálogo da revista DC, disponível no Centre Lebret-IRFED, desde a sua primeira publicação (mar. 1960) até o número 46 (set./dez. 1971).

Após a fundação do IRFED e consolidação de contatos internacionais possibilitados pelo Instituto, foi criado também o Centre International de Recherche et de Formation en vue du Developpement Harmonisé (CIRFED), que tinha o estatuto de uma associação estrangeira que agrupava numerosos membros, dentre eles, nomes de latino-americanos e mesmo instituições internacionais. Dentre esses nomes e instituições destacamos José Arthur Rios, representando o grupo Economia e Humanismo no Rio de Janeiro, e Benevenuto de Santa Cruz, representando o EH em São Paulo. Eles, juntamente com nomes ligados ao CLAEH, no Uruguai, faziam parte da lista dos membros do CIRFED.[35]

A estruturação do curso e a formação de uma rede internacional de *développeurs*

Foi logo após a fundação do IRFED, de 12 a 31 de maio de 1958, que a primeira sessão de formação foi realizada. Tratava-se de uma sessão intensiva, parte realizada em Paris e parte em Argueil, na Normandia, na tumultuada conjuntura da guerra de libertação nacional da Argélia.[36] Trinta e seis cursos e onze séries de trabalhos práticos foram realizados em Paris, além de uma semana de seminários em Argueil em torno de oito temas de trabalho. O programa deste primeiro curso se organizava em cinco capítulos: 1) os problemas do desenvolvimento; 2) a análise dos fatos sociais; 3) a análise das potencialidades e possibilidades; 4) as arbitragens e as opções; 5) colocando em prática: a ajuda às comunidades de base, a ação com as instâncias superiores, o espírito de colaboração.[37]

---

35   C.I.R.F.E.D. Fundo Lebret, pasta 124.

36   A Argélia fora dominada pela França desde o início do século XIX.

37   DELPRAT, 1982. O autor destaca que no programa do curso intensivo se encontram os capítulos do primeiro manuscrito do que viria a ser a sua obra *Dynamique*

Vejamos que aparecem no programa de formação do IRFED temas recorrentes nas pesquisas realizadas no Brasil pela SAGMACS a partir de meados da década de 1950, tais como os trabalhos: *Problemas de desenvolvimento, necessidades e possibilidades do Estado de São Paulo*; *Problemas de desenvolvimento, necessidades e possibilidades dos estados do Rio Grande do Sul, Santa Catarina e Paraná*; *Estrutura Urbana da Aglomeração Paulistana: estruturas atuais e estruturas racionais;* e *Estrutura Urbana de Belo Horizonte.*

Ressaltamos o papel das práticas e teorias desenvolvidas por Lebret e sua equipe no Brasil para o amadurecimento, fundação do Instituto e, inclusive, organização de sua grade disciplinar.

A formação estava articulada em vários tipos de sessões: as intensivas de três semanas ou de três meses, as de ciclo normal longo, além das que foram se organizando posteriormente, como as sessões de cinco dias – realizadas de acordo com a demanda de estudantes, sessões especializadas e sessões de finais de semana ou de informação.[38] O ciclo longo de formação começou com a previsão de se estender por dois anos, para que os alunos matriculados obtivessem também uma formação especializada que os possibilitasse prosseguir em uma atividade profissional. Porém, a partir de 1961, o programa se concentrou no ano escolar devido ao grande número de candidatos estrangeiros e à possibilidade de se adquirir bolsas de estudos por até um ano.[39] Sobre as bolsas de estudo, era possível aos estudantes pleitearem financiamentos de origem francesa na embaixada da França do país a que correspondiam. O *Orsay*, por exemplo, concedia bolsas

---

concrète du déveloopement (1961).

38   IRFED. Fundo Lebret, pasta 116.

39   DELPRAT, 1982.

de oito meses a aproximadamente vinte estudantes por ano.[40] Alguns governos e organismos estrangeiros também forneciam bolsas diretamente ao IRFED, como a ONU, a Food and Agricultural Organisation of the United Nations (FAO), United Nations Educational, Scientific and Cultural Organization (UNESCO), Communauté économique européenne (CEE) e a Organisation de coopération et de développement économiques (OCDE).[41]

O primeiro ciclo longo de formação, planejado para ocorrer entre novembro de 1958 e maio de 1960, tinha disciplinas teóricas, conceituais e analíticas. Pelos temas listados a seguir, observamos o estudo abrangente do desenvolvimento, desde sua conceituação e análise de casos até a preparação para as tarefas que um *expert* deveria empreender. Um primeiro módulo de 24 aulas dava destaque às disciplinas mais conceituais e teóricas, como noções de desenvolvimento e preparação para a análise do desenvolvimento, em que Lebret era um dos professores. O segundo módulo consistia em 36 aulas de disciplinas voltadas à análise do desenvolvimento, onde tem destaque análise da situação das populações, de suas necessidades e de seus empregos, elaboração do questionário rural, parte qualitativa, e elaboração do questionário urbano, parte qualitativa, compondo o corpo professoral o brasileiro Eduardo Bastos,[42] juntamente com nomes de franceses ligados ao EH. Um grande módulo de 44 aulas era dedicado ao inventário dos fatores positivos e negativos do desenvolvimento, com participação de Lebret. O último momento se

---

40　O *Orsay* refere-se ao Ministério das Relações Exteriores da França.

41　IRFED. Programme des cours. Fundo Lebret, pasta 116.

42　Eduardo Bastos participou da SAGMACS. Seu nome consta na equipe dos trabalhos *Problemas de desenvolvimento, necessidades e possibilidades do estado de São Paulo* (1954), e *Problemas de desenvolvimento, necessidades e possibilidades dos estados do Rio Grande do Sul, Santa Catarina e Paraná* (1958).

232 MICHELLY RAMOS DE ANGELO

dedicava aos seguintes temas: o contexto ideológico e sociológico do desenvolvimento, arbitragens, o desenvolvimento das comunidades de base, esboços de teorias parciais do desenvolvimento, problemas de civilização, e preparação para as tarefas de animador, de assistente ou expert, num total de 103 aulas.[43]

Após a experiência desse primeiro ciclo longo, o próximo (1960-61) seria modificado. A "fórmula" passou a ser composta por um programa geral, em que o estudo do desenvolvimento e seus aspectos eram abordados, acrescidos de duas opções de programas: opções econômicas e opções sociais.[44] Os ciclos que seguiram após 1961 foram ainda mais técnicos, chegando até 1967 a uma especialização técnica mais avançada, com um ensino que comportava essencialmente a teoria do desenvolvimento, a pesquisa para o desenvolvimento, a política e o planejamento do desenvolvimento e a organização prática das pesquisas e das operações de desenvolvimento.

Além dessa abordagem, o curso também avançava nas áreas específicas dos estudantes. No boletim de 1962 do IRFED constam os principais cursos oferecidos segundo a especialidade do estudante. O curso se dividia em *desenvolvimento de planejamento econômico*,[45]

---

43   IRFED. L'Enseignement de l'IRFED, 18/08/1958. Fundo Delprat, pasta 84.

44   O programa geral encontra-se em DELPRAT, 1982, p. 14-15.

45   O curso específico de *desenvolvimento e planejamento econômico* era destinado aos quadros de desenvolvimento econômico de organismos de planejamento ou de um ministério. As especializações possíveis para este curso eram: programação, cálculo econômico, planejamento do conjunto, pesquisas sócio-econômicas, estudos de projetos. IRFED. L'Enseignement de l'IRFED, 18/08/1958. Fundo Delprat, pasta 84.

desenvolvimento industrial,[46] *planejamento da educação,*[47] *desenvolvimento social*[48] e *ordenamento e planejamento regional e urbano.* Este era dirigido a urbanistas, arquitetos, geógrafos e engenheiros que trabalhavam no planejamento regional e urbano em países em via de desenvolvimento. Os cursos gerais oferecidos para todas as especialidades eram: demografia, saúde e nutrição, economia e finanças, estatística e inquéritos, planejamento e cálculos econômicos, planejamento regional e urbano, sociologia, indústria e contabilidade nacional.[49]

O IRFED também concentrava a sua formação nas análises das necessidades das populações e nos princípios de orientação à autoridades dos mais diversos escalões.[50] Esses e outros aspectos são citados em um dos documentos do Instituto. Na Figura 10 podemos observar o trecho do documento em questão, que mostra que o IRFED também asseguraria a formação psicológica e ética de seus alunos, além da formação de especialista. Essas formações, segundo o Instituto, fariam com que os estudantes desenvolvessem a capacidade de visão completa do desenvolvimento. O que revela as dimensões destacadas na formação do IRFED, com a técnica ganhando um sentido militante.

---

46 Curso destinado aos funcionários de empresas nacionalizadas e dos ministérios da indústria, comércio, transportes, economia nacional e engenheiros e economistas. IRFED. L'Enseignement de l'IRFED, 18/08/1958. Fundo Delprat, pasta 84.

47 Curso para economistas e funcionários que se destinavam a aplicação da política e do planejamento da educação nos quadros de desenvolvimento econômico e social. IRFED. L'Enseignement de l'IRFED, 18/08/1958. Fundo Delprat, pasta 84.

48 Destinado aos futuros responsáveis, na escala nacional, por políticas de desenvolvimento comunitário, de animação, de serviços sociais, de equipamentos de saúde, de serviços cívicos, de cooperativas. Para os técnicos e assistentes sociais que trabalhavam com desenvolvimento de base, na escala da região e de aldeias. IRFED. L'Enseignement de l'IRFED, 18/08/1958. Fundo Delprat, pasta 84.

49 IRFED. Boletim, 1962. Fundo Lebret, pasta 116.

50 IRFED. L'Enseignement de l'IRFED, 18/08/1958. Fundo Delprat, pasta 84.

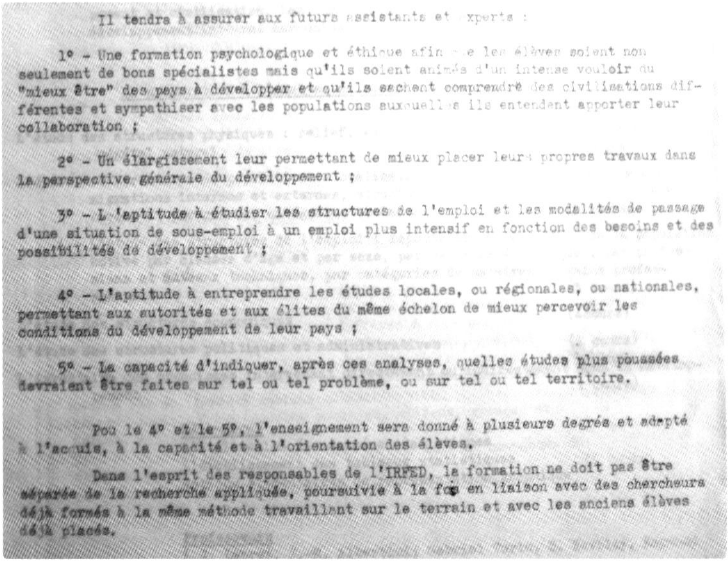

Il tendra à assurer aux futurs assistants et experts :

1° - Une formation psychologique et éthique afin que les élèves soient non seulement de bons spécialistes mais qu'ils soient animés d'un intense vouloir du "mieux être" des pays à développer et qu'ils sachent comprendre des civilisations différentes et sympathiser avec les populations auxquelles ils entendent apporter leur collaboration ;

2° - Un élargissement leur permettant de mieux placer leurs propres travaux dans la perspective générale du développement ;

3° - L'aptitude à étudier les structures de l'emploi et les modalités de passage d'une situation de sous-emploi à un emploi plus intensif en fonction des besoins et des possibilités de développement ;

4° - L'aptitude à entreprendre les études locales, ou régionales, ou nationales, permettant aux autorités et aux élites du même échelon de mieux percevoir les conditions du développement de leur pays ;

5° - La capacité d'indiquer, après ces analyses, quelles études plus poussées devraient être faites sur tel ou tel problème, ou sur tel ou tel territoire.

Pou le 4° et le 5°, l'enseignement sera donné à plusieurs degrés et adapté à l'acquis, à la capacité et à l'orientation des élèves.

Dans l'esprit des responsables de l'IRFED, la formation ne doit pas être séparée de la recherche appliquée, poursuivie à la fois en liaison avec des chercheurs déjà formés à la même méthode travaillant sur le terrain et avec les anciens élèves déjà placés.

FIGURA 10: Trecho do documento *L'Enseignement de l'IRFED*, 18/08/1958.
Fonte: Fundo Delprat, pasta 84.

Sobre o recrutamento dos alunos, um documento do Instituto apresenta as condições necessárias para que os estudantes pudessem seguir o curso de formação, e expõe os objetivos que também deveriam alcançar. Algumas dessas condições tratavam da fluência na língua francesa, da formação superior[51] e do interesse em trabalhar na cooperação com as populações que estivessem em diferentes estágios de desenvolvimento. O objetivo apresentado aos alunos era claro: prepará-los como especialistas em desenvolvimento para atuarem em todos os níveis, desde a comunidade de base até as escalas regionais,

51 IRFED. Études socio-économiques et regionales effectuées par ou sous la responsabilité d'équipiers de l'IRFED. Fundo Lebret, pasta 116. Excepcionalmente, o Instituto recebia pessoas com experiência prática, capazes de completar sua formação escolar. IRFED. Programme des cours, 1962. Fundo Lebret, pasta 116.

territoriais e nacionais, em países em via de desenvolvimento. Nesse recrutamento, o Instituto se dizia responsável não somente por selecionar e aconselhar os candidatos que se apresentassem ou que lhes fossem enviados, mas também por orientá-los quanto às possibilidades de inserção para um futuro emprego.[52] Os estudantes tinham à disposição uma biblioteca no Centro de Documentação do IRFED e uma estrutura que comportava um serviço de acolhimento, secretaria, direção de estudos e a possibilidade de bolsas de estudo.[53] Ao fim do ano escolar um exame obrigatório era realizado para verificar o conhecimento adquirido.

Os cursos consistiam em aulas expositivas, seminários, discussões, trabalhos práticos, visitas externas e viagens de estudos. Uma parte importante do curso era realizada a partir de trabalhos práticos, estudos de caso e organização de estágios. Borel fala sobre a expectativa dos alunos para receberem o curso de teoria do desenvolvimento harmônico, que fazia parte de um segundo momento do curso de formação e era dado por Lebret.[54] Os alunos esperavam esse momento com certa "impaciência", diz o autor, que também revela que esse tema consistia no "coração do programa anual".

Vimos que aulas especializadas eram oferecidas aos alunos de acordo com as suas áreas de formação e interesse. Além disso, eram realizados três tipos de ensino segundo o perfil profissional do estudante. O primeiro tratava da formação de "assistentes práticos", destinada

---

52 IRFED. Fundo Lebret, pasta 116.

53 IRFED. Fundo Lebret, pasta 116.

54 BOREL, Paul. 1982. Le développement harmonisé, son originalité dans l'enseignement de l'Institut de Formation. *Les Amis du Père Lebret*, Paris, n. 3, maio 1982, p. 21-24. Paul Borel foi um dos antigos alunos do IRFED que passou a lecionar nos cursos a partir de 1962, inclusive exercendo o cargo de diretor do IRFED nesse período.

a pessoas engajadas em desenvolvimento de base em comunidades rurais ou bairro, na qual não havia o pré-requisito de especialização. O segundo consistia na formação de "assistentes técnicos", que pressupunha uma especialização anterior em um domínio útil ao desenvolvimento (agronomia, urbanismo, medicina, economia, sociologia, por exemplo). E, por último, a formação de *experts*, ou "especialistas experientes e altamente qualificados, capazes de orientar responsáveis por escalões superiores sobre um problema determinado ou sobre um conjunto de problemas de desenvolvimento".[55]

Em 1966, ano da morte de Lebret, um balanço a respeito dos oito primeiros anos do funcionamento do IRFED mostrava que o Instituto havia recebido 841 participantes de 67 nacionalidades diferentes. Entre eles, metade era proveniente de países em desenvolvimento – da América Latina especialmente.[56] Segundo Pelletier a via privilegiada de recrutamento de estudantes era a partir da atuação na rede formada pelo movimento Economia e Humanismo no Terceiro Mundo, a *rede Lebret*, que geralmente consistia em profissionais

---

55 IRFED. "Raison d'être et objectifs de l'IRFED". Fundo Lebret, pasta 116; Documento do IRFED [data provável: 1960-61]. Fundo Lebret, pasta 116.

56 DELPRAT, 1982. Em 1961, em um primeiro recenseamento de estudantes por país, num total geral de 255 alunos, tem-se o número de 132 europeus, sendo 90 franceses; 52 estudantes das Américas do Sul e Central, sendo 13 os brasileiros – em maior número, seguidos da Venezuela, 11; Argentina, 6; Colômbia, 6; e Peru, 6. Chile e Paraguai, 2 estudantes cada; Bolívia, 1. 32 estudantes vinham da África, 24 da Ásia e 15 da América do Norte. [IRFED. Recensement des etudiants par pays, 18 abr. 1961. Fundo Lebret, pasta 124]. Outro recenseamento foi realizado três anos depois, em 1964, que forneceu a origem geográfica dos estudantes que haviam passado pelo IRFED em seus cinco primeiros anos de funcionamento (1958 a 1963). De 591 estudantes, 186, isto é, menos de um terço, eram franceses de Paris. 290 – a metade – eram da América Latina, África e Ásia.

ligados às pesquisas.[57] Esse era o caso do Brasil, que forneceu um contingente expressivo de estudantes.

A origem dos alunos pode ser observada na Tabela 1, a seguir, realizada por Raymond Delprat a partir das listas de 517 estudantes que participaram do ciclo longo anual no período de 1958 a 1967 (não constam na tabela de Delprat os outros 324 alunos que haviam participado das sessões intensivas no mesmo período). Do total de 517 alunos, observamos um número expressivo (178) de latino-americanos, atrás somente do número total de participantes europeus (202 alunos). As várias nacionalidades dos estudantes mostram o multiculturalismo propiciado pelo Instituto, onde era possível um intercâmbio sócio-cultural e científico entre países mais e menos desenvolvidos.

TABELA 1: Origem dos alunos do IRFED

Continente	1958-59	1959-60	1960-61	1961-62	1962-63	1963-64	1964-65	1965-66	1966-67	Total
Europa	13	25	32	22	18	24	12	33	23	202
Magreb Meio Oriente	3	3	2	13	11	8	2	5	4	51
África Negra Madagascar	-	3	9	4	6	5	6	9	7	49
Extremo Oriente Sudeste da Ásia	2	8	-	2	2	4	2	2	3	25
América Latina	5	14	19	19	19	21	30	29	22	178
América do Norte	1	3	2	-	-	2	4	-	-	12
Total por ano	**24**	**56**	**64**	**60**	**56**	**64**	**56**	**78**	**59**	**517**

Fonte: DELPRAT, 1982, p. 38.

---

57   PELLETIER, 1996.

Havia também uma grande diversidade profissional, o que podemos observar no Quadro 1, a seguir, que revela a predominância de alunos com formatação mais técnica, que desenvolviam estudos em conjunto com outros profissionais de áreas mais teóricas. Eram arquitetos e urbanistas, economistas, professores, agentes de ação social, engenheiros e técnicos, jornalistas, agrônomos, veterinários, eclesiásticos, juristas, médicos, políticos, representantes de sindicatos e organizações voluntárias, sociólogos, psicólogos e etnólogos que ocupavam, em sua maioria, posições de destaque em seu país de origem, seja na administração pública, em grupos de assessoria técnica ou em universidades.[58]

Do total de estudantes apresentado no Quadro 1 para o período de 1958 a 1967, do ciclo longo de formação, Delprat destaca que 95% possuíam nível superior, 4% nível secundário e 1% era autodidata. Observamos também 56 arquitetos, urbanistas e planejadores, que constituiem um número expressivo quando comparado a outras áreas. O autor reagrupa as profissões em atores potenciais do desenvolvimento e estabelece em porcentagem as seguintes categorias: 46% na área de desenvolvimento econômico e técnico, 23% na área de desenvolvimento social e 31% na área de desenvolvimento cultural. Segundo Delprat, um estudo que ainda é necessário ser realizado diz respeito às funções e aos papéis que estes antigos estudantes, de diversas origens e profissões, vieram a desempenhar depois do curso do IRFED. Uma hipótese possível é que ocuparam significativo papel em numerosos países. Um de seus argumentos vem de um relatório realizado pelo Instituto em 1973, que assinala que dentre os 861 antigos estudantes que passaram pelo curso de formação anual entre 1959 a 1972, 318 mantinham relação com o

---

58   Documento sobre o IRFED. Fundo Lebret, pasta 124.

Instituto, onde foi possível verificar as posições profissionais que muitos deles ocupavam.

QUADRO 1: Profissões exercidas pelos alunos antes de suas participações no curso do IRFED

Profissões	Nº de alunos
Economistas	63
Professores	62
Agentes de ação social	60
Arquitetos, urbanistas e planejadores	56
Engenheiros e técnicos	46
Jornalistas e informantes	46
Agrônomos, veterinários, agentes de desenvolvimento rural	33
Empregados em serviços e empresas	32
Funcionários	29
Eclesiásticos	24
Jurista	14
Médicos e profissões paramédicas	13
Quadros políticos, sindicais e organizações voluntárias	10
Sociólogos, psicólogos e etnólogos	13
Outras profissões	16

Fonte: DELPRAT, Raymond (1982, p. 39).

Em relação ao corpo docente, era composto por membros da equipe do IRFED, do EH, da CINAM,[59] de outros especialistas e *experts* em desenvolvimento e de professores universitários (ver Tabelas 2 e 3).

TABELA 2: Corpo docente do IRFED para o ciclo de formação 1958-60

Professores do curso regular	
L. P. Aujoulat	Ancien Ministre
A. Birou	de l'Equipe centrale d'Économie et Humanisme
A. Cruiziat	Specialiste des méthodes d' éducation, Animateur de "Vie Nouvelle"
R. Delprat	Directeur des Etudes `a l' IRFED
P. François	Professeur à l'ESSEC
A. Kehr	Directeur des Etudes à l'IRFED
L.-J. Lebret	Vice-président, Directeur général de l'IRFED
A. Platier	Directeur d'études à l'École des Hautes Édutes
J. Soyeur	Ingénieur agronome

---

59 Georges Celestin era o diretor geral do CINAM, uma espécie de cooperativa criada em maio de 1957, que tinha como objetivo realizar pesquisas sócio-econômicas preliminares para a elaboração de um plano de desenvolvimento econômico e social, especialmente em países em via de desenvolvimento. O CINAM realizou cerca de 40 pesquisas em diversos países, entre eles, Espanha, Colômbia, Senegal, Madagascar e Venezuela [Revue Tiers-Monde, 1961, vol. 2, n. 8, p. 551-552]. A Companhia tinha sede em vários países e revista própria que publicava textos com temas relacionados ao urbanismo como: revalorização do tecido urbano, sociologia urbana, desenvolvimento rural, planejamento regional. Fundo Lebret, pasta 124.

Professores e profissionais que apoiam com conferências, apresentações e alguns cursos	
C. Augues	du Haut-Commisariat à la Jeunesse
J. Alaurent	Administrateur en chef de la France d'Outremer
J. M. Albertini	de l'Equipe centrale dÉconomie et Humanisme
Mlle O. de Ambrosis	Architecte-Urbaniste, SAGMACS, São Paulo, Brésil
P. Radin	Professeur à la Faculté de Droit de l'Institut Catholique de Paris
G. Balandier	Directeur d'études à l'École Pratique des Hautes Études
R. Bartoli	Professeur aux Facultés de Droit de Paris et de Grenoble
J. Berque	Professeur au Collège de France
Dr Berthet	Directeur du Centre International de l'Enfant
R. Bordaz	Maître de requêtes au Conseil d'Etat
J. Boudeville	Professeur à la Faculté de Droit et de Sciences Economiques de Lyon
Mr Bourdeau de Fontenay	Directeur de l'Ecole Nationale d'Administration
G. Bourlet	Président de l'Union Intersyndicale de l'Agriculture d'Outremer
R. Bride	Ancien Maire de Reims
R. Buron	Ministre des Travaux Publics, des Transports et du Tourisme. Président de l'IRFED
R. Caillot	Directeur d'enquêtes à Économie et Humanisme
G. Celestin	Directeur de la CINAM
H. Chambre	Directeur d'études à l'Ecole Pratique des Htes Etudes
J. Chaumeny	Ingénieur Agronome de l'Equipe centrale d'EH
D. Chenut	Architecte-Urbaniste
P. Chouard	Professeur à la Faculté des Sciences de Paris
Mr Duval	Directeur de la SOGREHA (Paris)
Mr Esterez	Directeur de la SERESA

M. Fares	Spécialiste de l'Education de base en Afrique du Nord
Mme de Ferry	Professeur à l'Ecole d'Assistantes Sociales de Saïgon
J. Frolich	Professeur à l'Institut des Htes-Etudes Adminstratives sur l'Afrique et l'Asie moderne
R. Galdin	Conseiller d'Ambassade, Attaché aux Affaires Economiques du Quai d'Orsay
F. Gazier	Maître de Requêtes au Conseil d'Etat
Y. Goussault	Secrétaire général de l'IRAM
Mr L'Henry	de l'INED
S. Hessel	Chef du Service de la Coopération technique au Ministère des Affaires Etrangères
F. Houang	Spécialiste des Etudes Bouddhistes
M. Kaltenmark	Professeur à l'Ecole Pratique des Htes-Etudes
J. Keilling	Professeur à l'Institut National Agronomique
B. Kerblay	Directeur d'études à l'Ecole Pratique des Htes Etudes
Mr Koulisher	Bureau International du Travail. Genève
J. Labasse	Professeur à l'Institut d'Etudes Politiques de Paris
J. Lacouture	Rédacteur diplomatique au jornal "Le Monde"
A. Lowrense	Membre du Conseil Economique, ancien Président de l'Assemblée Mondiale de la Jeunesse
R. Le Caisne	Architecte-Urbaniste
M. Lhotelier	Assistant à la Faculté des Lettres de Reims
T. Mende	Professeur à l'Institut d'Etudes Politique de Paris
P. Mercier	Directeur de l'Ecole Pratique des Htes-Etudes
A. Mirles	Conseiller aux Affaires Économiques. Quai d'Orsay
P. Monbeig	Directeur de l'Institut d'Amerique Latine
N. Morgaut	Vice-Président de l'Association pour le développement de l'enseignement technique Outre-mer
F. Perroux	Professeur au Collège de France
P. Prevot	Directeur des Recherches Agronomiques de l'IRHO
P. Rondot	Directeur de l'Institut des Htes-Etudes administratives sur l'Afrique et l'Asie moderne

M. Rouge	Directeur d'études à l École pratique des Htes Études
F. Sutter	Ingénieur au Ministère des PTT
G. Turin	de l'Equipe centrale d'Économie et Humanisme
P. Viau	Directeur d'Économie et Humanisme
R. de Villelongue	Professeur à l'Institut d'Etudes Politiques de Paris

Fonte: DELPRAT, 1982, p. 28-29.

Sessenta nomes compõem a lista de professores (Figura 11). Dentre eles, nove participavam do ensino regular e 54 faziam parte de um quadro para cursos eventuais, que seriam dados durante algum momento da formação. Ao lado de cada nome, conforme observamos na lista, está o cargo exercido pelo profissional, o que nos permite verificar a predominância de professores que lecionavam em universidades francesas, diretores de estudos em centros e universidades, especialistas em método de educação e quadros governamentais. Assim como os estudantes, as nacionalidades e as áreas de conhecimento do quadro docente eram as mais diversas. Identificamos nessa lista, entre os "professores e personalidades que emprestaram os seus conhecimentos para conferências, exposições e cursos" para o ciclo de 1958-60, o nome da brasileira Clementina de Ambrosis, que, conforme destaca o documento, era arquiteta urbanista da SAGMACS de São Paulo. Verificamos que o nome de Ambrosis também consta na lista de estudantes de um ciclo mais curto realizado em junho de 1959, portanto, dentro daquele mesmo período. Nomes de projeção nessa mesma lista nos chamam a atenção, como o de Pierre Monbeig, que, naquele momento, exercia, em Paris, o cargo de Diretor de estudos do *Institut des Hautes Etudes de l'Amérique Latine*.

TABELA 3: Corpo docente do IRFED para o ciclo de formação 1962-63

J. M. Albertini	Professeur à la Faculté Catholique de Lyon
E. Allais	Ancien éléve de l'École Polytechnique, Compagnie Genérale d'Organisation
G. Allo	Centre Valeurs et Civilisations de l'IRFED
J. Antoinne	Directeur de la Section Économie Appliqué à la SEMA
Dr. Aujoulat	Ancien Ministre de la Santé
J. Austruy	Agrégé des Facultés de Droit
G. Belloncle	Ancien élève de l'École Normale Supérieure
A. Birou	Sociologue, Économie et Humanisme
M. Blanc	Administrateur à l'INSEE
N. Bodart	Directeur d'Études de l'IRFED
P. Borel	Ancien élève de l'École Polytechtique, Directeur de l'IRFED
Dr. Bouvry	Chef de Clinique à la Faculté de Médicine
G. Caire	Chargé de cours à la Faculté de Droit de Poitiers
M. Calliat	Expert-Comptable près la Cour d'Appel
P. Calvez	Président de l'Institut d'Etudes Sociales, Directeur de la revue de l'Action Populaire
M. de Carbon	Professeur à la Faculté de Droit de Nancy
G. Celestin	Directeur de la Sté CINAM
Y. Chaigneau	Economiste, Caisse Centrale de Coopération Economique
A. Cruiziat	Expert en Education des Adultes et Animation
M. Debionne	Contrôleur des comptabilités à la Compagnie Française Thomson-Houston
Mlle Daverat	Agrégée d'Histoire et Géographie
Cl. Delprat	Ingénieur en Aménagement
D. Delprat	Psychosociologue
R. Descloitres	Directeur du Centre Africain des Sciences Humaines Appliquées
P. Dubarle	Professeur à l'Institut Catholique de Paris

A. Dubly	Ingénieur Agricole, Societé CINAM
R. Dumont	Professeur à l'Institut National Agronomique
M. Egly	Conseilleur audio-visuel à Culture et Développement
P. de Farcy	Economiste, Revue de l' Action Populaire
M. Ficatier	Directeur du Service de la Coopération à l'INSEE
P. Golfin	Sociologue
Y. Goussault	Secrétaire Géneral de l'IRAM
E. Hentgen	Expert des Nations-Unies
A. Kehr	Expert-Consultant de l' UNESCO
J. Labasse	Docteur es-lettres, Professeur `a l' Institut d' Etudes Politiques de Paris
L. J. Lebret	Directeur Scientifique au CNRS, Vice-Président de l' IRFED
M. Lecour-Grandmaison	Sté CINAM
D. Lecomte	Ingénieur, Chef de Mission (Sté CINAM)
M. Leguay	Chef de la Division des Comptes Nationaux à l'OCDE
M. Lengrand	Division de l'Education des Adultes, UNESCO
M. Loue	Ingénieur de l'Ecole Polytechnique, Ingénieur des Ponts-et-Chaussées
M. Malassis	Professeur d'Economie Rurale à l'Ecole Nle Sup. Agronomique de Rennes
M. Marechal	Bureau pour le Développement de la Production Agricole
M. Mirlesse	Expert des Natons-Unies
M. Monbeig	Directeur des Etudes à l'Institut des Hautes Etudes de l'Amerique Latine
A. Mollet	Sociologue
M. Marciniak	de l'INSEE
R. Olivier	Ancien élève de l'EcolePolytechnique, Directeur d'Etudes à la SEMA
A. Platier	Directeur d'Etudes à l'Ecole Pratique des Hautes Etudes de Paris
J.-C. Reverdy	du Centre Africain des Sciences Humaines Appliqués
M. Rosier	Chargé de Cours à l'Institut National Agronomique

B. de la Rocque	Directeur du Centre International de Développement Rural
M. Theodore	Chef de la Division Centrale des Enquêtes et Etudes Statistiques au Ministère de l'Agriculture
P. Trumper	Economiste, Chargé de Cours à l'Institut des Hautes Etudes de l'Amerique Latine
G. Turin	Economiste, Économie et Humanisme
M. Vanoli	Chargé de Mission au Service des Etudes Economiques et Financières du Ministère des Finances
M. Van Hoek	Chef de la Section des Activités Communes à l'OCDE

Fonte: DELPRAT, 1982, p. 40-41.

O Quadro 2, a seguir, corresponde ao corpo de professores e às disciplinas ministradas durante o primeiro trimestre do primeiro curso de formação anual. Destacamos o nome de Lebret, responsável pelos cursos relacionados ao desenvolvimento, e o de Monbeig, responsável pela disciplina da área de geografia.[60]

QUADRO 2: Corpo docente do IRFED para o ciclo de formação 1958-59

Ciclo de formação 1958-59 (horários do 1º trimestre – 18 de novembro a 23 de dezembro)	
P. Monbeig[1]	Estudo das estruturas físicas: relevo, geologia, hidrologia, clima, costas, cobertura vegetal natural.
A. Platier	As teorias econômicas sob o olhar do desenvolvimento
L'Henry	O estudo das estruturas da população: localização e densidade, movimento natural, migrações internas e externas, estruturas de idade, repartição por extratos de renda e por grandes categorias sociais.

---

60 Estes mesmos professores ministravam outras disciplinas nos demais trimestres do ciclo anual.

R. Delprat	Estudo das estruturas de emprego: repartição e evolução da população ativa por classes de idade e por sexo, por setores econômicos, por profissões e níveis técnicos, por categorias de salário ou ganhos profissionais
L.-J. Lebret	Precisão da noção de desenvolvimento; Desenvolvimento e economia humana; Desenvolvimento e civilização; As características do desenvolvimento autêntico; O desenvolvimento integral harmônico.
J. M. Albertini	Inventário dos organismos que intervém diretamente ou indiretamente no desenvolvimento.
Fontenay	Estudo das estruturas políticas e administrativas.
L.-J. Lebret	Generalidades sobre o método de análise dos fatos sociais.

Fonte: IRFED, Cycle de formation 1958-1959. Horaire du 1er trimestre. Fundo Delprat, pasta 84.

A Figura 13 corresponde ao curso completo de Lebret para o ciclo de 1960-61. Observamos uma evolução nos temas ministrados. Manteve aqueles relacionados ao desenvolvimento e inseriu outros relacionados à assistência técnica, cooperação e formação, todos ligados às suas discussões no IRFED.

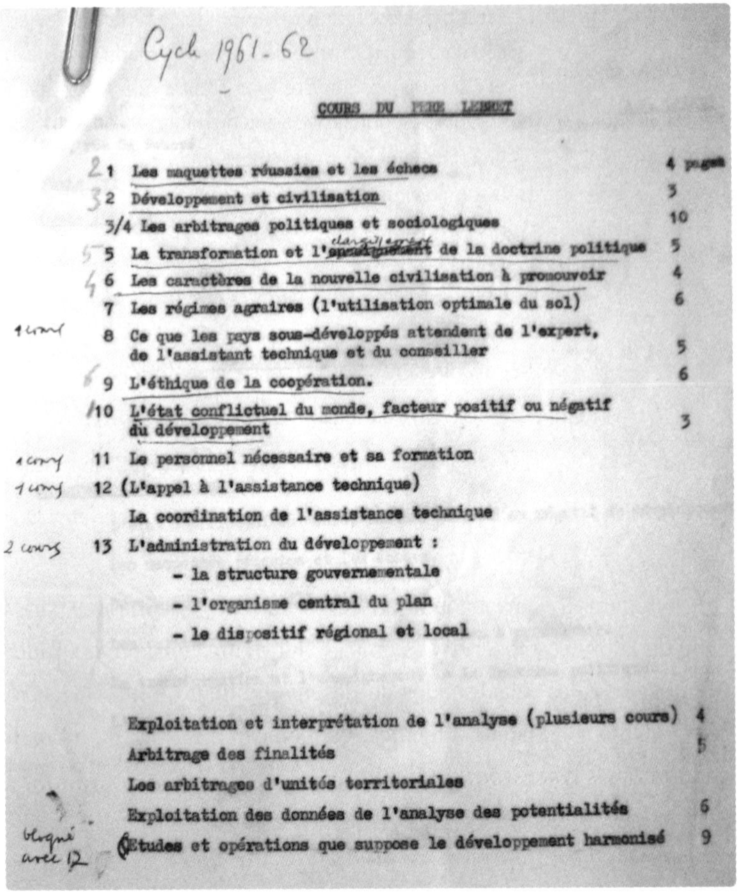

Cycle 1961-62

COURS DU PERE LEBRET

1 Les maquettes réussies et les échecs — 4 pages
2 Développement et civilisation — 3
3/4 Les arbitrages politiques et sociologiques — 10
5 La transformation et l'épanouissement de la doctrine politique — 5
6 Les caractères de la nouvelle civilisation à promouvoir — 4
7 Les régimes agraires (l'utilisation optimale du sol) — 6
8 Ce que les pays sous-développés attendent de l'expert, de l'assistant technique et du conseiller — 5
9 L'éthique de la coopération. — 6
10 L'état conflictuel du monde, facteur positif ou négatif du développement — 3
11 Le personnel nécessaire et sa formation
12 (L'appel à l'assistance technique)
La coordination de l'assistance technique
13 L'administration du développement :
- la structure gouvernementale
- l'organisme central du plan
- le dispositif régional et local

Exploitation et interprétation de l'analyse (plusieurs cours) — 4
Arbitrage des finalités — 5
Les arbitrages d'unités territoriales
Exploitation des données de l'analyse des potentialités — 6
Études et opérations que suppose le développement harmonisé — 9

FIGURA 13: Tópicos do curso dado pelo Pe. Lebret aos alunos do IRFED no ciclo anual de 1961-62. Fonte: Fundo Lebret, pasta 116

A atuação de profissionais brasileiros nos cursos de formação do IRFED

Muitos brasileiros passaram por essa rede internacional de estudo do desenvolvimento criada por Lebret, seja como estudantes ou professores, tiveram um lugar preponderante no Instituto. Breuil cita que a participação significativa de estudantes brasileiros no IRFED nos primeiros anos de sua fundação revela que o trabalho efetuado por Lebret no Brasil, desde 1947 até a sua morte, permitiu a constituição de uma rede de militantes em torno da temática do "desenvolvimento integral e harmônico". Segundo a autora, esse público era constituído principalmente por quadros do movimento de ação católica, em plena expansão na década de 1950 no Brasil, e de jovens elites políticas e intelectuais, que através das abordagens de Lebret e do aprofundamento de suas formações no IRFED, dariam um novo direcionamento em seus engajamentos para o desenvolvimento econômico e social de seus países.[61]

Sobre os brasileiros que atuaram na SAGMACS e que participaram das sessões do IRFED, como alunos ou como colaboradores, destacamos os nomes de Chiara de Ambrosis, Luiz Carlos Costa, Mario Laranjeira, Maria Adélia de Souza, Margarida Luisa Ribeiro, Clementina de Ambrosis, Francisco Whitaker Ferreira, Antonio Bezerra Baltar, Benevenuto de Santa Cruz e José Arthur Rios. Estes cinco últimos nomes – Clementina, Whitaker Ferreira, Baltar, Benevenuto e Rios – são citados juntamente com os de Raymond Delprat, Alain Birou e Lebret como os principais *experts*, consultores e assistentes da SAGMACS que atuaram em estudos sócio-econômicos e regionais efetuados sob a responsabilidade da equipe do IRFED.[62]

O Quadro 3, a seguir, com a lista dos brasileiros que participaram como alunos do curso de formação do IRFED,[63] mostra que

---

61 BREUIL, 2006

62 Études sócio-economiques et regionales effectuées par ou sous la responsabilité d'équipiers de l'I.R.F.E.D. Fundo Lebret, pasta 116.

63 Ressaltamos que se trata de um quadro realizado a partir dos documentos disponíveis nos fundos Lebret e Delprat, localizados no Arquivo Nacional de Fontainebleau, França. Observamos algumas informações que podem estar imprecisas, como por

250 MICHELLY RAMOS DE ANGELO

no período 1958-69 passaram pelo IRFED aproximadamente 107 profissionais brasileiros, isto é, cerca de 40% dos latino-americanos, num universo de aproximadamente 791 estudantes.[64] Em um balanço dessas informações sobre a participação de brasileiros nos ciclos, observamos que na primeira sessão intensiva do IRFED (de 12 a 31 de maio de 1958), não houve a participação de nenhum brasileiro, embora dois latino-americanos estivessem presentes. A participação de brasileiros tem início no ciclo permanente de 1958-59, aumentando consideravelmente com o decorrer dos anos, chegando a 33 alunos em um só ciclo de verão, em 1968-69.

Alguns registros mostram o interesse de Lebret em formar brasileiros: cartas trocadas com o Primeiro Secretário da embaixada francesa no Rio de Janeiro revelam o pedido de Lebret para a concessão de bolsas daquela embaixada para que fosse possível a ida de brasileiros para o curso de formação do IRFED.[65] Esse desejo

---

exemplo o nome de um participante repetido em dois ciclos de formação e também a falta de informações correspondente à formação profissional de alguns alunos e mesmo ao ciclo. Possivelmente não encontramos a lista de estudantes de todos os ciclos no período que abrangemos, logo, embora muito aproximada, a lista apresentada provavelmente não corresponde à totalidade de estudantes brasileiros que passaram pela instituição nesse período.

64 Esse foi o número total de estudantes que identificamos a partir da lista de estudantes para cada ciclo. Se DELPRAT (1982) havia identificado 841 estudantes até o ano de 1966, o número de 791 estudantes que encontramos até o ano de 1969 é impreciso – muito possivelmente por não termos encontrado as listas correspondentes a todos os ciclos. Observamos, então, uma alta variação nesse número, correspondendo, dessa forma, à participação de um número ainda mais expressivo de brasileiros.

65 "Les programmes de la session de l'IRFED 15 novembre 1959-15 mai 1960 sont à l'impression. Je pense que je pourrai bientôt vous en faire parvenir un stock et je pense que je peux compter sur votre amitié pour nous obtenir un maximum de bourses au profit d'étudiants brésiliens [...]" Correspondência de Lebret para Campedron, em 05/05/1959]. Fundo Lebret, pasta 117.

também se reflete em cartas trocadas entre Lebret e os brasileiros Baltar, Rios e Whitaker. Nesse mesmo ano, Lebret enviou para Baltar a programação do ciclo intensivo do Instituto e escreveu a seguinte mensagem: "Sabendo do vivo interesse que você tem em relação aos problemas do desenvolvimento, nós ficaremos extremamente honrados se você puder seguir esta sessão"[66] (ver Figura 14). Além disso, também encaminhou um convite oficial para que a Universidade de Recife o enviasse oficialmente ao IRFED para realizar o curso sobre os problemas do desenvolvimento.[67] Nesse período, Baltar também estava participando da equipe técnica do grupo de planejamento do governo do estado de São Paulo, e terminando, juntamente com Domingos Theodoro de Azevedo Neto, Mario Laranjeira e Celso Lamparelli, a primeira parte do Plano de Ação, detalhada para Lebret em sua correspondência.[68]

A resposta de Baltar veio através de várias outras cartas. Mesmo tendo o interesse em participar do curso, falava da impossibilidade de uma viagem naquele momento, devido à saúde frágil em que sua mãe se encontrava, assegurando que se programaria para uma viagem no ano seguinte para estudos na Europa e para o curso no IRFED.[69] Breuil também cita uma correspondência de José Arthur Rios para Lebret em que ele propunha a Lebret que convidasse às sessões do IRFED alguns de seus colaboradores que estavam desejosos de participar do curso de formação. A autora também se refere a um pedido de autorização feito por Whitaker a Lebret, para que ele pudesse interromper seus trabalhos na SAGMACS pelo período de

---

66   Correspondência de Lebret para Baltar, em 05/05/1959. Fundo Lebret, pasta 116.

67   Correspondência de Lebret para Baltar, em 06/05/1959. Fundo Lebret, pasta 116.

68   Correspondência de Baltar para Lebret, em 10/07/1959. Fundo Lebret, pasta 117.

69   Correspondência de Baltar para Lebret, em 15/08/1959. Fundo Lebret, pasta 117.

um ano e participar das sessões do Instituto.[70] Quanto aos convites a outros latino-americanos, embora não possamos afirmar que tenha se dado de maneira tão incisiva como com os brasileiros, destacamos que Lebret estava em constante contato com a sua rede na América Latina, e possivelmente buscando formas de trazer novos alunos para o seu Instituto. A exemplo disso, temos a massiva presença de latino-americanos nas sessões de formação.

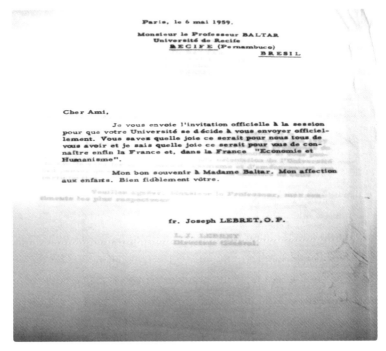

FIGURA 14: Uma das cartas de Lebret para Baltar, em que o convidava para participar do ciclo de formação do IRFED. Fonte: Fundo Lebret, pasta 117

---

70 BREUIL, 2006.

QUADRO 3: Brasileiros que participaram como alunos do curso do IRFED e suas áreas de formação

Ciclo de formação no IRFED	Nome do estudante	Formação anterior/área
Ciclo Permanente 1958-59 Total estudantes: 29 [latino-americanos: 5]	Denio Moreira Porto	Engenheiro Urbanista – Administração de urbanismo de São Paulo[2]
	Francisco Cortano Rolim	Filósofo e Teólogo[3]
Ciclo 8-27 junho de 1959[4] Total estudantes: 46 [latino-americanos: 8]	Clementina de Ambrosis	Arquiteta Urbanista – Chefe de seção na SAGMACS, escritório de estudos de desenvolvimento no Brasil
	Saul Raiz	Arquiteto Urbanista – Administração de urbanismo
Ciclo 1959-1960[5] Sem inf. do total de estudantes e estudantes latino-americanos	Luiz Carlos Costa	Arquiteto Urbanista
	Margarida Luisa Ribeiro	Arquiteta Urbanista
	Dirceu Pessoa[6]	Sem informação
	Gilherme Fonseca	Sem informação
Ciclo 1960-61[7] Total estudantes: 41 [não consta na lista a nacionalidade dos participantes]	Ariovaldo Franco Filho [Sem informação de outros brasileiros]	Sem informação
Ciclo 1961-1962[8] Total estudantes: 58 [latino-americanos: 17]	Sra Medeiros	Assistente Social
	Sra Rocha	Assistente Social
Ciclo 1962-63[9] Total estudantes: 70 [latino-americanos: 31]	José Aguiar Coimbra	Teólogo
	Brás Campos Vazabares	Teólogo
	Darcy Fortes	Teólogo
	Jacques Celidonio	Bacharel em Direito
	Nelson de la Corte	Geógrafo
	Eloisa Denipoti	Professora de Sociologia
	Edgardo Ferreira	Estudos Sociológicos e Políticos
	Edna de Oliveira	Diplomada em Psicologia adolescente
	Felix Souza Filho	Jornalista

	Airton Arantes	Engenheiro Elétrico
Ciclo 1963-64[10] Total estudantes: 68 [latino-americanos: 19]	Mosslair Cordeiro Leite	Estudos Superiores de Direito
	Cesar Muniz Filho	Bacharel em Direito
	Gilvando Leitão Rios	Agrônomo
	Allo de Melo	Educador Social
	Paulo Ribeiro	Estudos de Filosofia
	Silke Weber	Professor de Filosofia
Ciclo 1965-66[11] Total estudantes: 91 [latino-americanos: 31]	Edileusa Dantas de Oliveira	Arquiteta
	José Expedicto Prata	Arquiteto
	Benicio Afrane Soares	Jornalista
	Archimede Bruno	Padre
	Felizardo Cardoso da Silva	Padre
	Antonio do Rosário	Seminarista
	Tereza Ferreira Gomez	Cientista Social
	Aydel Figueiredo M.	Cientista Social
	Maria Nunes Mendes	Cientista Social
	Maria Weyne	Assistente Social
	Vilma Ferreira da Silva	Técnica em Administração
	Cecília Lima	Licenciada em Letras
	Paolo Cardoso	Economista
	Antonio Pádua Camara	Ciências Jurídicas Sociais
	Plinio Lucchesi	Direito
	Luis Rivera	Economia e Humanismo
Ciclo 1966-67[12] Total estudantes: 66 [latino-americanos: 24]	Valter Fernandes de Queiros	Cientista Social – desenvolvimento econômico
	Vanis Almeida Salles	Cientista Social
	Bruno da Cunha	Assistente social
	Maria Figueiredo	Sociólogo/ Educador
	Ianis Ramalho Cortez	Economista
	Wandette Alves Andrade Aboim	Administração Pública
	Hermes Tavares	Administração Pública e Desenvolvimento

Ciclo 1966-67[13] Total estudantes: 48 [latino-americanos: 11]	Déa Canotilho	Cientista Social
	Jorge Robichez Penna	Cientista Social
	Henrique Rollembergue	Cientista Social
	Josepha Lopez Cardoso	Assistente Social
	Antonio Fernandes	Mecânico – Monitor Profissional
	Carlos Machado	Curso Industrial Básico – JOC, MEB
Ciclo 1967-68[14] Total estudantes: 98 [latino-americanos: 40]	Jacques Hazan	Arquiteto
	Antonio de Moura	Economista
	Francisco Castello de Castro	Ação Política
	Maria Camara	Pedagoga
	Rita Bandeira	Educação de Base
	Caio Cirino Nogueira	Educação de Base
	Maria Isabelle Ramos Jube	Educação de Base
	Darcy Costa	Educação de Base
	Nazira Elias	Educação de Base
	Vilmo Guimarães	Educação de Base
	Francisco Camara	Bacharel em Direito
	Francisco Leite	Bacharel em Direito
	Otomar Lopes Cardoso	Assistente Social
	Guaraci Adeodato de Souza	Assistente Social
	Sandra Capuccio	Assistente Social
	Carlos Costa	Teólogo
	Jader Rezende	Teólogo
	Ozir Tesser	Teólogo
Ciclo 1968-69 – sessão de verão[15] Total de estudantes: 52 [latino-americanos: 9]	Edna Maria Donzelli	Assistente Social
	Haromi Hamada	Assistente Social
	Maria Antonia Giongo	Orientadora Educativa
	César Formiga Ramos	Economista
	Rui Granziera	Ciências Jurídicas e Sociais
	Clara Terko Takaki	Estudante de Medicina
	Salome Carneiro	Estudante – Secretária

	Wilmar Correa Taborda	Advogado
	Antonio Carlos de Alencar Rodriguez	Jornalista
	Marta Guerra	Jornalista
	Santina Costa	Cientista Social
	Maria Tereza Cesarino	Cientista Social
	Maria Calazans	Assistente Social
	Vicente de Paula Faleiros	Assistente Social
	Iacyra Frasão Sousa	Assistente Social
	Célia Leite	Assistente Social
	Ana Feiga Rabinovitch	Assistente Social
	Maria Célia Sabóia Gugelmim	Assistente Social
	Francisco Castelo de Castro	Ciências Jurídicas e Sociais
Ciclo 1968-69[16] Total estudantes: 124 [latino-americanos: 50]	Rui Granziera	Estudante – Ciências Jurídicas e Sociais
	Heloisa Afonso de Almeida	Estudante – Ciências Sociais
	Henrique Rolemberg	Estudante – Ciências Sociais
	Elio Pereira	Filosofia/ Teologia/ Ciências Sociais
	José Alfonso Chaves	Filosofia/ Teologia/ Sociologia – Professor Secundário
	Antonio de Siqueira	Estudante – Filosofia/ Teologia
	Maria Angélica de Mattos	Instrutora
	Zelio de Mello	Professor de Letras
	Félix Slaviero	Professor Letras
	Liz Cintra Rolim	Professor de Letras/ Trabalho Social
	João Renor Carvalho	Animação Rural
	Maria de Lourdes Silva Rosa	Professora – Ensino Agrícola
	Euclides Scalco	Farmácia
	Sartori Severino	Técnico em Contabilidade

Obs: O Quadro foi realizado a partir da documentação encontrada nos arquivos de Lebret e Delprat, conforme a fonte citada para cada ciclo nas notas de rodapé correspondentes (a partir da p. 263). Para cada ciclo existia uma lista de participantes com a profissão exercida por eles. Em alguns casos existiam informações mais detalhadas que diziam respeito ao participante, como o título da pesquisa desenvolvida no IRFED e o nome do respectivo professor-tutor no Instituto.

Identificamos poucos nomes de profissionais brasileiros que atuaram nos trabalhos da SAGMACS e que participaram também dos cursos de formação do IRFED. É difícil explicar essa pouca amostragem de participantes da SAGMACS, já que eram todos convidados a participar do curso de formação, e mesmo, porque era na instituição que profissionais estavam atuando diretamente em estudos de desenvolvimento, e sob a tutela de Lebret. Uma hipótese diz respeito ao momento vivido pela SAGMACS durante a fundação e exercício do IRFED. Havia poucos trabalhos em execução, sendo o maior deles o da favela carioca, cuja equipe, basicamente do Rio de Janeiro, não tinha em sua composição militantes ligados à JUC ou profissionais que já seguiam uma trajetória de trabalhos na SAGMACS. Além disso, como vimos, parte da equipe havia se deslocado temporariamente para o governo de São Paulo, e ali permaneceria até o ano de 1962.

No Brasil, esse período foi marcado também por uma maior "autonomia" nos trabalhos da SAGMACS. Foi o momento em que a atenção de Lebret se voltou para outros países fora da América Latina, embora seu foco estivesse na formação do IRFED. Mesmo que as atividades da SAGMACS, nesse período, estivessem mais desvinculadas das orientações diretas de Lebret, ele mantinha contato com a equipe por meio de cartas que revelam o conhecimento dele sobre o que se passava no Brasil. Em algumas delas, Lebret se mostra aberto a receber estudantes no IRFED e interessado em formar o quadro brasileiro.

A despeito dessa baixa participação de profissionais da SAGMACS, não podemos perder de vista o significativo número de estudantes brasileiros, o que nos mostra uma ampla divulgação do pensamento de Lebret e mesmo a formação em desenvolvimento nas mais diversas áreas do conhecimento e de atuação profissional. Esse espectro de abrangência nos permite afirmar que a formação para *développeur* extrapolava aquela instituição.

Além da lista de alunos participantes do curso do IRFED, encontramos outros registros documentais, como certificados de participação e provas. As avaliações finais do curso tinham questões ligadas a temas do desenvolvimento. A prova do brasileiro Ariovaldo Franco Filho (de 05 de maio 1961), por exemplo, tinha como título *Noção de necessidades: estimativa e prioridades das necessidades de uma população rural.*[71] A do arquiteto Luiz Carlos Costa (Figura 15) e de Margarida Luiza Ribeiro (realizadas em 09 de maio de 1960), tinha o título *Enumerar e justificar os princípios essenciais da doutrina do desenvolvimento integral e harmônico.*[72] Encontramos também o certificado de participação de Denio Moreira Porto[73] e a sua avaliação, que tinha como questão analisar as condições de vida e as necessidades de diversas sub-populações.[74] Alguns documentos do IRFED também dão destaque aos alunos brasileiros, como Luiz Carlos Costa, considerado por Lebret como um aluno brilhante.

---

71 IRFED. Prova de Ariovaldo Franco Filho, 05/05/1961. Fundo Lebret, pasta 118.

72 IRFED. Prova de Luiz Carlos Costa, 09/05/1960. Fundo Lebret, pasta 118; IRFED. Prova de Margarida Luiza Ribeiro, 09/05/1960. Fundo Lebret, pasta 118.

73 IRFED. Cycle d'études nov. 1958-maio 1959. Certificat. Fundo Lebret, pasta 118.

74 IRFED. Prova de Dênio Moreira Porto, 26/05/1959. Fundo Lebret, pasta 119.

QUADRO 4: Profissões exercidas pelos brasileiros antes de suas participações no curso do IRFED

Profissões	Nº
Economistas, contadores	5
Professores	7
Agentes de ação social, assistentes sociais, educação de base	27
Arquitetos, urbanistas, geógrafos e planejadores	9
Engenheiros e técnicos	4
Jornalistas	4
Agrônomos, veterinários, agentes de desenvolvimento rural	2
Teólogos, padres	7
Advogados e profissões correlatas	7
Médicos e profissões paramédicas	2
Quadros políticos, sindicais e organizações voluntárias	3
Sociólogos, psicólogos, filósofos, cientistas sociais e políticos	22
Outras profissões	3

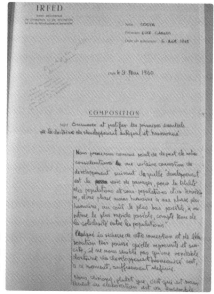

FIGURA 15: Primeira página da prova do arquiteto Luiz Carlos Costa, no IRFED. Fonte: Fundo Lebret, pasta 118.

Sobre professores/colaboradores brasileiros no IRFED, além de Clementina de Ambrosis, que provavelmente colaborou nas temáticas a partir do Brasil, identificamos os nomes de Francisco Whitaker Ferreira e Paulo Freire. Em relação a Baltar, que também é citado por Breuil, só encontramos registro de convites de Lebret, e não de uma efetiva participação, seja como professor ou aluno.[75] O nome de Eduardo Bastos, um dos participantes da SAGMACS, também consta na lista de professores de um dos cursos.[76] No entanto, não sabemos se de fato ele chegou a ministrar aulas no Instituto. Posteriormente à morte de Lebret, Paulo Freire participou de alguns seminários no IRFED. Primeiro em 1970, no seminário intitulado *Ação cultural para a liberdade*, proferindo um curso sobre a *Pedagogia do oprimido*; depois em outubro de 1971, com o curso *Ação social e desenvolvimento.*[77]

Sobre a participação de Whitaker Ferreira, esta se deu a partir de 1962, quando proferiu cursos que tinham como título *Projetos de desenvolvimento e planejamento* e *Método preparatório para ação* – este fazia parte de uma grade de cursos especializados.[78] No curso de 1966-67, Whitaker Ferreira participou novamente como professor, tendo como tema de sua exposição *Problemas de ordenação na América Latina.*[79] Cerca de três anos mais tarde,[80] Whitaker proferiu outro curso sobre *Método preparatório para ação* nos ciclos de

---

75   BREUIL, 2006.

76   Conforme já destacamos anteriormente, no seguinte documento: IRFED. L'Enseignement de l'IRFED", 18/08/1958. Fundo Delprat, pasta 84.

77   RIBEIRO, Mario Bueno. *Andarilhagens pelo mundo: Paulo Freire no Conselho Mundial de Igrejas – CMI*. Tese de Doutorado em Teologia. Escola Superior de Teologia, Instituto Ecumênico de Pós-Graduação. São Leopoldo, 2009.

78   IRFED. *L'Institut de Formation de l'IRFED, fevrier 1968*. Fundo Lebret, pasta 116.

79   IRFED. *Programme des cours pour l'annee 1966/67*. Fundo Delprat, pasta 90.

80   Não temos informações que permitam precisar o ano.

formação do IRFED.[81] Em entrevista, fala sobre o tema que proferiu nessas sessões: "No exílio, em 1966, fui dar um curso na França de pesquisa para o planejamento, em que era fundamental a participação da população, mas chamávamos [naquele momento] de pesquisa preparatória para a ação. Era o começo da pesquisa-ação. O curso que eu dava na França implicava em sair com os alunos e perguntar ao pessoal da cidade quais os problemas que precisavam ser resolvidos, e restituíamos a eles as sistematizações para ver se estavam de acordo, para que assumissem a solução do problema e passassem a reivindicar junto ao poder".[82] "Se eu pude em 1967 dar aulas na França de metodologia [de pesquisa-ação] é porque eu já estava usando [a metodologia]". Em linhas gerais, o curso de Whitaker Ferreira no IRFED[83] tratava da formulação de "desenvolvimento" e sua complexidade, que explicariam as dificuldades e as carências de métodos e técnicas de abordagem e avaliação.[84]

---

81 IRFED. *Liste cours specialises*. Fundo Delprat, pasta 92.

82 Entrevista de Francisco Whitaker Ferreira concedida à autora em dezembro de 2008.

83 WHITAKER FERREIRA, Francisco. *Enquetes et planification du développement*. Apostila IRFED. Fundo Lebret, pasta 116.

84 No meio das dificuldades destas carências, o autor apresenta cinco que lhe parecem importantes: 1) a falta de integração entre inquérito e planejamento; 2) os prazos excessivamente longos que exigem as pesquisas; 3) a insuficiência de coesão orgânica do trabalho interdisciplinar; 4) a falta de participação da população tanto na coleta quanto na análise dos dados e na formulação de decisões contidas no plano; e, finalmente, 5) a dificuldade de centrar no homem a motivação de toda a ação no processo de desenvolvimento. O texto é um aporte a esse esforço de elaboração metodológica em via de ultrapassar os problemas mencionados, e oferece linhas de solução. Na segunda parte do curso indica caminhos a seguir e os instrumentos de trabalho que poderiam ser utilizados.

Considerações e novas questões

A atuação de Lebret no IRFED e sua ação no Concílio do Vaticano na década de 1960 foram os dois trabalhos de maior dedicação em seus últimos anos de vida. Após a sua morte, o Instituto passou a ter em sua direção Roland Colin e Vicent Cosmão, que o organizaram em três setores: pesquisa, formação e intervenção. Outros campos de atuação se abriram para o IRFED nesse momento, como experiências de reforma do sistema educacional no Senegal, Nigéria, Chade, Costa de Marfim e Guiné-Bissau. No fim de 1971 foi criada, a partir do IRFED e sob a direção de Vicent Cosmão, a Association Internationale Centre Lebret, que passou a publicar as suas ideias na revista *Foi e développement*, que depois de 2006 passou a se intitular *Développement et civilisations*, retomando o título original da revista publicada pelo IRFED entre os anos de 1960-73. O Centro Lebret passou a integrar uma rede internacional de atores do desenvolvimento que se reconhecem na instituição e no método de Lebret, dando lugar a vários encontros e seminários internacionais nos anos de 1980-90. A partir de 1998, por ocasião da comemoração do centenário de Lebret na UNESCO, convergências cada vez mais fortes foram reconhecidas entre o IRFED Internacional e o Centro L.-J. Lebret. Uma dinâmica de aproximação foi estabelecida, o que conduziu, em 2004, na decisão das duas estruturas de constituírem um conjunto único, o *Centre Développement et Civilisations – Lebret-IRFED*.[85]

Roland Colin e Eric Sottas, respectivamente presidentes do IRFED Internacional e do Centro Lebret, tornaram-se presidentes honorários da nova entidade. Atualmente, conforme a página eletrônica do

---

85   Disponível em: http://www.lebret-irfed.org. Acesso em abr. 2010.

Instituto, são cinco os fundamentos propostos por Lebret relacionados ao desenvolvimento humano, participação democrática e renovação do tecido social que ainda inspiram a rede do Centro: 1) colocar o ser humano na fonte e no coração de todo desenvolvimento; 2) lembrar do tecido social; 3) renovar a participação democrática; 4) organizar o local e o global; 5) abrir-se ao diálogo das civilizações. Na página eletrônica do Instituto estão as principais publicações de Lebret, um breve histórico do centro e a descrição das pesquisas atuais.

Embora os Fundos L.-J. Lebret, Raymond Delprat e outros arquivos históricos que dizem respeito a Lebret estejam na Biblioteca Nacional da França em Fontainebleau, eles fazem parte de um "arquivo privado de associação", tendo a necessidade de autorização para consulta – que deve ser pedida ao IRFED. Dessa maneira, o Instituto possui os catálogos dos fundos e administra a sua consulta pelos pesquisadores interessados. Além dos catálogos de que dispõe o Arquivo Nacional, o Instituto possui os números da revista *Développement et Civilisations*, muitas obras de Lebret, além de outras relacionadas a ele e ao IRFED.

Notas das tabelas e quadros

QUADRO 2

1   Pierre Monbeig também deu aulas no IRFED sobre "O desenvolvimento na América Latina". IRFED. Cycle 1965/1966: Session Intensive 1966, Programme Paris. Fundo Delprat, pasta 87.

QUADRO 3

2   IRFED. Questionnaire. Fundo Lebret, pasta 118. A pesquisa monográfica que Porto realizou no IRFED intitulava-se "Problemas industriais e urbanos de Minas Gerais".

3   A pesquisa monográfica que Rolim realizou no IRFED intitulava-se "Problemas demográficos e rurais de Minas Gerais". No Brasil, estudava, do ponto de vista sociológico, a adaptação das populações rurais brasileiras à vida urbana.

4   IRFED. Session intensive de formation (jun. 1959). Fundo Delprat, pasta 84.

5   IRFED. Cycle 1959/1960. Sujets de travaux pratiques et de mémoires. Fundo Delprat, pasta 85. No IRFED os alunos brasileiros desse ciclo desenvolveram as seguintes pesquisas: Pessoa: "Os fatores extra-econômicos do desenvolvimento econômico, o nordeste brasileiro"; Fonseca: "Os fatores geográficos e suas transformações para o homem, Minas Gerais"; Costa: "Os equipamentos coletivos de um grande conjunto urbano: Belo Horizonte"; Ribeiro: "Inventário dos estudos em curso para o desenvolvimento. Necessidade de uma coordenação".

6   Em pesquisa realizada no IRFED para o mapeamento de antigos estudantes aparece o nome de Dirceu Pessoa: posteriormente, vai trabalhar na Sudene, organismo de planejamento do Nordeste do Brasil. In: IRFED nouvelles. Bulletin de Liaison des anciens élèves de l'Institut International de Recherche et de Formation en vue du Développement Harmonisé. Fundo Lebret, pasta 119.

7   IRFED. Élèves: Cycle six moins IRFED 1960-1961. Fundo Lebret, pasta 175.

8   IRFED. Liste des Étudiants de l'IRFED au 3.1.1962. Cycle 1961-1962. Fundo Lebret, pasta 116. Na lista constava somente o sobrenome dos participantes. Outra informação disponível era sobre os tutores dos alunos, Medeiros foi orientada pelo sociólogo Alain Birou, e Rocha pelo sociólogo P. Golfin.

9   IRFED. Liste des etudiants de l'IRFED. Cycle 1962-1963. Fundo Lebret, pasta 119.

10   IRFED. Liste des etudiants de l'IRFED. Cycle 1963-1964. Fundo Delprat, pasta 85.

11   IRFED. Liste des etudiants de l'IRFED. Cycle 1965-1966. Fundo Delprat, pasta 87.

12   IRFED. Liste des etudiants de l'IRFED. Cycle 1966-1967. Fundo Delprat, pasta 90.

13   IRFED. Etat provisoire de la session d'ete 1967. Fundo Delprat, pasta 90.

14   IRFED. Liste des élèves du cycle 1967-68. Fundo Delprat, pasta 91; IRFED. Liste des étudiants du cycle 1967-1968. Fundo Delprat, pasta 91.

15   IRFED. Liste des étudiants de la session d'été 1968-1969. Fundo Delprat, pasta 92.

16   IRFED. Liste provisoire des étudiants inscrits aicycle 1968-1969. Fundo Delprat, pasta 92.

CONSIDERAÇÕES FINAIS

Em nosso trabalho buscamos estudar as relações entre Lebret, a SAGMACS e a formação do *développeur*. O *développeur* era o técnico ideal, que ao se engajar a partir das ideias do movimento Economia e Humanismo conferia um novo sentido à sua habilidade técnica. A ideia de um desenvolvimento humano, do *ver-julgar-agir* no meio, de militância política em favor da elevação das possibilidades de todos os homens, já havia sido trazida por Lebret desde a sua primeira vinda ao Brasil, sendo antes mesmo divulgada em alguns de seus livros. Embora o termo que designa o agente do desenvolvimento fosse formulado anos mais tarde, na década de 1950 a ideia desse profissional já estava clara para Lebret.

Posteriormente, o que muda em sua visão é o obscurecimento de uma concepção religiosa ligada a esse profissional, sendo o IRFED a expressão máxima dessa ideia. Mesmo que Lebret no Brasil chamasse diretamente à ação a juventude católica, não existia por parte dele reação contra quem não compartilhava de sua crença religiosa. Isso também é mostrado em seus guias de pesquisa, quando esclarece que o apelo para a ação em favor da economia humana era para todos, independentemente da religião. O que ocorre, e que confere mais unidade a um grupo específico da SAGMACS, é que a juventude católica se identificou com o discurso de Lebret. Foi parte desse grupo que constituiu a SAGMACS a partir de 1952, que atuou nos grandes trabalhos contratados pela CIBPU, que migrou para o Page no governo Carvalho Pinto e que retornou para a SAGMACS já nos anos 1960.

Uma consideração importante diz respeito a uma maior militância do escritório da SAGMACS de São Paulo quando comparado ao do Rio de Janeiro. Embora o diretor desse escritório, José Arthur Rios, tivesse proximidade com Lebret, a maior parte dos participantes do trabalho da favela carioca parecia não ter vinculação com suas ideias. Eram técnicos das mais diversas áreas, como exigia o trabalho. O escritório de São Paulo, ao contrário, tinha a participação massiva da juventude jucista. Lembremos que, logo em sua primeira viagem ao Brasil, foi em São Paulo que Lebret realizou uma pesquisa sobre o pensamento social dos estudantes, tendo como objetivo compreender as aspirações daquela juventude e ampará-los com suas ideias. Seu objetivo de formar um futuro quadro político e técnico também se expressa em suas entrevistas, conforme destacamos ao longo do trabalho.

Parte desse grupo, constituído por nomes como Lamparelli, Whitaker, Clementina de Ambrosis, Chiara de Ambrosis, Domingos Theodoro Neto, Antônio Cláudio Moreira, Luis Carlos Costa e Mario Laranjeira de Mendonça, tinha em comum a filiação com as ideias de Lebret – não só técnicas, mas religiosas e políticas. Esses eram os fatores principais que os agregaram em torno dos trabalhos da SAGMACS. Junto a isso, podemos citar a oportunidade de inserção profissional que a SAGMACS oferecia para jovens recém-formados e mesmo estagiários. Para muitos, a carreira havia se iniciado naqueles estudos e constituía a chance de trabalho dentro de um escritório de pesquisas cujo ideário parecia sedutor.

Muito nos chamou a atenção o fato de a maioria dos profissionais que entrevistamos terem nos corrigido quanto ao termo "técnicos", que utilizamos para designar suas atuações na SAGMACS. Eram "agentes do desenvolvimento", segundo eles. Isso afirmou a ideia do caráter especial por trás da competência técnica. Na definição de Lebret, o *développeur* é o *expert* que pode estabelecer um plano geral de desenvolvimento. Porém, esse plano é de desenvolvimento humano. Para isso, eram requeridos, além do saber profissional, a vocação pessoal, o trabalho em cooperação (e não em assistência) com órgãos, equipes onde se realizaria a pesquisa e a equipe autêntica, isto é, o trabalho em grupo em que os profissionais tinham princípios semelhantes de método e doutrina.

Embora o IRFED tenha sido o *locus* para se receber a formação de agente do desenvolvimento, muitos profissionais brasileiros já tinham passado por essa formação, seja a partir dos manuais, do contato com Lebret, dos cursos de formação e de divulgação da economia humana, seja pelo trabalho em grupo na SAGMACS. Além da formação de um grupo que atuava em planos de desenvolvimento na esfera da assistência técnica, Lebret também destacava a necessidade de formação de quadros governamentais, verdadeiro destino dos trabalhos de assessoria.

Distinguimos também técnicos com maior ou menor vinculação com as ideias de Lebret, identificando um grupo mais engajado, ligado às ideias do movimento Economia e Humanismo de práticas de bem comum e de ação no meio, que permaneceu até o fechamento da SAGMACS, em 1964. Com o fim da instituição, muitos técnicos passaram a atuar em outros órgãos de assistência técnica e em prefeituras, enquanto outros seguiram carreiras política e de docência. Alguns deles permaneceram em contato com o grupo EH francês, mantendo, até os dias atuais, contato com a rede Lebret através do Centre Lebret-IRFED.

Em relação a Lebret, destacamos em sua trajetória um período extremamente rico de experiências tanto na França quanto no Brasil. Sua atuação, desde a primeira pesquisa e ação em 1922, na costa da Bretanha (e mesmo anterior a essa data), já foi tema de obras biográficas exaustivas realizadas por pesquisadores franceses. Exaustivas porque além dos trabalhos serem extremamente ricos, tratam de uma personalidade que atuou em várias dimensões, disciplinas, países, elaborou teorias, participou ativamente da militância política, fundou centros, institutos e escreveu inúmeras obras.

Entendemos que a década de 1940 foi um momento de intensa troca intelectual, quando grupos de profissionais se organizavam para discutir a situação nacional em meio à Resistência Francesa. Um dos lugares de encontro para discussão e mesmo abrigo de militantes foi um dos escritórios do grupo EH na França. Lebret também proferiu cursos na École National des Cadres d'Uriage, lugar onde se formava uma elite francesa e de onde saíram muitos militantes da Resistência. Em Uriage Lebret teve contato com o francês Paul Henry Chombart de Lauwe, iniciando, como destacamos, uma série de possíveis vinculações. Tanto Chombart quanto Lebret tinham uma filiação com Le Play, partilhavam de um pensamento católico ancorado no bem comum e atuaram por muito tempo sem o reconhecimento da intelectualidade francesa, não tendo o seus métodos de pesquisa validados pelo CNRS. Lebret e Chombart também tiveram formas semelhantes de abordagem do objeto através de procedimentos metodológicos, atuavam na área de sociologia urbana e em temáticas bastante semelhantes. A identificação da *recherche action* é um dos pontos em comum, tratado por ambos no emprego de suas metodologias. Temos por hipótese de que aquele foi um momento de trocas intelectuais que contribuíram na formação pessoal de Lebret, o que trouxe ressonância nos próprios trabalhos da SAGMACS, principalmente no método de pesquisa e na abordagem militante e de ação.

Destacamos outras matrizes sociológica e religiosa de Lebret que explicam a sua atuação a partir da aplicação do método de pesquisa, na consideração das necessidades da população e na ideia (de corte marxista, inclusive) de que o homem deveria ter consciência de sua própria situação de miséria e buscar os meios necessários para lutar contra ela. Em todas as matrizes, o homem é o ponto central, o que foi determinante para definir a sua atuação e a elaboração de suas teorias.

Outro ponto que tratamos nesse trabalho diz respeito à busca de Lebret por um outro campo de atuação profissional no Brasil, onde encontrou as condições essenciais para testar e validar o seu método, o que lhe traria reconhecimento científico no meio francês. Esse certamente era o seu projeto mais ambicioso. A partir da sua primeira viagem, o contato com o subdesenvolvimento lhe traz um "choque" e o faz passar os anos seguintes trabalhando em torno das temáticas dos países subdesenvolvidos. A sua atuação na América Latina foi fundamental para as suas formulações sobre o tema, além de ter possibilitado o amadurecimento da sua ideia de criação de um instituto de formação para o desenvolvimento.

O retorno ao Brasil em 1952 colocou Lebret em posição favorável entre as elites intelectuais e políticas, que foram determinantes no encaminhamento de sua trajetória profissional no Brasil e no estabelecimento de contratos de trabalhos para a SAGMACS. Muitos projetos foram executados pela SAGMACS nesse período. Com a demanda dos primeiros grandes trabalhos Lebret deu início a um processo de formação de profissionais da SAGMACS para atuação na pesquisa.

A SAGMACS passou a ser o espaço em torno do qual se reuniram estagiários, secretários, pesquisadores nas mais diversas áreas e diretores de pesquisa brasileiros e franceses, além do seu diretor--geral, Lebret. Também foi o espaço de atuação multidisciplinar e de aprendizado na ação: na execução dos trabalhos de campo, na elaboração dos gráficos, na aplicação dos questionários, no conhecimento da realidade, na percepção do habitante pobre, no reconhecimento da periferia, na cooperação com o Estado. Tudo isso praticado com engajamento militante por parte de muitos dos profissionais. Foi, também por isso, o espaço privilegiado por Lebret durante muitos anos.

Destacamos também uma mudança de estatuto da SAGMACS e de "simplificação" metodológica, possivelmente na busca de inserção, na década de 1960.

A SAGMACS atuou, assim como as outras instituições de urbanismo criadas nas décadas de 1940-60, na mesma temática, em capitais e cidades médias, executando planos diretores ou de desenvolvimento. Mas observamos que era na SAGMACS que a formação era colocada em evidência, consistindo numa formação de quadros engajados, processo que ganhou sua expressão máxima no IRFED. Lembremos também que a SAGMACS era uma das instituições criadas por Lebret e inseridas dentro do movimento EH, e que outras foram organizadas na América Latina, na Europa, na Ásia e na África. Sabemos que algumas delas também chegaram a atuar com planejamento, como a SAGMAESCO, na Colômbia.

Como pudemos verificar nesse breve resumo de algumas questões que trouxemos neste trabalho, as relações entre Lebret, a

SAGMACS e o *développeur* ultrapassam os contatos profissionais de Lebret, dos jovens, dos intelectuais e dos políticos que passaram pela SAGMACS. A relação muitas vezes parece ser de cooperação, aquela mesma citada por Lebret em seu texto publicado em 1966:[1] a de "aprender com os que demandam".

---

1 LEBRET, Louis-Joseph. La cooperation technique devant les perspectives du développement authentique – quelques aspects de l'évolution nécessaire. *Revue Développement et Civilisations*, n. 26, jun. 1966, p. 46-55.

REFERÊNCIAS BIBLIOGRÁFICAS

A) Fundos documentais

Archives Nationales de Fontainebleau

Fundo Lebret – AN 45 AS [Pastas variadas].

Fundo Delprat – AN 87 AS [Pastas variadas].

B) Entrevistas

Antonio Claudio Moreira [out. 2008].

Francisco Whitaker Ferreira [dez. 2008].

Clementina de Ambrosis [out. 2008].

Domingos Theodoro Azevedo Neto [out. 2008].

Celso Monteiro Lamparelli [nov. 2008].

C) Periódicos

Économie et Humanisme

Espaces et Sociétés

Folha da Manhã

Jornal Comunista

Jornal de Debates

Jornal do Povo

Les Amies du **Père Lebret**

O Estado de S. Paulo

Revista Sociologia

Revue Développement et Civilisations

Revue Tiers Monde

D) Bibliografia

AB'SABER, Aziz. Pierre Monbeig: a herança intelectual de um geógrafo. *Estudos Avançados,* São Paulo, vol. 8, n. 22, dez. 1994, p. 221-232.

ANELLI Renato Luiz Sobral. "A cidade contemporânea: uma conversa com Joaquim Guedes". Portal Vitruvius, ago. 2008. http://www.vitruvius.com.br/revistas/read/arquitextos/09.099/117.

AUGÉ, Marc (org.) *Les hommes, leurs espaces et leurs aspirations: hommage à Paul-Henry Chombart de Lauwe.* Paris: L'Harmattan, 1994.

AZAIS, Laurence. "Les partenaires do Père Lebret pour la fondation d'Economie et Humanisme". *Les Amis du Père Lebret*, Paris, mar. 1990, p. 27-49.

BALTAR, Antônio Bezerra. "Notas sobre o estudo estatístico da população de Pernambuco". *Revista de Engenharia*, Recife, ano 3, n. 5, dez.jan. 1951.

_____. *Universidade, economia e humanismo.* Recife: S/N, 1953.

_____. "Planos Diretores para as cidades pequenas e médias do Brasil". In: *Ibam – Leituras de planejamento e urbanismo*, Rio de Janeiro, 1965, p. 161-174.

BENEVIDES, Maria Victoria de Mesquita. *A UDN e o udenismo: ambiguidades do liberalismo brasileiro (1945-1965)*. Rio de Janeiro: Paz e Terra, 1981.

BITOUN, Pierre. *Les hommes d'Uriage*. Paris: Éditions La Decouverte, 1988.

BOREL, Paul. 1982. "Le développement harmonisé, son originalité dans l'enseignement de l'Institut de Formation". *Les Amis du Père Lebret*, Paris, n. 3, maio 1982, p. 21-24.

BOSI, Alfredo. "Jacques Chonchol: o Chile ontem e hoje". *Estudos Avançados*, vol. 8, n. 21, maio/ago. 1994, p. 247-257.

BOUET, J. De l'analyse des besoins au developpement local: synthèse des communications. *Actualite de L.-J. Lebret: actes du colloque au pays de Saint-Malo*. Saint Malo, 1984, p. 33-62.

BREUIL, Mathilde Le Tourneur. *Le Père Lebret et la construction d'une pensée chrétienne sur le développement: dans le sillage de modeles politiques et intelectuelles émergents au Brésil, 1947-1966*. Mémoire pour l'obtention du diplome de Master II de l'Ecole des Hautes Etudes en Sciences Sociales. Paris, 2006.

CARNEIRO, Auner Pereira. *O humanismo no planejamento para o desenvolvimento econômico: as influências da obra de Lebret no diagnóstico e no planejamento da intervenção estatal nas atividades sócio-econômicas do Paraná – um estudo de caso*. Tese (Doutorado em História Social) – Universidade de São Paulo, São Paulo, 1994.

CASTRO, Ana; MELLO, Joana. "Cultura urbana sob novas perspectivas: entrevista com Adrián Gorelik". *Novos Estudos CEBRAP*, São Paulo, n. 84, 2009, p. 235-249.

CELESTIN, Georges. L. J. "Lebret et l'aménagement du territoire". *Les Amis du Père Lebret*, Paris, n. 1, maio 1981, p. 15-35.

_____. "Lebret et l'économie des besoins". *Les Amis du Père Lebret*, Paris, n. 1, maio 1981, p. 36-52.

_____. "Lebret tel que je l'ai connu". *Les Amis du Pere Lebret*, Paris, n. 6, jun. 1984.

_____. "Lebret et l'aménagement du territoire". *Economie et Humanisme Revue*, número especial, Marseille, 1986, p. 111-119.

CENTRE LEBRET *et al.* (orgs.) *Lebret d'hier à aujourd'hui – Coloque Lebret 1986: noveaux départs pour un développement solidaire.* Genève/Paris/Rome, out./dez. 1986.

CERTEAU, Michel de. "L'operation historique". In: GOFF, Jacques; NORA, Pierre. *Faire l'Histoire*. Paris: Gallimard, 1974.

CERTEAU, Michel de. *L'Écriture de l'Histoire*. Paris: Gallimard, 1975.

CESTARO, Lucas. *Urbanismo e Humanismo: a SAGMACS e o estudo da "Estrutura Urbana da Aglomeração Paulistana".* Dissertação (Mestrado em Arquitetura e Urbanismo) – Escola de Engenharia de São Carlos da Universidade de São Paulo, São Carlos, 2009.

CHENU, M. D. "Le Pére Lebret l'évangile dans économie". *Economie et Humanisme Revue*, Marseille, n. 170, 1966, p. 8-12.

CHOMBART DE LAUWE, Paul- Henry. *Paris et l'agglomération parisienne*, vols. 1 e 2. Paris: PUF, 1952.

_____. *Famille et habitation II: Un essai d'observation expérimentale*. Paris: CNRS, 1960.

_____. *Pour une sociologie des aspirations: éléments pour des perspectives nouvelles en Sciences Humaines*. Paris: Denoël, 1971.

_____. *Chronique d'un pilote ordinaire*. Paris: Éditions du Félin, 2007.

CHOMBART DE LAUWE, Paul- Henry; DE MARTONNE, Emmanuel. *La découverte aérienne du monde*. Paris: Horizons de France, 1948.

CHOMEL, André. "Le période 1930-1942: des débuts du Mouvement de Saint-malo à la fondation d'Economie et Humanisme". *Les Amis du Père Lebret*, Paris, n. 1, maio 1981, p. 1-10.

CLARO, Mauro. *Unilabor: desenho industrial e racionalidade moderna numa comunidade operária em São Paulo (1950-67)*. Dissertação (Mestrado em Arquitetura e Urbanismo) – Faculdade de Arquitetura e Urbanismo da Universidade de São Paulo, São Paulo, 1998.

CLARO, Silene Ferreira. "Revista do Arquivo Municipal de São Paulo: um espaço de construção da nova identidade paulista após 1932". In: *Anais do XVIII Encontro Regional da ANPUH/São Paulo*. Assis: ANPUH/SP-UNESP/Assis, 2006.

COELHO, Sandro Anselmo. "O partido democrata cristão: teores programáticos da terceira via brasileira (1945-1964)". *História: Questões & Debates*, Curitiba, n. 40, 2004, p. 93-119.

COHEN, Antonin. "Vichy et la troisième voie: vers la révolution communautaire: Recontres de la troisième voie au temps de l'ordre nouveau". *Revue d'Histoire Moderne et Contemporaine*, 51-2, abr.-jun. 2004, p. 141-161.

COLIN, Roland. "L'assistance technique, un instrument au service de l'anthropologie du développement". *Revue Développement et Civilisations*, n. 26, jun. 1966, p. 23-32.

COMTE, Bernard. *Une utopie combattante: l'École des cadres d'Uriage, 1940-1942*. Paris: Fayard, 1991.

CORÇÃO, Gustavo. O *Século do Nada*. Rio de Janeiro/São Paulo: Record, 1973.

DELESTRE, Antoine. *Uriage – Une communauté et une école dans la tourmente:* 1940-1945. Nancy: Presses Universitaires de Nancy, 1989.

DELORENZO NETO, Antonio. "O estudo sociológico da cidade". *Sociologia*, São Paulo, vol. XXI, n. 1, 1959, p. 3-22.

_____. "Fundamentos sociológicos da planificação". *Sociologia*, São Paulo, vol. XXII, n. 4, 1960, p. 397-414.

_____. *A reorganização das áreas metropolitanas*. São Paulo: Pioneira, 1972.

DELPRAT, Raymond. "L'IRFED: la creation". *Les Amis du Père Lebret*, Paris, n. 3, maio 1982, p. 1-20.

DELPRAT, Raymond; QUENEAU, Jean. "Au jour le jour, par l'écrit, dans le combat du monde". *Economie et Humanisme Revue*, número especial, Marseille, out. 1986, p. 11-17.

DESROCHE, Henry. *Signification du marxisme: suivi d'une initiation bibliographique a l'ouvre de Marx et d'Engels*. Paris: Editions Ouvrières, 1949.

_____. *Entreprendre d'apprendre: d'une autobiographie raisonnée aux projets d'une recherche-action*. Paris: Les Editions Ouvrieres, 1990.

DORAY, Bernard. *Résistants et Militants*. Grenoble: Cedrate, 2007. Disponível em: http://cedrate.org/spip.php?article27. Acesso: jul. 2009.

FELDMAN, Sarah. "Instituições de Urbanismo no Basil: espaços de intermediação entre pensamento e prática". In: *Anais do VII Seminário de História da Cidade e do Urbanismo*, vol. 1. Salvador: PPGAU-UFBA, 2002.

_____. *Planejamento e Zoneamento: São Paulo: 1947-1972*. São Paulo: Edusp/Fapesp, 2005a.

_____. "O arranjo SERFHAU: assistência técnica aos municípios/ órgãos de planejamento/ empresas de engenharia consultiva". In: *Anais do XI Encontro Nacional da ANPUR*. Salvador: ANPUR, 2005b.

_____. "1950: a década de crença no planejamento regional no Brasil". In: *Anais do XIII Encontro Nacional da ANPUR*. Florianópolis: ANPUR, 2009.

FURTADO, Celso. "Les conditions d'efficacité du transfert des techniques". *Revue Développement et Civilisations*, n. 26, jun. 1966, p. 21-22.

GAIGNARD, Henri *et al. Le Père Lebret: trois témoignages. Les Amis du Père Lebret*, Paris, n. 7, out. 1984, p. XXX.

GARDIN, Cleonice. *CIBPU: A Comissão Interestadual da Bacia Paraná-Uruguai no planejamento regional brasileiro (1951-1972)*. Dourados: UFGD, 2009.

GARREAU, Lydie. *L. J. Lebret, um homme traque* (*1897-1996*). Villeurbanne/Bruxelles: Golias, 1997.

GAVIÃO, Fábio Pires. *A "esquerda católica" e a Ação Popular (AP) na luta pelas reformas sociais* (*1960-1965*). Dissertação (Mestrado em História) – Instituto de Filosofia e Ciências Humanas da Universidade Estadual de Campinas, Campinas, 2007.

GONIN, Marcel. "L'enquête-participation comme stratégie de changement social". *Les Amis du Père Lebret*, Paris, n. 1, maio 1981, p. 11-14.

GORELIK, Adrián. *Das vanguardas a Brasília: cultura urbana e arquitetura na América Latina*. Belo Horizonte: Editora UFMG, 2005a.

_____. "A produção da 'cidade latino-americana'". *Tempo Social – Revista de Sociologia da USP*, vol. 17, n. 1, jun. 2005b, p. 111-133.

_____. "Intelectuales y ciudad en América Latina". *Revista Prismas*, n. 10, Quilmes, 2006.

GORENDER, Jacob. *Combate nas trevas – a esquerda brasileira: das ilusões perdidas à luta armada*. São Paulo: Ática, 1987.

HELLMAN, John. *The Knight-Monks of Vichy France:* Uriage, 1940-1945. Montreal/Kingston: McGill/Queen's University Press, 1993.

HENRY, Paul-Marc *et al.* "Table ronde: textes des diverses interventions". In: *L.-J. Lebret* (*1897-1966*) – *soirée d'hommage du Xème anniversaire*. Paris: CCFD/EH/Centre Lebret/IRFED, 1976, p. 12-36.

HOUÉE, Paul. *Louis Joseph Lebret*: *un éveilleur d'humanité*. Paris: Les Editions de L'Atelier, 1997.

HOUTARD, François. "À la recherche d'une espérance: l'Amérique Latine". *Economie et Humanisme Revue*, n. 109, jan./fev. 1958, p. 53-61.

JULIO, A. S. "Contribuições ao estudo da Geografia urbana: o planejamento urbano no município de Ourinhos/SP". *In*: *XII Encontro de geógrafos da América Latina*, 2009, Montevideo. Anais do XII Encontro de geógrafos da América Latina, 2009.

KALAORA, Bernard; SAVOYE, Antoine. *Les inventeurs oubliés: Le Play et ses continuateurs aux origines des sciences sociales*. Paris: Champ Vallon, 1989.

KECK, Thierry. *Jeuneusse de l'Église, 1936-1955: aux sources de la crise progressiste en France*. Paris: Karthala, 2004.

LAMPARELLI, Celso Monteiro. "Louis-Joseph Lebret e a pesquisa urbano-regional no Brasil: crônicas tardias ou história prematura". *Cadernos de Pesquisa LAP*, São Paulo, n. 5, mar./abr. 1995, p. 2-33.

LAMPARELLI, Celso *et al.* "Debate em E & D: planejamento urbano, do populismo aos dias atuais". *Espaço & Debates*, São Paulo, ano I, n. 4, 1981, p. 137-173.

LAMPARELLI, Celso. "Louis-Joseph Lebret e a pesquisa urbano-regional no Brasil: crônicas tardias ou histórias prematuras". In: PADILHA, Nuno (org.). *Cidade e Urbanismo: história, teorias e práticas*. Salvador: FAU/UFBA, 1998, p. 281-298.

LEBRET, Louis-Joseph. *Principes et perspective d'une economie humaine*. Ecully: Économie et Humanisme, 19.

_____. *Curso de Economia Humana*, vols. 1 e 2. São Paulo: Escola Livre de Sociologia e Política de São Paulo, 1947a.

_____. "Lettre aux americains". *Economie et Humanisme Revue*, Marseille, n. 34, nov./dez. 1947b, p. 561-580.

_____. *Guia del militante*, vols. 1 e 2. Montevideo: Mosca Hermanos, 1950.

_____. "Le logement de la population de São Paulo". *Economie et Humanisme Revue*, Marseille, n. 2-3, 1951a, p. 82-90.

_____. "Sondagem preliminar a um estudo sobre habitação em São Paulo". *Revista do Arquivo Municipal*, São Paulo, vol. CXXXIX, ano XVIII, abr./maio 1951b.

_____. *Guide pratique de l'enquête sociale: manuel de l'enquêteur*. Paris: PUF, 1952a.

_____. *Princípios para a ação*, 2ª ed. São Paulo: SAL, 1952b.

_____. "A pesquisa brasileira de padrões de vida". *Revista Serviço Social*, São Paulo, ano XIV, n. 72, 1952c (separata).

_____. *Estudo sobre desenvolvimento e implantação de indústrias, interessando a Pernambuco e ao Nordeste*. Local: Editora, 1955a.

_____. *L'enquête: l'analise du quartier et de la ville*. Paris: Presses Universitaires de France, 1955b.

_____. "Amérique du Sud, Extreme Orient, Moyen-Orient". *Economie et Humanisme Revue*, Marseille, n. 93, set./out. 1955c, p. 5-16.

_____. *Guide pratique de l'enquête sociale*: *L'Enquête en vue de l'amenagement regional*, tome IV. Paris: Presses Universitaires de France, 1958a.

_____. *Economie et civilization*. Paris: Ouvriéres, 1958b.

_____. *Estudio sobre las condiciones del desarrollo de Colombia.* Bogotá: Presidencia de la República de Colombia, 1958c.

_____. *Suicide ou survie de l'occident?* Paris: Les Éditions Ouvrières/Économie et Humanisme, 1958d.

_____. *Manifeste pour une civilisation solidaire.* Caluire: Économie et Humanisme, 1959.

_____. *Drame du siècle: misere, sous-developpement, inconscience.* Paris: Les Éditions Ouvrières, 1960.

_____. *Suicídio ou sobrevivência do ocidente? Problemas fundamentais de nossa civilização.* São Paulo: Duas Cidades, 1960c.

_____. *Manifesto por uma civilização solidária.* São Paulo/Belo Horizonte: Duas Cidades, 1962a.

_____. *Manual de encuesta social*, vol. 2. Madrid: Ediciones RIALP, 1962b.

_____. "La formation des cadres dans et pour les pays en vue de développement". *Revue Développement et Civilisations*, n. 16, dez. 1963, p. 44-49.

_____. "Conclusiones del Simpósio sobre Desarrollo y Promoción del Hombre". *Revista Nueva Generación*, Caracas, tomo 1, n. 1, 1964.

_____. *Propriedade e socialização.* Porto: Figueirinhas, 1965.

_____. "La cooperation techinique devant les perspectives du developpement autenthique". *Revue Développement et Civilisations*, n. 26, jun. 1966, p. 46-55.

_____. *Dinâmica concreta del desarrollo*. Barcelona: Editoral Herder, 1969.

_____. *Esboço de uma carta de ordenação* [tradução de "charte de l'amenagement"). São Paulo: FAU, 1973.

_____. "Intervention de Lebret – Duplex organisé par Radio-Luxembourg pendant la 3ème Session du Concile Vatican II, 1964". In: L.-J. *Lebret* (*1897-1966*) – *soirée d'hommage du Xème anniversaire*. Paris: CCFD/EH/ Centre Lebret/IRFED, 1976, p. 4-5.

LEEDS, Anthony; LEEDS, Elizabeth. *A sociologia do Brasil urbano*. Rio de Janeiro: Zahar, 1978.

LEME, Maria Cristina da Silva; LAMPARELLI, Celso Monteiro. "A politização do urbanismo no Brasil: a vertente católica". In: *Anais do IX Encontro Nacional da ANPUR*, vol. II. Rio de Janeiro: ANPUR, 2001, p. 675-687.

LEME, Maria Cristina da Silva. "A formação do pensamento urbanístico no Brasil, 1895-1965". In: LEME, Maria Cristina da Silva (org.) *Urbanismo no Brasil:* 1895-1965. São Paulo: Studio Nobel/FAU-USP/Fupam, 1999b, p. 20-38.

_____. *Formação do urbanismo em São Paulo como campo de conhecimento e área de atuação profissional*. Tese (Livre-Docência) – Faculdade de Arquitetura e Urbanismo da Universidade de São Paulo, São Paulo, 2000.

_____. "A pesquisa pioneira de Lebret sobre as condições de habitação em São Paulo". *Espaço & Debates*, São Paulo, vol. 24, n. 45, jan./jul. 2004, p. 110-113.

LEPETIT, Bernard. "Aqruitetura, geografia, história: usos da escala". In: SALGUEIRO, Heliana A. (org.). *Por uma nova história urbana*. São Paulo: Edusp, 1996, p. 191-226.

LES AMIS DU PÈRE LEBRET *et al* (Org.) *Actualite de L.-J. Lebret*: *actes du Colloque au pays de Saint-Malo, 4-6 jul. 1984*. Saint Malo, 1984.

LEVY, Evelyn. "Olhando para trás: 40 anos de planejamento urbano em São Paulo". *Espaço & Debates*, São Paulo, ano V, n. 15, 1985, p. 33-54.

LIMONGI, Fernando. "A Escola Livre de Sociologia e Política em São Paulo". In: MICELI, Sérgio (org.) *História das Ciências Sociais no Brasil/*, vol. 1. São Paulo: Vértice, 1989, p. 217-133.

LOFEGO, Silvio Luiz. *IV Centenário da Cidade de São Paulo*: *uma cidade entre o passado e o futuro*. São Paulo: Annablume, 2004.

LÖWY, Michel. "Marxismo e cristianismo na América Latina". *Lua Nova – Revista de Cultura e Política*, São Paulo, n. 19, nov. 1989, p. 5-21.

_____. *A guerra dos deuses: religião e política na América Latina*. Petrópolis: Vozes, 2000, p. 234.

MACÊDO, Silvia Cristina Cordeiro de. *Antônio Bezerra Baltar e a cidade integrada à região*. Dissertação (Mestrado em Arquitetura e Urbanismo) – Escola de Engenharia de São Carlos da Universidade de São Paulo, São Carlos, 2002.

MASSI, Fernanda Peixoto. "Franceses e norte-americanos nas ciências sociais brasileiras (1930-1960)". In: MICELI, Sérgio (org.)

História das ciências sociais no Brasil, vol. 1. São Paulo: Vértice/ IDESP, 1989, p. 410-459.

MELO, Marcus André B. C. "Municipalismo, *nation-building* e a modernização do Estado no Brasil". *Revista Brasileira de Ciências Sociais*, São Paulo, ano 8, n. 23, out. 1993, p. 85-100.

MENDONÇA, Adolpho Luis Machado. "A trajetória dos técnicos da SAGMACS". *Anais do V Encontro Nacional da ANPUR*. Belo Horizonte: ANPUR, 1993.

MEYER, Regina Maria P. *Metrópole e urbanismo: São Paulo anos 50*. Tese (Doutorado em Arquitetura e Urbanismo) – Faculdade de Arquitetura e Urbanismo da Universidade de São Paulo, São Paulo, 1991.

MODESTO, Helio; MELLO, Diogo Lordello. "Mentalidade de planejamento no Brasil". *Ibam – Leituras de planejamento e urbanismo*. Rio de Janeiro, 1965, p. 47-61

MUCCHIELLI, Laurent. "O nascimento da sociologia na universidade francesa (1880-1914)". *Revista Brasileira de História*, São Paulo, vol. 21, n. 41, 2001.

NICOLAS, Yves. *L'École nationale des cadres d'Uriage*. Grenoble: Patrimoine en Isère/Musée dauphinois, 2008.

NOVAIS, Fernando. "Braudel e a 'missão francesa'". *Estudos Avançados*, São Paulo, vol. 8, n. 22, 1994, p. 161-166.

O'DRISCOLL, Mary. "La spiritualité de Louis-Joseph Lebret". *Les Amis du Père Lebret*, Paris, mar. 1990, p. 72-83.

OTABELA, Hubert. "Ce que nous attendons des coopérateurs techniques". *Revue Développement et Civilisations*, n. 26, jun. 1966, p. 42-45.

PALACIOS, Nicolas. *Economía y Humanismo: una relación necesaria o un idealización utópica? (A propósito de un análisis particular de la presencia de Lebret en la investigación y la economía colombiana)*. Economía y Humanismo/Centro de Estúdios Louis-Joseph Lebret O.P./Universidad Santo Tomás. Disponível em: http://www.geocities.com/centrolebret/echum1.html. Acesso: nov. 2007.

PAQUOT, Thierry. "Um sociologue à Paris". *Revue Espaces et Sociétés*, Paris, n. 103, 2000, p. 15-25.

PELLETIER, Denis. *Économie et Humanisme: de l'utopie communautaire au combat pour le tiers-monde* (1941-1966). Paris: Les Éditions du Cerf, 1996.

PELLETIER, Denis. *Les catholiques en France depuis 1815*. Paris: La Decouverte, 1997.

PÉRENNÈS, Jean-Jacques. "Economia e Humanismo: uma intuição e um movimento". *Revista Dominicana de Teologia*, São Paulo, n. 5, 2007.

PONTUAL, Virgínia. *O saber urbanístico no governo da cidade: uma narrativa do recife das décadas de 1930 a 1950*. Tese (Doutorado em Arquitetura e Urbanismo) – Faculdade de Arquitetura e Urbanismo da Universidade de São Paulo, São Paulo, 1998.

PONTUAL, Virgínia. *Uma cidade e dois prefeitos*: narrativas do Recife das décadas de 1930 a 1950. Recife: Editora da UFPE, 2001.

POULAT, Émile. "Le P. Lebret et le catholicisme actuel". *Les Amis du Pere Lebret*, Paris, n. 5, mar. 1983.

PROCHNIK, Wit-Olaf. "Formação de planejadores". *Ibam – Leituras de planejamento e urbanismo*, Rio de Janeiro, 1965, p. 39-44.

QUENEAU, Jean. "Un itineraire à Economie et Humanisme". *Les Amis du Père Lebret*, Paris, mar. 1990, p. 50-71.

RIBEIRO, Luiz César de Queiroz; CARDOSO, Adauto Lúcio. "Planejamento urbano no Brasil: paradigmas e experiências". *Espaço & Debates*, São Paulo, ano XIV, n. 37, 1994, p. 77-89.

RIBEIRO, Luiz César de Queiroz. "Transferências, empréstimos e traduções na formação do urbanismo no Brasil". In: RIBEIRO, Luiz César de Queiroz; PECHMAN, Robert (orgs.). *Cidade, povo e nação*. Rio de Janeiro: Civilização Brasileira, 1996, p. 15-21.

SABBAG, Haifa Yazigi. "Arquiteto Joaquim Guedes, São Paulo, Brasil". *Arquitetura e Crítica*, n. 8. São Paulo, Portal Vitruvius, nov. 2001.

SADER, Eder. *Quando novos personagens entraram em cena*: experiências e lutas dos trabalhadores da Grande São Paulo (1970-1980). Rio de Janeiro: Paz e Terra, 1988.

SAGMACS. Comissão Interestadual Bacia Paraná-Uruguai. *Problemas de desenvolvimento, necessidades e possibilidades do estado de São Paulo*: estudo elaborado pela SAGMACS, vol. 1. São Paulo: SN, 1954.

_____. Comissão Interestadual Bacia Paraná-Uruguai. *Problemas de desenvolvimento, necessidades e possibilidades dos estados do Rio Grande do Sul, Santa Catarina e Paraná*, vols. 1 e 2. São Paulo: SAGMACS/Comissão Interestadual da Bacia Paraná-Uruguai, 1958a.

_____. *Estrutura urbana da aglomeração paulistana*: *estruturas atuais e estruturas racionais*. São Paulo: Sagmacs, 1958b.

_____. *Estrutura Urbana de Belo Horizonte*. Belo Horizonte: Sagmacs, 1958c.

_____. "Aspectos humanos da favela carioca: estudo sócio-econômico elaborado pela Sagmacs". In: *O Estado de S. Paulo*, 13 e 15 abril de 1960 (suplementos especiais).

_____. *Ipatinga e seus problemas sócio-econômicos*. São Paulo: Sagmacs, 1961.

_____. Associação de desenvolvimento do Vale do Araguaia. Projeto Araguaia. São Paulo: Sagmacs, 1962a.

_____. *Programa de mecanização agrícola do estado de Mato Grosso*. São Paulo: Sagmacs, 1962b.

_____. *Revisão agrária de São Paulo*: estudo para plano de loteamento. São Paulo: Sagmacs, 1962c.

_____. *Programa de armazéns gerais no estado de Mato Grosso*. São Paulo: Sagmacs, 1962d.

_____. *Água e esgotos: análise da situação dos sistemas nas sedes de município do interior de São Paulo*. São Paulo: Sagmacs, 1963a.

_____. *Educação fundamental*. São Paulo: SN, 1963.

_____. *Equipamentos urbanos de água e esgotos no estado de São Paulo*. São Paulo: Sagmacs, 1963b.

_____. *Estudos para uma política habitacional: Companhia Ferro e Aço de Vitória*. São Paulo: Sagmacs, 1963c.

_____. *Grupos de população "problema"*. São Paulo: Sagmacs, 1963d.

_____. *Organização dos serviços públicos no estado do Paraná*. Curitiba: Sagmacs, 1963e.

_____. *Plano de desenvolvimento do Paraná*: comunidades territoriais do Paraná. Curitiba: Sagmacs, 1963f.

_____. *Plano diretor de Barretos*. São Paulo: Sagmacs, 1963g.

_____. *Relatório do Plano Diretor de Belo Horizonte*. Belo Horizonte: Sagmacs, 1963h.

_____. *Prospecção dos problemas de desenvolvimento de Ubatuba*. São Paulo: S. N., 1964.

SALGUEIRO, Glaucia Ivete. *Análise da Região Metropolitana da Grande São Paulo*. Dissertação (Mestrado em Ciência) – Escola de Sociologia e Política de São Paulo, São Paulo, 1976.

SALGUEIRO, Heliana Angotti (org.) *Pierre Monbeig e a geografia humana brasileira: a dinâmica da transformação*. Bauru: Edusc, 2006.

SAMPAIO, Plínio de Arruda. "O plano de ação do governo Carvalho Pinto: planejamento e política no estado de São Paulo em 1959". *Espaço & Debates*, São Paulo, ano I, n. 4, 1981, p. 127-136.

SAVOYE, A. "Les continuateurs de Le Play au tournant du siècle". *Revue Française de Sociologie*, Paris, ano XXII, n. 3, 1981, p. 315-345.

SIGUAN, Miguel. "Presentacion". In: LEBRET, Louis-Joseph. *Manual de encuesta social,* vol. 1. Madrid: Ediciones RIALP, 1961, p. 9-15.

SOUZA, Luiz Alberto Gómes de. *A JUC: os estudantes católicos e a política.* Petrópolis: Vozes, 1984.

SOUZA, Maria Adélia A. *et al.* "Debate em E & D". *Espaço & Debates,* São Paulo, ano I, n. 1, 1981, p. 103-126.

TERRA, Juan-Pablo. "Militance sociale, économie et développement humain". *Les Amis du Père Lebret,* Paris, mar. 1990, p. 3-26.

TOPALOV, Christian. "Os saberes sobre a cidade: tempos de crise?" *Espaço e Debates,* São Paulo: NERU, n. 34, 1991, p. 28-34.

VALLADARES, Licia do Prado. *A invenção da favela: do mito de origem a favela.com.* Rio de Janeiro: Editora FGV, 2005a.

_____. "Louis-Joseph Lebret et les favelas de Rio de Janeiro (1957-1959): enquêter pour l'action". *Genèses – Revue des Sciences Sociales et Histoire,* Paris, n. 60, set. 2005b, p. 31-56.

_____. *La favela d'un siècle à l'autre: mythe d'origine, discours scientifiques et représentations virtuelles.* Paris: Éditions de la Maison des Sciences de l'Homme, 2006.

VILLAÇA, Flávio. "Uma contribuição para a história do planejamento urbano no Brasil". In: DEÁK, Csaba; SCHIFFER, Sueli R. *O processo de urbanização no Brasil.* São Paulo: Edusp/Fupam, 1999, p. 169-244.

WHITAKER FERREIRA, Francisco. "Condições de vida e planejamento físico". *Caderno de Administração Pública,* Rio de Janeiro, n. 66, 1966.

_____. "Dans le sillage de Lebret au Brésil". In: HOUÉE, Paul. *Louis-Joseph Lebret*: un éveilleur d'humanité. Paris: Les Editions de L'Atelier, 1997, p. 134-147.

ZOEGGER, Bernard; AUDAT, Paul-Louis. "Le dialogue, condition d'efficacité de l'assistance techniques". *Revue Développement et Civilisations*, n. 26, jun. 1966, p. 36-41.

ANEXOS

ANEXO 1: Índice dos quatro volumes do curso de Economia Humana na ESLP, em 1947. Fundo Lebret, pasta 155

VOLUME 1

1 ère PARTIE: APPEL D'UNE ECONOMIE HUMAINE

I. Echec humain do monde moderne

II. Critique de l'économie politique

III. La préparation du marxisme

IV. "Le Capital" de Marx

V. Synthèse des positions de Marx-Engels

VOLUME 2

[Continuação da 1 ère partie]

VI. Regard d'ensemble sur le marxisme

VII. Le national-socialisme

VIII. Les essais corporatifs et corporatistes

IX. Les structures siviétiques

X. Le léninisme

VOLUME 3
2 ème PARTIE: LIGNES D'ORIENTATION D'UNE ECONOMIE HUMAINE

XI. Le drame d'un siècle

XII. As piration à l'Economie Humaine

XIII. Postulats de l'Economie Humaine

XIV. Les précurseurs de l'Economie Humaine
1. Les méthodes d'analyse et de synthèse
2. Les catholiques d'avant-garde au début du XiXe. siècle
3. La vision de P. Kropotkine

XV. Les précurseurs de l'Economie Humaine dans l'Eglise

VOLUME 4
3 ème PARTIE: PERSPECTIVES D'UNE ECONOMIE HUMAINE

I. Economie des besoins hiérarchisés et scientifiquement recensés

II. Economie à orientation communautaire, réalisée d'abord dans des communautaire de base à portée d'homme

III. Economie équilibrée par unités territoriales de taille restreinte

IV. Economie diferencié des secteurs

V. Economie assouplie par le service civil et l'alternance des activités

VI. Economie d'echanges rationalisés et humanisés

VII. Economie évolutive adaptée au mouvement démographique et aux migrations

VIII. Economie mondiale de sécurité maxima

IX. Economie de progrès pondéré

X. Economie préparée par une pédagogie nouvelle

XI. Economie mise en place par étapes, selon une stratégie et une tactique définies

ANEXO 2: Bibliografia sumária do curso de Economia Humana dado por Lebret na ELSP, em 1947. Fundo Lebret, pasta 155

BIBLIOGRAPHIE SOMMAIRE
se rapportant au programme des cours proposés par le R. P. LEBRET à Monsieur le Directeur de l'Institut des Sciences Politiques de SÃO PAULO

- 1 -

Emamnuel BEAU de BOMENIE – Les dynasties bourgeoises (de Bonaparte à Mac Mahon) (1940)

BERTRAND de JOUVENEL – La crise du capitalisme amérinain

BOUGLE – Socialisme français (1935)

Abbé BOULARD – Problème missionnaires de la France rurale (1946)

DAUPHIN-MEUNIER – La Cité de Londres (1940)

Edouard DOLLEANS – Histoire du Mouvement Ouvrier, 1930-1936

Edouard DOLLEANS – Histoire du travail (1940)

H. DUBREUIL – La fin des monstres (1938)

Ch. GIDE et Ch.RIST – Histoire des doctrines économiques depuis les physiocrates husqu'à nos jours (1940)

G. C. GIGNOUX – L'économie française entre les deux guerres, 1919-39

G. C. GIGNOUX – La crise du Capitalisme au Xxe siècle

E. GONNARD – Histoire des doctrines économiques

L. LEBRET – Mystique d'un monde noveau (1944)

L. LEBRET et J.N. GATHERON – Principes et perspectives d'une économie humaine (ECONOMIE ET HUMANISME)

Gina LOMBROSO – La rançon du machinisme

Charles MORAZE – Introduction à l'histoire économique (1943)

Jules PAYOT – La faillite de l'enseignement (1937)

F. PERROUX – Cours d'Economie Politique

Gaëtan PIROU – Introduction à l'étude de l'Economie Politique (1939)

Gaëtan PIROU – Les doctrines économiques en France depuis 1870

L. ROMIER – Explication de notre temps

Paul REUTER – Les trusts, Ecole Nle des cadres d'Uriage (1942)

René SAND – L'économie humaine

H. SEE – Les origines du Caitalisme moderne

A. SIEGFRIED – La crise britannique au Xxe siècle

Werner SOMBART – L'apogée du Capitalisme (1932)

Th. SUAVET – Economie saine ou Bienfaisance Sociale (ECONOMIE ET HUMANISME)

- 2 -

Atlas du Comité National de Géographie. Editions Géographiques de France. Paris.

Charles BAUDIN – La doctrine sociale de l'Eglise et la science économique (1938)

P. DESCAMPS – La sociologie expérimentale (1933)

Gaël FAIN – La science économique appliquée aux problèmes contemporains (1942)

J.M. GATHERON – Le pain et l'or (ECONOMIE ET HUMANISME)

Ch. GIDE et Ch.RIST – Histoires des doctrines économiques deouis les physiocrates jusqu'à nos jours (1944)

C. J. GIGNOUX – La crise du capitalisme au xxe siècle (1943)

R. GONNARD – Histoire des doctrines économiques

G. et Ed. GUILLAUME – L'économique rationnelle (1937)

L. LEBRET – Mystique d'un monde nouveau (1944)

L. LEBRET et J.M. GATHERON – Principes et perspectives d'une éconimie humaine. ECONOMIE ET HUMANISME

G. RENARD – L. LEBRET – Anticipations corporatives (1937)

B. NOGARO – La méthode de l'économie politique (1939)

F. PERROUX – La valeur

F. PERROUX – Cours d'économie politique

Gaëtan PIROU – Le nouveaux courants de la théorie économique aux Etats-Unis d'Amérique (1939)

Gaëtan PIROU – Les doctrines économiques en France depuis 1870

Gaëtan PIROU et Maurice BYE – Introduction à l'étude de l'économie politique (1939)

- 3 -

BOUGLE – Socialisme français (1935)

A. CORNU – Karl Marx – l'homme et l'ouvre. De l'égélianisme au matérialisme historique, 1841-1845 (1934)

R. P. DUCATILLON – Doctrine communiste et les chréttiens (1937)

H. de LUBAC – Le drame de l'umanisme athée (1944)

MARX, ENGELS, LENINE – Ouvres complètes

PLEKHANOV – Les questions fondamentales du marxisme

Adolf HITLER – Mein KAMPF

Werener SOMBART – Le socialisme allemand

E. SPENLE – La pensée allemande

- 9 -

LA TOUR DU PIN – Vers un ordre social chrétien (1942)

F. PERROUX – Capitalisme et communauté de travail (1937)

Ma x PRINCIPALE – Corporation et Communauté (1943)

- 10 à 12 -

Ch. BETTELHEIM – La planification soviétique (1945)

Ch. BETTELHEIM – Les problèmes théoriques et pratiques de la planification (1946)

Jean BRUHAT – Histoire de l'U.R.S.S. (1945)

Pierre GEORGE – L'Economie de l'U.R.S.S. (1945)

- 13 à 15 -

G. DARMOIS – Statisques et applications

LA TOUR DU PIN – Vers un ordre social chrétien (1942)

L. LEBRET – Guide du militant (tome I et II). ECONOMIE ET HUMANISME

L. LEBRET – Positions-clés. ECONOMIE ET HUMANISME

L. LEBRET et J.M. GATHERON – Principes et perspectives d'une économie humaine

L. MARCH – Les principes de la méthode statistique

A. de MONTCEZ – Initiation aux méthodes statistiques (1945)

F. PERROUX – Communauté (1942)

F. PERROUX – Capitalisme et Communauté de travail (1937)

F. PERROUX – Cours d'économie politique

Gaëtan PIROU et Maurice BYE – Introduction à l'étude de l'économie politique (1939)

Daniel ROPS – Par delà notre nuit (1943)

Paul ROUX – Précis de science sociale (1914)

J. TCHERNOFF – Ententes économiques et financières (1933)

J. TCHERNOFF – Les syndicats financiers

DIVERS – Caractères de la communauté. ECONOMIE ET HUMANISME

- 16 -

Charles BAUDIN – La doctrine sociale de l'Eglise et la science économique (1938)

P. DESCAMPS – La sociologie espérimentale (1933)

G. et Ed. GUILLAUME – L'économique rationnelle (1937)

B. NOGARO – La méthode de l'économie politique (1939)

F. PERROUX – Cours d'économie politique

Gaëran PIROU – Les nouveaux courants de la théorie économique aux Etats-Unis d'Amérique (1939)

Gaëtan PIROU et Maurice BYE – Introduction à l'étude de l'économie politique (1939)

G. RENARD et L. LEBRET – Anticipations corporatives

Paul ROUX – Précis de science sociale (1914)

H. C. DESROCHES et Th. SUAVET – Sur la libération de l'homme. ECONOMIE ET HUMANISME

- 17 -

G. BARDET – Problèmes d'urbanisme

G. BARDET – Principes inédits d'enquête et d'analyse urbaines

Vidal de la BLANCHE – Principes de géographie humaine (1941)

Abbé BOULLARD – Problèmes missionaires de la France rurale (1946)

Y. GOBLET – La formation des régions (1942)

KERVRAN – Nos régions naturelles

LIZERAND – Le régime rurale de l'ancienne France (1942)

MICHONNEAU – Paroisse missionnaire (1946)

G. PILLEMONT – Destruction de Paris

- 18 -

Henri DELPECH – Recherches sur le niveau de vie et les habitudes de consommation (1938)

M. HALBWACHS – L'évolution des besoins dans les classes ouvrières (1933)

Gustave THIBON – Destin de l'homme (1941)

Gustave THIBON – La personne et le foyer. ECONOMIE ET HUMANISME

- 19 -

Henri DELPECH – Recherches sur de niveau de vie et les habitudes de consommation (1938)

M. HALBWACHS – L'évolution des besoins dans les classes ouvrières (1933)

Philippe ISAAC – Le problème de l'habitation urbaine en France (1944)

A. LANDRY – Traité de démographie (1944)

Paul VOISIN – Une politique de l'habitat. ECONOMIE ET HUMANISME

- 20 -

Gaston BOUTHOUD – La population dans le monde (1935)

FERENCZI – L'option synthétique du peuplement (1938)

Alfred SAUVY – Richesse et populations (1944)

Alfred SAUVY – Bien-être et population

Alfred SAUVY – La population, collection "Qui sais-je"

A. LANDRY – Traité de démographie (1944)

- 21 -

M. ARTAUD – Le métier d'agriculteur. ECONOMIE ET HUMANISME

M. R. LOEW – En mission prolétarienne. ECONOMIE ET HUMANISME

Diagrammes ECONOMIE ET HUMANISME – Analyse de l'exploitation agricole

Diagrammes EH – Analyse de l'entreprise insdustrielle

Diagrammes EH – Questionnaires sur le village, sur la profession

N. BOUILLE – L'expérience pédagogique de moutiers

Henri GODIN et DANIEL – La France, pays de mission

Gabriel LE BRAS – Introduction à l'étude de l'histoire religieuse en France

MICHONNEAU – Paroisse missionnaire (1946)

René SAND – L'économie humaine

- 23 -

BOWLEY – Eléments de statistique (1929)

BOWLEY – Statistique générale de la France-Annuaire (1938)

BOWLEY – Statistique générale de la France-Annuaire (1939)

BOWLEY – Statistique générale de la France-Annuaire (1940-45)

Jean BRUNHES – La géographie humaine (1942)

DAUPHIN-MEUNIERS – La banque, 1919-1935 (1936)

Henri DELPECH – Recherches sur le niveau de vie et les habitudes de consommation (1938)

DUGE de BENONVILLE – Initiation à l'analyse statistique (1939)

PERENCZI – L'optimum synthétique du peuplement (1938)

Jean FOURASTIE et Henri MONTET – L'économie française dans le monde (1945)

C. J. GIGNOUX – L'économie française entre les deux guerres, 1919-1939

Michel HUBER – Cours de statistique appliquée aux affaires (1943-44)

Institut Scientifique de Recherche Économiques et Sociales – Cinq conférences sur la méthode dans les recherches économiques

LEFREBVRE des Noëttes – L'attelage et le cheval de selle à travers les 6ages contribution à l'histoire de l'esclavage (1931)

Jean LHOMME – Le problème des classes

Jean LHOMME – Transformations économiques et classes sociales. ECONOMIE ET HUMANISME

F. MAURETTE – Les grands marchés de matières premières

Charles MORAZE – Introduction à l'histoire économique (1943)

Henri PEYRET – La guerre des matières premières (1946)

Henri PEYRET – La lutte pour les lenrées vitales

G. RENARD, L. LEBRET – Anticipations corporatives

Gaston ROUPNEL – Histoire de la campagne française

René SAND – L'économie humaine

Alfred SAUVY – Essai sur la conjoncture et la prévision économiques (1938)

Alfred SAUVY – La prévision économique (1943)

Alfred SAUVY – Chances de l'économie française

A. SIEGFRIED – La crise britannique au Xxe siècle

J. TCHERNOFF – Ententes économiques et financières (1933)

J. TCHERNOFF – Les syndicats financiers

E. WAGEMAN – Introduction à la théorie du Mouvement des Affaires (1932)

- 24 et 25 -

LA TOUR DU PIN – Vers un ordre social chrétien (1942)

F. MAURETTE – Les grands marchés des matières premières

H. PEYRET – La guerre des matières premières (1946)

H. PEYRET – La lutte pour les denrées vitales

A. SIEGFRIED – Vue générale de la Méditerranée

- 28 -

M. BOUILLE – L'expérience pédagogique de Moutiers

- 29 -

Jacques ANGEL – Géopolitique (1930)

Paul BURENU – La science des mœurs, intriduction à la méthode sociologique (1923)

L. LEBRET – Mystique d'un monde nouveau – avec appendice (1944)

Alfred SAUVY – La prévision économique (1943)

Alfred SAUVY – Chances de l'économie française (1940)

- 30 -

M. D. CHENU – Spiritualité du travail

M. D. CHENU – Pour être heureux, travaillons ensemble

L. LEBRET – Mystique d'un monde nouveau – avec appendice (1944)

L. LEBRET – Principes pour l'action. ECONOMIE ET HUMANISME

H. de LUBAC – Catholicisme social

MICHONNEAU – Paroisse missionnaire (1946)

S. S. Pie XII – Messages de guerre au monde (1945)

S. S. Pie XII – L'action catholique – messages pontificaux (1933)

- 31 a 35 -

A. DUBOIS – Structures nouvelles dans l'entreprise. ECONOMIE ET HUMANISME

L. LEBRET/ DESROCHES – La communauté Boimondeau. ECONOMIE ET HUMANISME

M.R. LOEW – Les dockers de Marseille

L. LEBRET et divers – Anticipations corporatives

L. LEBRET/ E. MOREAUX – Les professions maritimes

- 36 -

L. LEBRET – Principes pour l'action. ECONOMIE ET HUMANISME

L. LEBRET – Guide du Militant (tome I et II) tomes III et IV à l'impres.

L. LEBRET – Sous la conduite du St. Esprit: le père Fulgence Bordet

M. R. LOEW – En mission prolétarienne. ECONOMIE ET HUMANISME

L. LEBRET – Action, chemin vers Dieu – à l'impression

H. C. DESROCHES – O terre enfin libre – à l'impressiom

- REVUES -

– ECONOMIE ET HUMANISME. Números 1 à 27

– La conjoncture économique et financière, Paris, BESSIRIER

– Bulletin S.G.F. mensuel, Paris, P.U.F.

– Bulletin S.D.N. mensuel, Paris, P.U.F.

– Journal de la Société de Statistique de Paris

– Population Paris P.U.F. Paris, BERGER LEVRAUT

ANEXO 3: Programa do curso "Formação para pesquisadores" [4p]. Fundo Lebret, pasta 173

Sábado, 27/12/1952

09h30 – Apresentação dos participantes.

10h15 – Histórico das pesquisas econômicas e sociais e dos métodos de análise.

11h30 – A transposição gráfica dos quadros estatísticos.

14h30 – Exercício prático sobre a aula anterior.

16h30 – A pesquisa em Economia Humana.

Domingo, 28/12/1952

10h - Os princípios da organização regional.

2ª feira, 29/12/1952

09h30 - A pesquisa em função da organização de um território ou região; o exemplo e o caso do Estado de São Paulo; o contato global.

15h - A utilização de mapas para representar uma situação econômica, demográfica ou sociológica.

17h - Exercício de cartografia relativo à aula anterior.

3ª feira, 30/12/1952

09h30 – Os instrumentos de análise: questionário, cotação, diagrama (retangular ou circular), diagrama e léxico.

11h - A coleta de dados: por observação direta, pela consulta de documentos, por entrevistas. As folhas e documentos anexos. O diário do pesquisador.

15h - A confecção de um questionário simples, com cotação.

17h - Pesquisas sobre nutrição.

4ª feira, 31/12/1952
09h30 - Preparação e exploração de um dossiê de pesquisa.
10h15 - A representação gráfica segundo os métodos do Economia e Humanismo.
14h - A fotografia a serviço da pesquisa; iniciação.
15h30 - A interpretação de uma pesquisa. O Brasil no plano mundial.
17h30 - Utilização da fotografia e do filme a serviço da pesquisa, com projeção.

6ª feira, 02/01/1953
09h30 - A pesquisa em elaboração. Seu lugar no conjunto dos trabalhos; o questionário empregado e sua utilização. Dificuldades concretas encontradas na coleta de dados.
15h30 - Representação da pesquisa em diagrama. Utilização eventual de outros questionários. Os problemas específicos de certas zonas e as pesquisas especiais.

Sábado, 03/01/1953
9h30 - O plano de sondagem; como estabelecê-lo ou modificá-lo. Importância da zona homogênea. Situar a pesquisa feita na zona homogênea.
15h30 - Proposições concretas para aperfeiçoar a sondagem na pesquisa atual. O estudo aprofundado em certos municípios e a análise das zonas urbanas.
17h - Noções de urbanismo, pelo Dr. Antônio Bezerra Baltar. Como corrigir ou melhorar os núcleos de habitação (povoado, distrito ou cidade).

Domingo, 04/01/1953
Dia de trabalho para os diretores de pesquisa. Instruções práticas para os pesquisadores.

2ª feira, 05/01/1953

O dossiê da pesquisa em elaboração.

O trabalho do secretariado. O trabalho do diretor. A documentação complementar.

15h30 - Trabalho com a equipe de conjuntura. O trabalho do desenhista. Representação cartográfica.

3ª feira, 06/01/1953

09h30 - A interpretação da pesquisa. As hipóteses de trabalho. O trabalho sobre papel vegetal. Sugestões para modificações do dado estatístico.

APÊNDICES

APÊNDICE 1: Cronologia de Louis-Joseph Lebret (1897-1966)

Existem duas obras de grande relevância sobre Lebret e o movimento Économie et Humanisme, as quais utilizamos durante a nossa pesquisa e se encontram em nossa bibliografia, que tratam brilhantemente da biografia de Lebret e contam a história do movimento EH, são as publicações de Dennis Pelletier (1996) e de Lydie Garreau (1997). O que trazemos a seguir é um breve resumo biográfico de Lebret para situar o leitor. Pontuamos os principais movimentos de Lebret no Brasil e a cronologia dos trabalhos da SAGMACS. Para isso, utilizamos parte dos dados da tabela cronológica apresentada nos apêndices do trabalho de Mathilde Le Tourneur Breuil (2006), além dos trabalhos de Georges Celestin (1986) e dos já citados Pelletier e Garreau.

Louis-Joseph Lebret nasceu em 25 de junho de 1897 em um vilarejo chamado Minihic-sur-Rance, na região da Bretanha, na França. Lebret pertencia a uma família de marinheiros e camponeses. Durante toda a sua vida Lebret afirmou constantemente a sua filiação ao catolicismo. Lebret foi oficial da Marinha Nacional, participando da Primeira Guerra Mundial. Em 1923 deixou a marinha para estudar a ordem dominicana, sendo ordenado sacerdote em 1928. A sua atuação de pesquisa e ação teve início em 1929, na costa da Bretanha, na França, quando a mecanização das atividades pesqueiras e a repercussão da crise mundial desorganizaram o mercado internacional e influenciaram negativamente a economia local.

A partir de sucessivos estudos sobre o litoral francês, europeu e o mercado internacional, Lebret deu início a uma carreira de análise sociológica e econômica, tendo como fim a ação, que no caso dos pescadores franceses permitiu a consolidação de um sindicato por meio de cooperativas.

No que concerne ao tema desenvolvimento do território, Georges Celestin[1] divide a vida profissional de Lebret em cinco fases. A primeira, durante os anos de ocupação, de 1941 a 1945, quando o movimento EH foi fundado e a sua equipe se empenhou em um trabalho doutrinal e conceitual. Nesse período, a dimensão territorial e o trabalho multidisciplinar aparecem como componentes essenciais para o grupo.

A segunda fase, de 1945 a 1950, momento em que o Ministério de Reconstrução da França encomendou trabalhos de planejamento para Lebret e ao grupo EH. Muitas equipes locais do EH se constituíram em várias regiões da França e originaram os primeiros Comitês Regionais de Expansão. Nesse período Lebret realizou uma viagem de estudos pela Europa documentando outras experiências em matéria de desenvolvimento. Viajou pela primeira vez a América Latina onde grupos de EH foram constituídos e de onde retornou profundamente marcado pelo primeiro contato com os países subdesenvolvidos.

---

1 CELESTIN, Georges. "Lebret et l'aménagement du territoire". In: *Economie et Humanisme Revue*, Louis-Joseph Lebret, regards. n. especial, out. 1986, p. 111-119.

Uma terceira fase vai de 1950 a 1952. Em janeiro de 1952 o ministro francês Claudius Petit, simpatizante do EH, afirmou a necessidade de colocar em obra um Plano Nacional de Ordenamento Territorial. Lebret passou a estudar o tema e organizou em 1952 uma importante sessão sobre ordenamento do território.

Na quarta fase, de 1952 a 1958, Lebret se engajou no estudo do ordenamento do território. Foram realizados estudos na França e no Brasil. Os ensinamentos dessas experiências foram utilizados em sua obra publicada em 1958: *L'enquête em vue de l'aménagement regional.*

Por último, a quinta fase de 1958 a 1966, que teve início com a fundação do IRFED, marcando uma nova rotatividade nas atividades de Lebret. Numerosos estudantes da Europa e do "Terceiro Mundo" se iniciaram nos princípios e métodos do ordenamento do território.

A seguir, pontuamos os principais movimentos do Pe. Lebret (no Brasil a partir de 1947) e a cronologia dos trabalhos da SAGMACS.

1915: Engajamento de Lebret na Marinha. Entra em fevereiro como aprendiz e se candidata à Escola Naval.

1916: Admissão na Escola Naval.

1923-24: Noviço dominicano em Angers.

1925-29: Lebret participa do colégio dominicano de filosofia e de teologia em Ryckolt.

1930-33: Fundação da Juventude Marítima Cristã. Fundação do Secretariado Social Marítimo. Pesquisa sobre os portos de comércio e de pescadores do litoral francês. Fundação com Ernest Lamort da Fédération française des syndicats professionnels des maris. Fundação do jornal *La Voix du marin.*

312 MICHELLY RAMOS DE ANGELO

1933-39: Contribuição para a reorganização do conjunto da pesca marinha na França. Lançamento do Serviço Social dos marítimos. Pesquisa sobre a pesca e o mercado de peixe em países da Europa e da África do Norte. Estudos sobre o capitalismo, marxismo e do nacional-socialismo. Pesquisa sobre a pesca marinha na Escócia e na Irlanda.

1939-40: *Expert* econômico no ministério da Marinha Mercante.

1940: Pesquisa de Lebret sobre os pescadores mediterrâneos. Lebret publica *Les professions maritimes: a la recherche du bien commun*, Ed. Dunod.

1941: Fundação do grupo EH em Marseille.

1942: Primeiro número da revista EH; primeira sessão de pesquisa de EH: *Proprieté et communautés*; manifesto de Economia e Humanismo.

1943: Chegada de Henry Desroche na equipe de EH; instalação de EH em Lyon; publicação de *La méthode d'enquête*, EH, n. 12.

1944: 1ª sessão sobre EH para a região Lyonnaise.

1945: Fundação da Société d'Application Généralisée des Méthodes d'Analyse (SAGMA); Pesquisa sobre o habitat das grandes cidades da França; Turnê de conferências e de sessões pela França.

1946: Publicação de *Principes pour l'actions* e *Guide du Militant*; Fundação da sociedade das Edições Économie et Humanisme; Abertura da livraria Économie et Humanisme em Paris.

1947: Dia 05/04/1947: chegada de Lebret ao Rio de Janeiro. Lebret tinha 50 anos (1ª viagem de Lebret ao Brasil); dia 09/04/1947: chegada de Lebret a São Paulo; conferência de Lebret na Escola Livre de Sociologia e Política de São Paulo (ELSP); série de conferências sobre "Ação Social" na Arquidiocese do Rio de Janeiro; participação indireta de Lebret na criação da futura Organização Democrata Cristã da América (ODCA) pela leitura do seu texto: *Communication aux hommes de bonne volonté*; viagem curta para Montevidéu, Buenos Aires, Santiago, e contato com os dirigentes democratas cristãos desses países; Lebret escreve uma carta logo após a viagem ao Brasil intitulada *Lettre aux americains*. A carta é endereçada aos amigos do grupo EH dispersos pelo continente americano; publicação de Lebret: *La Communauté Boimondeau*;

SAGMACS: Dia 26/07/1947: Estatuto da SAGMACS, o qual diz que era composta por 50 membros e com estatuto assinado em julho de 1947 por sua diretoria: Luiz Cintra do Prado, Luciano Vasconcellos de Carvalho, Olga Soares Pinheiro, André Franco Montoro, José Maria de Freitas, e Lucas Nogueira Garcez; fundação do Movimento EH no Brasil.

TRABALHOS E CURSOS NO BRASIL: Abril-julho 1947: *Le logement de la population de São Paulo*; curso de Introdução a Economia Humana; a SAGMACS faz uma pesquisa sobre as condições de vida dos empregados do Jockey Clube, contratada pelo próprio Jockey Clube.

1948: Carta de Mgr Montini em nome do papa que felicita o trabalho de EH e de Lebret.

TRABALHOS E CURSOS NO BRASIL: Entre 1948-1950, pesquisa da SAGMACS sobre: Conditions de vie ouvrière dans l'agglomeration à São Paulo; Les enfats abandonnés à São Paulo; Les employés de Maison; La pensée sociale des étudiants (inacabado); La situation sociale du personnel du Jockey Club.

1949: Entrevista de Lebret ao jornal brasileiro *A Manhã* sobre organização econômica (grande repercussão); algumas publicações de Lebret: *Découverte du bien commun: mystique d'un monde nouveau*, Ed. EH; *Action, marche vers Dieu*, Ed. Ouvrières; tradução e publicação pelas edições EH/Editions ouvrières de *Géographie de la Faim* (de Josué de Castro); passagem de Josué de Castro pelo EH na França; estadia de Jaques Chonchol em EH/ França; participação da SAGMACS e do EH no Congresso Interamericano de Ação Social Católica no Rio de Janeiro.

1950: Lebret é chamado pelo governador de São Paulo para estudar as necessidades e possibilidades de desenvolvimento do estado; Lucas Garcez, participante da SAGMACS, passa a ser governador de São Paulo; tradução português de "Princípios para ação" com venda de 2000 exemplares em 2 semanas; na sede da JUC, e em preparação com a JOC, JEC, JIC, acontece o curso de formação em Economia Humana; dificuldades financeiras da SAGMACS; O diretor técnico Le Digou retorna para a França.

1951: Publicação do *Guide de l'enquête sociale* e *L'enquête rurale*; publicação de Sondagem preliminar a um estudo sobre a habitação em São Paulo, *Revista Arquivo*, 1º trimestre; início de um estudo da SAGMACS sobre o *l'aménagement du territoire* na Bacia Paraná-Uruguai. Início do reconhecimento da SAGMACS no Brasil; constituição da Comissão Interestadual da Bacia Paraná-Uruguai (CIBPU) para mitigar uma política de desenvolvimento do território no Sul do Brasil (sob a direção de Lucas Garcez).

1952: 2ª viagem de Lebret ao Brasil; as intervenções de Garcez, Josué de Castro e Dom Helder Câmara põem fim à relutância dos bispos brasileiros contra Lebret; Lebret publica *Guide de l'enquête sociale*, tome I, *Manuel de l'enquêteur*, PUF; Início do estudo SAGMACS sobre o desenvolvimento do território na Bacia Paraná-Uruguai; início do estudo da SAGMACS sobre as necessidades e possibilidades do estado de São Paulo; início do estudo sobre as condições de desenvolvimento e industrialização do Estado do Pernambuco e do Nordeste (Souza Barros pela Codepe, Baltar pela SAGMACS. Lebret intervém no fim e propõe a reforma agrária como prioridade para o desenvolvimento do Nordeste); consulta pela Comissão do Bem-Estar Social para colocar as bases de um método de pesquisa; criação de uma equipe de EH em Recife.

TRABALHOS E CURSOS NO BRASIL: 27/12/1952 a 07/01/1953: Curso do Pe. Lebret "Formação para pesquisadores", Brasil, São Paulo; problemas de desenvolvimento, necessidades e possibilidades do estado de São Paulo (1952-54); conclusões provisórias de viagem de estudo realizada por Lebret e Benevenuto sob a demanda de Lucas Nogueira Garcez (31 de agosto de 1952); SAGMACS: Problemas de desenvolvimento, necessidades e possibilidades do estado de São Paulo (vários trabalhos entre 1952-58 sobre a reestruturação urbana para o desenvolvimento a partir do estudo das necessidades e possibilidades das regiões).

1953: 3ª viagem de Lebret ao Brasil [mai/jun]; participação de Lebret em um grupo de *experts* da ONU em Nova York para redigir um relatório sobre a "definição e avaliação do nível de vida do ponto de vista internacional"; 1ª reunião entre Lebret, Josué de Castro e Abbé Pierre em vistas da criação de um organismo internacional de desenvolvimento; continuação do estudo SAGMACS sobre o desenvolvimento do território na Bacia Paraná-Uruguai; início do estudo da SAGMACS sobre os níveis de vida da zona rural do estado do Paraná (estudo pedido pela CIBPU mas patrocinado oficialmente pela Fundação de Assistência ao Trabalhador Rural).

TRABALHOS E CURSOS NO BRASIL: Curso de Desenvolvimento na FAU-Maranhão. Celso Lamparelli participa do curso e relata que

316 MICHELLY RAMOS DE ANGELO

foi decisivo para redefinir sua trajetória de formação: "priorizando o urbanismo e o estudo, não só dos abrigos e espaços construídos mas também das atividades e relações sociais por ele abrigadas" (LAMPARELLI, 1998, p. 287-288).

1954: 22/01/1954: Previsão de chegada de Lebret no RJ; 4ª e 5ª viagem de Lebret ao Brasil; estudo sobre o desenvolvimento agrário na Colômbia; visita de Lebret ao Chile, Peru e Colômbia, e encontro com dirigentes de diferentes grupos de Economia Humana nesses países. Primeiro contato para a pesquisa na Colômbia; parte da equipe de EH francesa chama atenção para a "dispersão" de Lebret; Benevenuto é designado ao convento do Rio de Janeiro e é interditado de permanecer em São Paulo pelo Arcebispo de São Paulo (antiga hostilidade do cardeal com EH. Leigos são forçados a assumir a liderança).

Lebret: *Estudo sobre Desenvolvimento e Implantação de Indústrias, Interessando a Pernambuco e ao Nordeste* (iniciado em 1954 e publicado em 1955).

TRABALHOS E CURSOS NO BRASIL: Curso de Economia Humana no Congresso Internacional de Economia Humana [personalidades latino-americanas, americanas e europeias. Visão de desenvolvimento de Lebret]; 1ª Conferência Internacional de Economia Humana em São Paulo.

1955: Criação do IRAMM (Institut de recherche et d'action contre la misere mundiale) por Abbé Pierre, com Lebret e Josué de Castro; Curso de 3 meses de Lebret em Montreal (que deu a base para seus textos "Suicídio e sobrevivência no ocidente" e "Dinâmica concreta do desenvolvimento"; sessão de formação de pesquisadores em Bogotá; publicação do *Guide de l'enquêteur*, tome III e outras publicações por Lebret; julho de 1955: participação de Lebret na Semana

Social, no Uruguai; início dos estudos da SAGMACS sobre o desenvolvimento urbano de São Paulo (encomendada pelo prefeito Wladimir de Toledo Pizza).

TRABALHOS E CURSOS NO BRASIL: Problemas de desenvolvimento, necessidades e possibilidades dos estados do Rio Grande do Sul, Santa Catarina e Paraná. A pedido da CIBPU por intermédio de seu vice-presidente Souza Lima (1955-57).

1956: 6ª viagem de Lebret ao Brasil; série de cursos em Montevidéu; cresce o número de publicações de Lebret; trabalhos em andamento pela SAGMACS: CIBPU, SP, e na Colômbia.

1957: 13/08/1957: Lebret chega no Rio de Janeiro e vai para São Paulo; 7ª viagem de Lebret ao Brasil; criação da Associação Mundial Contra a Fome (Ascofam); Criação por Lebret da Associação Nacional de Economia Humana (AIDEH); criação do Institut d'Etude du Développement Economique et Social (IEDES), por H. Laugler e F. Perroux; início da pesquisa de desenvolvimento no Sul do Vietnam; setembro de 1957: Fundação do Centro Latino-americano de Economia Humana (CLAEH), em Montevidéu, por representantes do grupo EH do Brasil, do Paraguai, do Chile, da Argentina e do Peru, junto às equipes de Bem Comum; Fundação da Compagnie d'Études Industrielles et d'Aménagement du Territoire (CINAM); Início dos trabalhos da SAGMACS sobre as favelas do Rio de Janeiro para o jornal *O Estado de S. Paulo*.

TRABALHOS E CURSOS NO BRASIL: Estrutura Urbana da Aglomeração Paulistana: estruturas atuais e estruturas racionais (1957-58); Aspectos Humanos da Favela Carioca (1957-59).

1958: Fundação do IRFED na França; sessão sacerdotal na Argentina; publicações variadas de Lebret, entre elas: *Guide de l'enquête* *sociale*, tome IV, e *l'Enquête em vue de l'aménagement regional*"; publicação do *Estudio sobre las Condiciones del Desarrollo de Colômbia* (pela SAGMAESCO); início da pesquisa da SAGMACS sobre a estrutura urbana de Belo Horizonte.

TRABALHOS E CURSOS NO BRASIL: Estrutura Urbana de Belo Horizonte (1958-59).

1959: Abril de 1959: viagem América Latina (dia 3 em Bogotá, 4 em Lima e um dia em SP) ; Fundação do Centre de Coopération pour le Développement Économique et Humain (CCDEH); início dos trabalhos no Senegal; a partir de 1959 a experiência internacional de Lebret se amplia: Vietnã, Benim, Senegal, Líbano, Ruanda; absorção de alguns profissionais da SAGMACS no Plano de Ação Carvalho Pinto (1959-62).

1960: 8ª viagem de Lebret ao Brasil; publicação da versão brasileira de "Suicídio e sobrevivência no ocidente"; trabalho de Lebret sobre o estudo da SAGMACS sobre o desenvolvimento urbano de São Paulo; Lebret recebe o título de *Doutor Honoris Causa* pela USP; início da revista *Développement et Civilisations*; primeira audiência privada de Lebret com João XXIII; incorporação de técnicos da SAGMACS no aparelho do estado de São Paulo.

TRABALHOS E CURSOS NO BRASIL: *O Estado de São Paulo* publica "Aspectos Humanos da favela Carioca" (reeditado no mesmo ano em fascículos pelo diário carioca *A tribuna da Imprensa*); início do trabalho sobre o Desenvolvimento do Mato Grosso, Goiás e Minas Gerais (encomendado pela CIBPU).

1961: 9ª viagem de Lebret ao Brasil.

TRABALHOS E CURSOS NO BRASIL: Ipatinga e seus problemas socioeconômicos.

1962: Redação de notas por Lebret para o Concílio.

TRABALHOS E CURSOS NO BRASIL: Revisão agrária de São Paulo: estudo para plano de loteamento; Programa de mecanização agrícola do estado de Mato Grosso; Projeto Araguaia.

1963: 27-31 de janeiro de 1963: Viagem Georges Celestin ao Brasil – Rio de Janeiro e São Paulo; prefácio do livro de P. Raymackers sobre o desemprego no meio urbano nos países subdesenvolvidos (Louivan) e de D. Goulet sobre a ética do desenvolvimento (Rio de Janeiro).

TRABALHOS E CURSOS NO BRASIL: Relatório do Plano Diretor de Belo Horizonte; Plano Diretor de Barretos; Água e esgotos: análise da situação dos sistemas nas sedes de município do interior de São Paulo; Estudo dos equipamentos urbanos de água e esgoto no estado de São Paulo; Água e esgoto no Paraná; Organização dos serviços públicos do estado do Paraná; Plano de desenvolvimento do Paraná para a reformulação de quadros governamentais e estudo das comunidades territoriais; Estudos para uma política habitacional; Educação Fundamental.

1964: Viagem de estudo a Venezuela (*El desarollo en funcion de los valores humanos*, Caracas); Lebret torna-se membro da delegação da Saint Siège na conferência da CNUCED; Lebret torna-se *expert* oficial do Concilio Vaticano II; início do trabalho de Lebret no Líbano; participação de Lebret no *Simpósio sobre Desarrollo y Promoción del Hombre*, em Caracas.

TRABALHOS E CURSOS NO BRASIL: prospecção dos problemas de desenvolvimento de Ubatuba, em 1964.

1965: Participação de Lebret na conferência da Organização das Nações Unidas para Agricultura e Alimentação (FAO); participação de Lebret no Concilio Vaticano II; hospitalização de Lebret em Paris;

Lebret escreve textos sobre cooperação técnica (publicações na revista D&C).

1966: Publicação da Encíclica *Populorum Progressio*; participação de Lebret na *Semana Social de Santiago*, em março de1966. Última grande viagem de Lebret; em 20 de julho de 1966, morte de Lebret aos 70 anos.

Louis-Joseph Lebret e a SAGMACS   321

APÊNDICE 2: Estudos realizados pela SAGMACS e composição das equipes

SAGMACS. Comissão Interestadual Bacia Paraná-Uruguai. Problemas de desenvolvimento, necessidades e possibilidades do estado de São Paulo: estudo elaborado pela SAGMACS. São Paulo: SN, 1954. v. 1.

Autores: Antonio Bezerra Baltar, Benevenuto de Santa Cruz, Darcy Passos, Eduardo Bastos, Louis Joseph Lebret, Raymond Delprat.

Colaboradores diretos: Antônio Delorenzo Neto, Chiara de Ambrosis, Gilles Lapouge.

Pesquisadores: Eduardo Bastos [direção], - Frank Perry Goldmann [assistiu], Casimiro dos Reis Filho, Cristovão de Andrade França, Eduardo Bastos, Geraldo Semenzato, Kaoro Onaga, Maria Aparecida Teani, Maria Beatriz de Mello Mattos, Maria Edy de Andrade Ferreira, Otto Marques da Silva.

Desenhistas: Clementina de Ambrosis, Domingos de Azevedo Neto, Joaquim Guedes, Liliana Marsicano Guedes, Miguel Zangaro, Le Rouge [da equipe francesa de Économie *et Humanisme*].

Observações: O trabalho também destaca a realização de entrevistas com aproximadamente 87 técnicos.

SAGMACS. Estrutura urbana da aglomeração paulistana: estruturas atuais e estruturas racionais. São Paulo: SAGMACS, 1958b. 304p.

Dir. Presidente: Dr. Antonio Delorenzo Neto, Dir. Gerente: José Gomes de Moraes Netto, Dir. Técnico: Benevenuto de Santa Cruz, Dirs. Adjuntos: Des. J. B. de Arruda Sampaio, Arq. Domingos Theodoro de Azevedo Neto, Prof. Baltar; Dr. José Artur Rios

Participaram da redação do relatório: Antônio Bezerra Baltar, Antonio Delorenzo Neto, Raymond Delprat, Frank Goldman, Louis Joseph Lebret, Mario Laranjeira de Mendonça, Chiara De Ambrosis Pinheiro Machado, Benevenuto de Santa Cruz.

EQUIPE A:

Análise básica: Mario Laranjeira de Mendonça [dir. eng.], Carlos Eduardo Alves Lima [chefes de grupo-eng.], Manuel Valente Barbas [chefes de grupo-eng.], Hélio Hell Caiaffa [chefes de grupo--eng.], Francisco Escobar [chefes de grupo-eng.], Celso Monteiro Lamparelli [chefes de grupo-arq.].

Pesquisadores: José Gustavo de Arruda Botelho, Mario Azevedo, Rison [*ilegível no original] Bongonha, Reynaldo Rudge Carlini, Alahyr Ferreira Cruz, Maury Demange, Otavio Escobar, José Joaquim Ferreira, Mariano Silveira Gomes, José da Silva Guedes, Antonio Carlos Queiroz Guimarães, Paulo Irineu, Carlos Alberto Lima de Faria, Antonio Carlos de Macedo, Gil Augusto Machado, Marco Antonio França Mastrobuono, Mario Nariotto, Nelson Pinheiro Nejias, Eugênio Monteferrante Neto, Malanias Massage Megamine [*ilegível no original], José Crispin C. Noronha, Osmar de Paula Pinto, José Arnaldo Pitton, Divo Pereira de Rezende, Walter Ribeiro dos Santos, Maurício Rosembaum, Luiz Paulo Salomão, Sérgio de Salvo Brito, Clóvis Serra, Luis Alcino Teixeira Leite, Biro Ernesto Zeitel.

Desenho: Miranda Maria Esmeralda Martinelli [chefe-arq.].

Desenhistas: Aderbal José Bueno, Olga Maria Nogueira e Silva, Jacinto Afrânio Jairo Rossetti, Ricardo Zarattini Filho, Regina Zonta.

Administração: Angelina de Ameida [chefe], Genny Cernigoi [auxiliares], Doracy Martins [auxiliares], Mirtes dos Santos Pinto [auxiliares].

EQUIPE B:

Análise sociológica: Frank Goldman [dir.], Ana Maria Adamo [assessor], Lídia Raumgartner [assessor], Plauto Lapa Coimbra [assessor], Francisco Whitaker Ferreira [desenhista], Maria do Carmo Guimarães Barros [secretária].

Pesquisadores e auxiliares: Fabricio Adamo, Irmã Marta Alexandra, Gastão Thomaz de Almeida, Maria Aparecida Andrade, Maria do Carmo Guimarães Barros, Zillah Branco, Evelin Naked de Castro Sá, Helena Maria Pereira de Carvalho, Sarah Chucid, Irmã Maria Corintha, Armando Frioli, Rubens Guedes, Domarice [*ilegível no original], Machado Goldman, Atsuko Haga, Tyoko Hayasi, Thekla Hartman, Armenuhy Kahvegian, Haidée Leis, Olga Magnoli, Nobue Mayasaki, Suely Virgínia de Melo Moreira, Evanira Mendes, -Silvina Maria Negrisolo, José Pdero Neto, Ophelina Rabelo, Rafael Tancredi, Edith Vieira.

EQUIPE C:

EQUIPE C1: análise demográfica e econômica: Raymond Delprat [dir.], Chiara de Ambrosis Pinheiro Machado [assessor].

Auxiliares de desenho: Luis Carlos Costa, Antonio Claudio Moreira, Orlando de Oliveira.

Calculistas: Rosie Delprat, Moyses Regman.

EQUIPE C2: análise de índices urbanísticos da aglomeração: Antonio Bezerra Baltar [dir. eng.].

Assessores: Clementina de Ambrosis [arq.], Domingos Theodoro de Azevedo Neto [arq.], Celso Monteiro Lamparelli [arq.].

Desenhista: Francisco Whitaker Ferreira [arq.].

Estudos administrativos: Antonio Delorenzo Neto.

Secretariado das equipes B e C: Antonio Lázaro de Almeida Prado, Renée Bianconi, Heloisa A. Mafra.

Durante os trabalhos foram secretários de obras da prefeitura de São Paulo: Engenheiro Maury de Freitas Julião, Eng. José Carlos de Figueiredo Ferraz, Eng. Altimar Ribeiro de Lima. **Foram prefeitos do município de São Paulo:** Dr. Wladimir de Toledo Pizza, Dr. Adhemar P. de Barros. **Foram presidentes da Câmara Municipal:** Dr. Elias Shamhaz, Dr. André Nunes Filho.

Observações: Em "nota prévia", sobre quem elaborou o questionário, ver nota 5: houve um curso de formação e iniciação para dirigentes e pesquisadores em janeiro de 1957 por Mario Laranjeira e Benevenuto de Santa Cruz. Os trabalhos foram iniciados em setembro de 1956.

SAGMACS. Comissão Interestadual Bacia Paraná-Uruguai. Problemas de desenvolvimento, necessidades e possibilidades dos estados do Rio Grande do Sul, Santa Catarina e Paraná. São Paulo: SAGMACS/Comissão Interestadual da Bacia Paraná-Uruguai. 1958. 2v.

Orientação e direção: Louis-Joseph Lebret.
Autores: Alain Birou, Benevenuto de Santa Cruz, Eduardo Bastos, Louis-Joseph Lebret, Luiz Carlos M. Goelzer, Raymond Delprat.
Diretores de Pesquisa:
RS: Luiz Carlos M. Goelzer, Benevenuto de Santa Cruz.
SC: Domingos Teodoro de Azevedo Neto, Benevenuto de Santa Cruz.
PR: Eduardo Bastos.
Pesquisadores:
RS: Edison M. Quintana, Eduardo Roman, Jacob Elloy Runrath, José Antonio Giusti Bueno, José Antônio Moraes de Oliveira, José

Júlio Vilela, Luiz Andrade, Milton Teixeira, Seno Antônio Cornely, Telmo Sebastião Bueno.

SC: Domingos Teodoro de Azevedo Neto, Jacob Souza Filho, João Paulo Rodrigues, José Júlio Vilela, José Sobierajski, Luiz Andrade, Manoel Cabral Pinho, Paulo Mendes Rodrigues.

PR: Cristóvão Andrade Franco, Eduardo Bastos, Osmar Nascimento

Equipe de cartografia e desenho: Clementina de Ambrosis (responsável), Francisco de Assis, Maria Candida Pedrosa de Campo, Aloysio de Carvalho, Paulo Cordeiro, Christa Hahlohm, Paulo Apício Macedo.

Secretaria: Dorothéa Viot de Albuquerque, Maria Ângela Alvim, Rosa Helena Sampaio Baiana.

Estudos Especiais: Eng. Agrônomo Paulo A. Gonçalves, Prof. T. C. Jamundá, Eng. José do Patrocínio Motta, Dr. Antonio de Saint Pastous, Eng. Agrônomo Michel de Planta, José Artur Rios, Benevenuto de Santa Cruz.

SAGMACS. Estrutura Urbana de Belo Horizonte. Prefeitura Municipal de Belo Horizonte: Sagmacs, 1958-59.

Coordenação e redação final do Relatório: Benevenuto de Santa Cruz.

Participaram da redação do relatório: Annibal Villela, Antonio Bezerra Baltar, Antônio Delorenzo Neto, Benevenuto de Santa Cruz, Celso Lamparelli, Francisco Whitaker Ferreira

Anexo sobre o "Abatecimento de Belo Horizonte", redigido por: Fernando Correia Dias, Margarida Luiza Ribeiro, Pedro Galery, Silviano Cançado Azevedo.

Participaram da pesquisa:

I. Estudos econômicos e demográficos: Resp. Annibal Villela, **Pesquisadores:** Fernando Correia Dias, Margarida Luiza Ribeiro, Pedro Galery, Silviano Cançado Azevedo.

II. Pesquisa das estruturas básicas da cidade: Resp. Francisco Whitaker Ferreira.

Programação e redação de questionários e tabelas: Archanjo Gabriel Medeiros Cruz, Artiteu [*ilegível no original], Afonso dos Santos, Hiroshi Watanabe Queiroz, Jayme Hilário de Souza, Jurema Rosalva Vieira, Laercio Rodrigues de Moraes, Maria Aparecida Ferreira de Aguiar, Maria Immacolata Iama, Noemi Firmato de Almeida, Pajehu Marra, Talmo Pompeu Araújo, Tarcísio Wanderley, Vicente de A. Figueiredo Sampaio, Welber da Silva Braga.

III. Estudos de urbanismo:

Responsáveis: Antônio Bezerra Baltar, Celso Lamparelli.

Pesquisadores: Os mesmos do grupo precedente.

IV. Estudos sociológicos:

Responsáveis: Benevenuto de Santa Cruz, Jurema Rosalva Vieira

Pesquisadores: Maria Aparecida de Queiroz, Maria Aparecida F. de Aguiar, Mauro Santayana, Noemi F. de Almeida

V. Estudo sobre problemas administrativos redigido por: Antonio Delorenzo Neto.

VI. Anexo sobre o abastecimento:

Execução: Fernando C. Dias, Margarida L. Ribeiro, Pedro Galery, Silviano C. Azevedo.

Pesquisadores: José Carlos Vieira, Jurema R. Vieira, Maria Aparecida Queiroz, Maria Aparecida F. Aguiar, Maria Immacolata Lama, Mauro Santayanna, Noemi R. Vieira, Vicente de F. Sampaio.

VII. Desenhistas: Hilton Prates, Haroldo Taborda Galliac, Paulo Faria Matos, Paulo Iazzetti Filho, Raimundo Costa Braga, Roberto Yazigi.

VIII. Secretaria:

Chefe: Celio Brasil.

Auxiliares: Maria Helena Rossi, Antonio Soares de Oliveira.

IX. Datilografia: Meá Canotilho, Renée Bianconi.

SAGMACS. Aspectos humanos da favela carioca: estudo sócio--econômico elaborado pela Sagmacs. São Paulo: *O Estado de S. Paulo*, 13 e 15 abr. 1960 (Suplementos especiais). Livro reproduzido em formato digital (CD-ROM), Biblioteca da FAU/USP.

Louis-Joseph Lebret (**Orientação**), José Arthur Rios (**Direção Técnica**), Carlos Alberto de Medina (**Coordenador, Sociólogo**), Ailza Barbosa de Araújo (**Coordenação**), Hélio Modesto (**Cooperação na parte referente a urbanização do "Distrito Federal"**)

Pesquisadores: Antonio Assimos, Aryvalde Ferreira da Silva, Carlos Moraes, Elias Pessoa de Carvalho, Helio Moulin, Hebe Vainier, Ilka Leite, José Miramar Moreira, José Maria Lopes, José Sampaio, Laerte Marques Lima, Luiz Alvear Palermo, Maria do Carmo Pereira, Milton Santos, Nilda Moreira de Deus, Regina Maria Novais de Almeida.

Desenho: Maria Cândida Pedrosa de Santos.

Secretária: Adélia Vieira de Souza, Dorothéa Viot de Albuquerque, Rosa Helena Sampaio Bahiana.

Da parte "específica" do estudo [a partir da pg. 43], participaram: Louis-Joseph Lebret (**Orientação**), José Arthur Rios (**Direção Técnica**), Carlos Alberto de Medina (**Coordenador, Sociólogo**), Hélio Modesto (**por conta de todo o capítulo de urbanização**).

Além dos pesquisadores que atuaram na primeira parte da pesquisa, participaram também os seguintes pesquisadores: José Maria Lopes, Antônio Reis Cavalcanti, Celio Alves, Diva Maria Pires Ferreira, George Raes, Geraldo Targino da Fonseca, Helena X. Bruno, Ieda Cardoso Vieira, José Jovino S. de Oliveira, Leila Elias Issa, Luís Alvim Correia, Mario Afonso de Carneiro, Nair Guerreiro, Pedro Paulo W. de Araújo, Solange Dias de Brito, Sujiyama Iutaica.

Observação: Agradece a várias pessoas e órgãos. Agradecimento à Fundação Leão XIII (pelo concurso prestado), ao SERPHA (Serviço Especial de Proteção da Habitação), a Sergio Hasselmann, aos informantes das favelas.

SAGMACS. Ipatinga e seus problemas sócio-econômicos: relatório preliminar. São Paulo: Sagmacs, 1961. (Usina Siderúrgica de MG S/A – USIMINAS).

Equipe técnica: Benevenuto de Santa Cruz, Flávio Villaça, Francisco Whitaker, Luiz Carlos Costa, Margarida Luiza Ribeiro, Silviano Cançado de Azevedo.

Observação: Contratado pela USIMINAS em 1961.

SAGMACS. Revisão agrária de São Paulo: estudo para plano de loteamento. São Paulo: Sagmacs, 1962.

Equipe: Benevenuto de Santa Cruz, Francisco Whitaker, Leopoldo Garcia Brandão, Margarida Luiza Ribeiro, Milton Antônio Moyses (eng. Agrônomo da Divisão de Economia Rural da Secretaria da Agricultura) **Colaboração:** Carlos Eduardo Meirelles Matheus, Persio Junqueira (eng. agrônomo do Fundo de Expansão agropecuário).
Desenhos: Paulo Iazzetti, Roberto Yasigi.

SAGMACS. Programa de mecanização agrícola do estado de Mato Grosso. São Paulo: Sagmacs, 1962. [Programa de Armazéns Gerais do Estado do Mato Grosso]

Equipe: Antonio Claudio M. Lima e Moreira, Francisco Whitaker Ferreira, Maria Adélia Aparecida de Souza, Pedro Calil Padis.

SAGMACS/Associação de desenvolvimento do Vale do Araguaia. Projeto Araguaia. São Paulo: Sagmacs, 1962.

Equipe: Antônio Cláudio Moreira Lima e Moreira, Francisco Whitaker Ferreira, Maria Adélia Aparecida de Souza, Reynaldo Dias de Moraes e Silva.

SAGMACS. Relatório do Plano Diretor de Belo Horizonte. Belo Horizonte: Sagmacs, 1963.

Elaboração

Urbanistas: Cláudio Soares de Azevedo, Flávio Magalhães Villaça.

Arquitetos: Clementina de Ambrosis, Francisco Whitaker Ferreira, Silvio Breno de Souza Santos

Participação do urbanista Antonio Bezerra Baltar na orientação geral do trabalho, na verificação e revisão

Revisão final do texto: Benevenuto de Santa Cruz [Diretor Técnico da SAGMACS]

Colaboração

Arquitetos: [da equipe da SAGMACS]: Celso Lamparelli, Domingos Theodoro Azevedo Neto; [os arquitetos da Escola de Arquitetura da UFMG]: Mario Berti, Roberto Sussman [e o arquiteto da PMBH]: José Raimundo Martins Neves.

Auxílio do Serviço do Plano Diretor da Prefeitura de B. H. através dos urbanistas: Euclides Lisboa, Paulo Gaetani; e do responsável pelos arquivos do Serviço: dr. Elisiano Antonini, com cooperação da Escola de Arquitetura através do seu diretor, prof. José Geraldo Faria e dos profs. Martins Francisco de Andrade e Silvio Vasconcelos. Observação: Contratada pelo prefeito Amintas de Barros, assinado em 29 de julho de 1961, tendo em vista os resultados da pesquisa sobre o "Estrutura Urbana de Belo Horizonte" (58-59).

SAGMACS. Plano Diretor de Barretos. São Paulo: Sagmacs, 1963.

Técnicos: Arquitetos: Clementina de Ambrosis, Flávio Villaça, Francisco Whitaker, Silvio Breno de Souza; **Geógrafa:** Maria Adélia Aparecida de Souza; **Economista:** Pedro Calil Padis.

Parte gráfica e cálculos urbanísticos: Arquitetos: Glauco Glacobbe, Paulo Iazzetti Filho, Roberto Yasigi, Witold Zmitrowicz

Colaboração: Newton José de Camargo, Hector Juan Arroyo, Arq. Hélcio Leonardi, José Luiz Vinhal, Antonio Gomes Martins, Amâncio Magrini

Observação: Contrato assinado em julho de 1962 com a Prefeitura Municipal. O prefeito: Cristiano Carvalho. Objetivo: superar perspectivas de estagnação.

SAGMACS. Água e esgotos: análise da situação dos sistemas nas sedes de município do interior de São Paulo. São Paulo: Sagmacs, 1963.

Equipe coordenadora: Domingos Theodoro de Azevedo Neto, Nelson Luiz Rodrigues Nucci.

Equipe de engenharia: Nelson Luiz Rodrigues Nucci (responsável), Antonio de Felice, Mariano Henrique Aranha Domingues, Peter Greiner, Roberto Hamilton Salvadeu Cruz, Takudy Tanaka, Tsuneo Kimate.

Equipe de urbanismo: Domingos Theodoro de Azevedo Neto (responsável), Flávio Magalhães Villaça, Paulo Iazzetti Filho, Roberto Yasigi.

Equipe estatística: César Ubaldo Câmara e Miriam Vallias de Oliveira Lima (responsáveis), Fernando Perillo Costa, Gilberto da Silva Alves, Selda Vale da Costa

Equipe médica: Odilon Mello Franco Filho (responsável), Arnaldo Begossi

Equipe de desenho: Roberto Yasigi (responsável), Celio Abrusio, Edison Eloy de Souza, Munir Buarraj, Paulo Rocha Queiroz, Ruy Arini, Shigueiro Kudo, Tetsuo Uema.

Coleta de dados realizada pela seguinte equipe de campo: Afonso A. Oliveira, Antonio A. Pereira Dias, Douglas Pagnard, Jairo Fonseca, José Eduardo Lacerda Franco, Julio R. da Costa Filho, Kasuo Okamoto, Luiz Pertino de Moraes, Mauro Borges, Paulo N. Martins, Rubens batista do Nascimento, Sebastião R. Sobrinho, Waldir Comegno, Wanderley Gomes Sales, Wladimir Leonardo.

Elaboração dos questionários realizados em conjunto com os seguintes técnicos:

FACULDADE DE HIGIENE: Engenheiros Professores: Armando Fonzari Pêra, Cláudio Manfrini, Eduardo Riomey Yassuda, José Augusto Martins, José Martiniano de Azevedo Neto.

D.O.S: Engenheiros Professores: João Moreira Garces Filho [diretor efetivo licenciado], Euclides Cavalari [Assist. do diretor geral do DOS], Octacílio Souza Sene [dir. geral do DOS], Odier Sperandio [eng. depart. Obras sanitárias].

Participaram ainda da equipe coordenadora nas fases preparatória e de revisão dos trabalhos os membros da **Diretoria da Sagmacs:** Frei Benevenuto de Santa Cruz O. P., Francisco Whitaker Ferreira.

Observações: Agradece ao prod. Eduardo R. Y. e Odier Sperandio, ao eng. Leopoldo Batista Testa [chefe da seção de projetos DOS], ao eng. Julio Cerqueira César Neto.

A pesquisa foi realizada em 497 sedes municipais do estado de São Paulo, de acordo com o Departamento de Obras Sanitárias da Secretaria de Viação e Obras Públicas, em 11 de junho de 1962.

SAGMACS. Estudos para uma política habitacional. São Paulo: Sagmacs, 1963.

Elaboração: Técnicos: Clementina Delfina Antonia de Ambrosis, Flávio José Magalhães Villaça, Francisco Whitaker Ferreira, Lucio Felix Frederico Kowarick, Luiz Carlos Costa, Miriam Vallias de Oliveira Lima, Silvio Breno de Souza Santos. **Desenhos e cálculos:** André Franco Montoro Filho, Paulo Queirós, Rui Arini, Vicenzo R. Bochicchio.

SAGMACS. Prospecção dos problemas de desenvolvimento de Ubatuba. São Paulo: S.N., 1964.

Coordenadores: Clementina D. A. de Ambrosis, Frei Benevenuto de Santa Cruz, Luiz Carlos Costa.

Técnicos: Antonio Amilcar de Oliveira Lima, Antonio Cláudio Moreira Lima e Moreira, João Yunes, José Carlos Seixas, Maria Luiza Bresser da Silveira.

Observações: Plano solicitado para a SAGMACS pelo prefeito de Ubatuba, Sr. Francisco Matarazzo Sobrinho.

Trabalhos encontrados em que não consta a equipe:

SAGMACS. *Organização dos serviços públicos do estado do Paraná.* Curitiba: Sagmacs, 1963.

SAGMACS. *Plano de desenvolvimento do Paraná: reformulação dos quadros governamentais*, 1963.

SAGMACS. *Plano de desenvolvimento do Paraná: comunidades territoriais do Paraná*, 1963.

SAGMACS. *Educação fundamental*. São Paulo: S.N., 1963.

SAGMACS. *Equipamentos urbanos de água e esgotos no estado de São Paulo*. São Paulo: Sagmacs, 1963.

SAGMACS. *Água e esgoto no estado do Paraná*. São Paulo: Sagmacs, 1963.

AGRADECIMENTOS

Para a realização deste trabalho fui apoiada por importantes instituições, auxiliada por competentes profissionais e acompanhada por ótimos amigos, tanto no Brasil como na França, a quem agradeço. Tive o apoio financeiro da Fundação de Amparo à Pesquisa do Estado de São Paulo (Fapesp), sem o qual eu também não teria feito parte da pesquisa de doutorado na França. Também tive o meu projeto apreciado por um(a) parecerista anônimo(a), mas arguto(a) na análise e no direcionamento da pesquisa. Fui acolhida pelo Departamento de Arquitetura e Urbanismo da EESC/USP, onde fui orientada pela Profa. Sarah Feldman, a quem agradeço a possibilidade do doutorado, a relação de confiança e por tantas vezes balizar a pesquisa e incansavelmente ler, orientar, corrigir e formular questões.

Durante as bancas de qualificação e defesa da tese tive valiosas contribuições dos professores Celso Lamparelli, Licia Valladares, Maria Cristina da Silva Leme, Carlos Roberto Monteiro de Andrade. Também tive a atenção da profa. Virgina Pontual. Agradeço à profa. Cristina Engel de Alvarez pela iniciação na pesquisa, lá atrás, em 1997 na Universidade Federal do Espírito Santo, e ao prof. Ioshiaqui Shimbo pela condução do mestrado, construindo meu caminho de chegada ao doutorado.

Tive a oportunidade de entrevistar alguns *développeurs*: Celso Lamparelli, Clementina de Ambrosis, Domingos Theodoro Azevedo Neto, Antonio Cláudio Moreira, Francisco Whitaker Ferreira. Todos me receberam com extrema presteza, tiveram enorme paciência comigo e foram fontes fundamentais para a pesquisa.

Na França, onde fiz parte do doutorado, tive a supervisão da profa. Licia do Prado Valladares, que viabilizou o meu aceite na Université de Lille-1 e com quem tive encontros de orientação prazerosos. Na Université de Lille fui acolhida pelo prof. Nicolas Vanecloo, por Marie-Pierre Coquard, pela colega brasileira Cariza e pelo grupo de pesquisa Mecit. No Centre Lebret-IRFED fui muito bem recebida por Isabelle Duquesne e pelos profissionais do Instituto, que me orientaram a respeito do acervo de Lebret. Dennis Pelletier gentilmente me enviou um texto.

Não poderia deixar de mencionar algumas instituições que me apoiaram e forneceram material valioso para a minha pesquisa: no Brasil, especialmente as bibliotecas da Faculdade de Arquitetura da Universidade de São Paulo e a Biblioteca Dominicana de Teologia. E na França, a Bibliothèque Nationale de France e o Centre des Archives Contemporaines de Fontainebleau.

Em São Carlos eu fiz amizades que se estenderam muito além da academia. Durante o doutorado agradeço o apoio e incentivo da Mônica Vianna, do Lucas Cestaro, do George Dantas, do Sales Trajano, da Gisela Leonelli, da Kelly Magalhães, da Mayara Dias, da Liliane de Oliveira e do Glauco Cocozza. Em São Paulo tive o apoio do casal querido Graziella e Christian Reichel, e da Adriana Rovsepian, que me acolheram em inúmeras estadias de pesquisa. Agradeço também a amizade e o "apoio moral" digno de verdadeiros amigos: Cláudia Frizzera, Adriana-Lina Maia, Michela Pegoretti, Tissyana Adeodato.

Das *promenades* em Paris eu jamais me esquecerei: as gargalhadas de minha professora de francês Cristina Prado, o reencontro com minha amiga Rennée Silva, os dias de neve no rosto e liberdade com a Lina Maia, o giro no carrossel com as irmãs Fabiana e Juliana Simões num dia de Natal, o sotaque mineiro dos amigos mais chegados que irmãos Clara e Lucas Loureiro, o dia de museus com Eduardo e Mônica.

Agradeço à minha família pelo apoio incondicional, especialmente à minha mãe Tania Ramos. Agradeço ao meu marido Vitor de Angelo, por me compreender e tanto me ajudar em todas as minhas empreitadas.

Eu não fiz uma tese sobre um dominicano porque sou religiosa, ou porque professe a mesma fé que ele. Eu nem sou católica, embora partilhe muitas posições de Lebret, científicas e espirituais. Acredito em Deus e estou certa de que tudo o que vivi nesse longo período foi porque Ele assim permitiu. A Ele, sobretudo, devo o meu maior agradecimento.

Esta obra foi impressa em Santa Catarina no inverno de 2013 pela Nova Letra Gráfica & Editora. No corpo foi utilizada a fonte Liberation Serif, em tamanho 10,5 e entrelinha de 16 pontos.